南昌大学本科教材资助项目

服务营销

刘 容 主 编

尧军文 帅 宁 范亚丽 副主编

中国财经出版传媒集团
中国财政经济出版社
·北京·

图书在版编目（CIP）数据

服务营销 / 刘容主编. -- 北京：中国财政经济出版社, 2025. 5. -- ISBN 978-7-5223-3775-3

Ⅰ. F713.3

中国国家版本馆CIP数据核字第20258R6M60号

责任编辑：温彦君　　　　责任校对：张　凡
封面设计：智点创意　　　责任印制：史大鹏

服务营销
FUWU YINGXIAO

中国财政经济出版社 出版

URL：http：//www.cfeph.cn

E-mail：cfeph@cfeph.cn

（版权所有　翻印必究）

社址：北京市海淀区阜成路甲28号　邮政编码：100142

营销中心电话：010-88191522

天猫网店：中国财政经济出版社旗舰店

网址：https：//zgczjjcbs.tmall.com

涿州汇美亿浓印刷有限公司印刷　各地新华书店经销

成品尺寸：185mm×260mm　16开　12.25印张　260 000字

2025年5月第1版　2025年5月河北第1次印刷

定价：46.00元

ISBN 978-7-5223-3775-3

（图书出现印装问题，本社负责调换，电话：010-88190548）

本社质量投诉电话：010-88190744

打击盗版举报热线：010-88191661　QQ：2242791300

前　言

在服务经济与数字经济时代，服务在国民经济发展与人们工作生活中发挥着巨大作用，做好服务管理与营销对于个人和企业提升竞争力具有重要意义。本书紧扣新时代服务营销的"数字化""高质量""创新性"三大主题，系统介绍了服务的数字化管理、质量管理、营销组合管理以及创新管理的相关原理、知识和方法，致力于让读者形成"数字服务""质量服务"和"创新服务"的思维与素养。

本书分为三部分：第一部分为服务营销的概述与战略，包括第一章服务营销导论和第二章服务营销战略，主要阐述了数字经济和服务经济时代背景下服务及服务营销的内涵，介绍了数字技术对服务营销的影响以及服务导向、服务价值主张、服务管理原则等战略要素。第二部分聚焦于服务营销和管理的实施工具，包括第三章服务质量管理、第四章服务的传统营销组合，以及第五章、第六章、第七章、第八章服务的扩展营销组合。其中，第三章介绍了服务中顾客感知质量的重要性及管理策略，第四章到第八章系统阐述了服务中的营销组合策略。第三部分从"创新性"的角度看待服务的营销和管理，这部分涉及第九章服务创新管理，介绍了服务创新的内涵、所需能力、步骤和意义。

此外，为了展现中国企业服务营销创新实践、讲好中国服务经济高质量发展生动故事，本书每章都整理了与中国服务企业营销管理相关的开篇案例和综合案例各一个。这些案例企业涵盖旅游、零售、航空、餐饮、物流、酒店、互联网、银行等服务行业。通过这些中国企业的服务营销案例，读者能更好地理解相关章节理论知识，体会中国发展面貌。

本书在编写过程中得到了南昌大学经济管理学院教师和学生的支持，在此表示感谢。感谢南昌大学教务处"南昌大学本科教材资助项目"以及南昌大学经济管理学院对本书出版的经费支持。除了本书署名编者外，南昌大学经济管理学院硕士研究生罗丹丹、齐菊凤、王坚冰、韩宏宇、张豪杰、董文涵等也参与了资料整理和本书编写，在此表示衷心感谢。

本书为国家自然科学基金项目（项目编号：72062021）、教育部产学合作协同育人项目（项目编号：231107541280136）、南昌大学教学改革研究立项课题（项目编号：NCUJGLX-2023-149-96）的阶段性研究成果。

由于资源和能力有限，本书在结构、内容或一些细节上难免存在疏漏之处，恳请专家同行和读者批评指正。

作者

2025年1月

目 录

第一章 服务营销导论……………………………………………………………（1）
 开篇案例………………………………………………………………………（1）
 第一节 服务的内涵……………………………………………………………（2）
 第二节 服务营销及其组合……………………………………………………（8）
 第三节 数字时代的服务管理与营销…………………………………………（13）
 练习题…………………………………………………………………………（17）
 讨论……………………………………………………………………………（18）
 综合案例………………………………………………………………………（18）

第二章 服务营销战略……………………………………………………………（22）
 开篇案例………………………………………………………………………（22）
 第一节 服务导向………………………………………………………………（24）
 第二节 服务价值主张…………………………………………………………（26）
 第三节 服务管理原则…………………………………………………………（29）
 练习题…………………………………………………………………………（32）
 讨论……………………………………………………………………………（32）
 综合案例………………………………………………………………………（33）

第三章 服务质量管理……………………………………………………………（36）
 开篇案例………………………………………………………………………（36）
 第一节 服务质量的内涵与意义………………………………………………（38）
 第二节 服务质量的维度与测量………………………………………………（41）
 第三节 服务质量差距模型……………………………………………………（45）
 第四节 数字工具与服务质量管理……………………………………………（50）
 练习题…………………………………………………………………………（55）
 讨论……………………………………………………………………………（55）

综合案例 ……………………………………………………………………………（56）

第四章　服务营销组合 ……………………………………………………………（60）
　　开篇案例 ……………………………………………………………………………（60）
　　第一节　服务产品管理 ……………………………………………………………（61）
　　第二节　服务定价管理 ……………………………………………………………（67）
　　第三节　服务沟通与促销 …………………………………………………………（73）
　　第四节　服务渠道管理 ……………………………………………………………（79）
　　练习题 ………………………………………………………………………………（85）
　　讨论 …………………………………………………………………………………（85）
　　综合案例 ……………………………………………………………………………（85）

第五章　服务流程管理 ……………………………………………………………（90）
　　开篇案例 ……………………………………………………………………………（90）
　　第一节　服务流程的内涵与管理 …………………………………………………（91）
　　第二节　服务流程设计 ……………………………………………………………（93）
　　第三节　服务流程再造 ……………………………………………………………（99）
　　第四节　服务互动管理 ……………………………………………………………（103）
　　练习题 ………………………………………………………………………………（108）
　　讨论 …………………………………………………………………………………（108）
　　综合案例 ……………………………………………………………………………（108）

第六章　服务环境管理 ……………………………………………………………（113）
　　开篇案例 ……………………………………………………………………………（113）
　　第一节　服务环境的内涵 …………………………………………………………（114）
　　第二节　顾客对服务环境的反应 …………………………………………………（117）
　　第三节　服务环境的设计 …………………………………………………………（122）
　　练习题 ………………………………………………………………………………（126）
　　讨论 …………………………………………………………………………………（126）
　　综合案例 ……………………………………………………………………………（127）

第七章　服务人员管理 ……………………………………………………………（131）
　　开篇案例 ……………………………………………………………………………（131）
　　第一节　服务人员的作用、角色及管理 …………………………………………（132）

第二节　服务利润链 …………………………………………………………（135）
　　第三节　内部营销 ……………………………………………………………（137）
　　第四节　员工授权 ……………………………………………………………（140）
　　练习题 …………………………………………………………………………（145）
　　讨论 ……………………………………………………………………………（145）
　　综合案例 ………………………………………………………………………（145）

第八章　顾客关系管理 ……………………………………………………………（149）
　　开篇案例 ………………………………………………………………………（149）
　　第一节　顾客关系 ……………………………………………………………（151）
　　第二节　关系营销 ……………………………………………………………（155）
　　第三节　顾客关系管理概述 …………………………………………………（159）
　　练习题 …………………………………………………………………………（162）
　　讨论 ……………………………………………………………………………（163）
　　综合案例 ………………………………………………………………………（163）

第九章　服务创新管理 ……………………………………………………………（166）
　　开篇案例 ………………………………………………………………………（166）
　　第一节　服务创新概述 ………………………………………………………（167）
　　第二节　服务创新的步骤 ……………………………………………………（173）
　　第三节　服务创新的意义 ……………………………………………………（177）
　　练习题 …………………………………………………………………………（180）
　　讨论 ……………………………………………………………………………（180）
　　综合案例 ………………………………………………………………………（180）

参考文献 ……………………………………………………………………………（184）

第一章

服务营销导论

开篇案例

扬州中国大运河博物馆的沉浸式营造策略

数字文旅时代背景下，AR、VR、人工智能及5G技术的融合应用，使得博物馆在活化历史文物、增强与游客互动性、推动文化产业发展上取得了巨大进步，如何打造沉浸式博物馆已成为业界关注的一个热点。博物馆的沉浸式体验设计往往是伴随数字科技及体验经济的发展而出现的，在数字媒体技术下，新型博物馆比传统博物馆更注重观众的体验，更加强调以"人"为本。千年的运河、活着的遗产、流淌的文化，以新唐风建筑风格设计的扬州大运河博物馆是大运河国家文化公园建设的标志性项目。大运河博物馆将传统工艺与现代技术相融合，再现了饱经沧桑历史的中国大运河的前世今生。它不仅是文物收藏展示的场所，更是文化交流和教育的平台，在数字艺术互动装置的加持下，大运河博物馆为参观者打造沉浸式的视听体验，赋予传统文化新生，让文物真真正正地"活"起来。

如何让沉寂在历史典籍中的文化知识复苏生花？大运河博物馆借助如全息投影等先进技术打造了多个沉浸式数字展厅。比如，在打造"运河上的舟楫"及"河之恋"这两大展览时都应用了互动屏、360度环幕辅以AR增强场景现实感等数字技术方法。其中，"运河上的舟楫"采用了虚实结合的展示方式，从"缩"和"放"这两个不同维度来打造别样体验。舟楫展品展示参观坡道如河流般蜿蜒曲折，各类舟楫位列两旁，利用图文、模型、触摸屏与AR互动装置相结合的方式展现运河上的千帆白舸，游客可以通过与AR显示屏互动，将运河的动态场景进行眼前再现。"河之恋"展览分成"水""运""诗""画"四个篇章，整个展厅被打造成一个540度全沉浸式、全媒体互动影院，顶部悬挂有半透明古代凉亭轮廓造型装置，河水从四面八方倾注而下，汇入游客脚下，与360度巨型环幕、地面互动投影共同营造幻象空间。这些数字技术的运营勾勒出生动的运河风俗画卷，让观众仿佛置身于历史场景之中，增强了参观的趣味性和互动性，提升了观众的体验深度与广度。

为了保证游客获得舒适的观赏体验，连接各展厅的公共长廊都是呈"回"字形排列，展线整体排列疏密有致，十分注重流线变换的顺畅感，保证游客的观览路线不重复重叠，历史展、活态展示及数字展等不同类型的展览相互穿插，让游客在观赏途中无意识地调整身体感知，延缓观展的疲惫，提高游客整个旅程的舒适度。此外，博物馆建立了功能完善的小程序预约平台和数字导览系统。观众可以提前在网上选择参观日期和时间段，系统会根据实时预约情况提供可预约的选项，避免了现场排队购票的拥堵，提升观众预约的便利性和效率。在预约成功后，通过短信和应用内推送的方式，向观众发送预约确认信息、参观注意事项、交通指南等内容。同时观众可以在手机上下载应用或者在馆内租赁导览设备。利用定位技术，当观众靠近展品时，系统自动推送展品的详细介绍，包括历史背景、制作工艺、文化价值等内容。还可以提供多种语言选择，满足不同地区观众的需求。

大运河博物馆的能力还不止于此，它同样带来了很多商业价值。参观者可以穿着汉服，在大运河街肆的各式店铺中开启"买买买"模式，感受运河老城中的昼夜交替、四季变换，也可以在博物馆餐厅体验"运河套餐"，留下属于你的运河美食记忆。此外，博物馆通过官方网站和社交媒体平台展示并销售文创产品。除了传统的实物文创，还推出数字文创产品，如运河主题的电子壁纸、线上博物馆主题游戏中的虚拟道具等。在主题文化的加持下，很多常规的商业也有了不同的体验。

扬州中国大运河博物馆的建立，为众多游客打开了一扇了解运河历史文化的窗口，让人们得以站在现代的视角，一窥古代运河沿岸的繁盛与豪迈。传统博物馆的数字化转型，让历史变得更具生命力。通过运用现代化的数字影像技术，让大运河的历史文化得以穿越千年光阴，以更为生动的姿态进入到所有游客的双眼与心灵。

参考资料：

微信公众号. 扬州中国大运河博物馆的沉浸式营造策略［EB/OL］.（2022-09-13）[2025-01-12］. https：//mp. weixin. qq. com/s/4Z2_OHuD2hihSL_m6Sxs2Q.

居景雨，饶春. 元宇宙视域下用数字化讲好中国故事——以中国大运河博物馆为例［J］. 传播与版权，2023（14）：78-81.

第一节　服务的内涵

一、服务的意义

作为服务营销的主要对象，服务在当今世界具有重要意义。

首先，服务业已成为大多数国家的支柱性产业。在全球范围内，各国服务业的快速增长已经是不争的事实。随着一个国家经济的发展，在三次产业中就业人数的比重会发生极大的变化。即使是在新兴经济体国家，服务产出的增长也是非常迅速的，而且服务业产值一般都占到了国内生产总值的一半以上。

其次，服务业创造了大量新的就业机会。在全球，服务业都是发展最快的行业，新的就业机会主要来自服务业。这是一个长期趋势。服务工作不仅仅是指一些传统低收入服务行业的一线员工工作，比如餐饮和客服中心等。实际上，建立在知识经济基础之上的专业服务、企业服务、教育和医疗行业发展更为迅猛，提供的就业机会也更多。在这些行业工作，收入很高，但需要良好的教育背景，职业前景令人羡慕。

此外，很多制造业突破了将服务视为有形产品附属物的传统观念，如今越来越倾向于将产品要素作为服务来开展营销。例如，IBM公司过去一直被认为是制造商，但事实上它已经成功从制造商转变为服务提供商，而且已经成为全球最大的企业和技术服务提供商，服务内容涵盖了管理咨询、系统整合和管理理论应用等。IBM在培训员工适应服务经济等方面都走在前列。IBM还创建了"服务科学"这个新术语，并将它定义为与服务设计、服务改进和服务系统评价相关的综合性学科。

最后，服务有助于企业和个人获得竞争力。随着世界经济的服务化程度越来越深入，研究和理解服务的特性以及这些特性对顾客行为和营销战略的影响，将有助于拓展个人的视野，并帮助个人建立职业生涯方面的竞争优势。任何类型的工作都将涉及向客户提供一定程度的服务，理解服务和服务营销将有助于大家更好地开展工作，提升竞争力。

二、服务的定义

尽管许多人都在消费服务，可要准确地阐述它的定义，恐怕并不是一件简单的事情。在学术界也是如此。实际上，自从人们认识到服务的存在，对服务的界定和认识的争论就从来没有停止过。从不同的角度、不同的立场、不同的背景来看待它，往往会得到不一样的结果（见表1-1）。

表1-1 服务的定义汇总

学者或机构	定义
美国营销协会（AMA）	服务是用于出售或是同产品连在一起进行出售的活动、利益或满足感 服务可被区分界定，主要指不可感知、却可使欲望得到满足的活动，这种活动并不需要与其他产品或服务的出售联系在一起。生产服务时可能需要，也可能不需要利用实物，而且即使需要借助某些实物协助生产服务，这些实物也不涉及所有权转移的问题
菲利普·科特勒	服务是一方能够向另一方提供的基本上是无形的任何功能或利益，并且不会导致任何所有权的产生。它的生产可能与某些有形产品密切联系在一起，也可能毫无联系

续表

学者或机构	定义
Gronroos	服务是由一系列或多或少具有无形性的活动所构成的过程，该过程通常发生在顾客同服务的提供者及其有形资源的互动关系中，这些有形资源（商品或系统）是作为顾客问题的解决方案而提供给顾客的
国际标准化组织	服务是为满足顾客需要，供方与顾客接触的活动和供方内部活动所产生的结果

美国营销协会（AMA）认为服务是用于出售或是同产品连在一起进行出售的活动、利益或满足感。之后，又将服务的定义修订为"不可感知、却可以使欲望得到满足的活动"，并强调生产服务时不需要利用实物，即使需要利用实物协助服务生产，这些实物也不涉及所有权转移的问题。菲利普·科特勒强调服务是一方能够向另一方提供的基本上是无形的任何功能或利益，并且不会导致任何所有权的产生。Gronroos 认为服务是由一系列或多或少具有无形性的活动所构成的过程，该过程通常发生在顾客同服务的提供者及其有形资源的互动关系中，这些有形资源（商品或系统）是作为顾客问题的解决方案而提供给顾客的。国际标准化组织认为服务是为满足顾客需要，供方与顾客接触的活动和供方内部活动所产生的结果。

上述对服务的各种定义都从某个侧面反映了服务的特质。综合来看，服务的内涵包括以下几个方面：首先，服务是为顾客带来利益并创造价值的活动或过程；其次，服务或多或少具有无形性，不可存储；再次，服务在交易过程中不发生所有权的转移；最后，顾客消费服务时，顾客需要与服务企业中的人、系统或设施进行互动。

三、服务的基本特性

自 20 世纪 70 年代以来，西方市场营销学者们从产品特征的角度来探讨服务的本质，从而便于将服务和有形产品区分开来。对于大多数服务而言，无形性、流程性、异质性和易逝性是较为公认的四个最基本的特性。尽管服务无处不在，尽管服务多种多样，但与有形的实体产品相比较，服务一般都有一系列特性，这些特性为服务营销提供了启示（见表 1-2）。

表 1-2　　　　　　　　　　　服务的特性

商品	服务	相应的营销含义
有形性	无形性	●服务不可存储 ●服务不容易进行展示或沟通 ●服务难以定价 ●服务质量不容易评估

续表

商品	服务	相应的营销含义
标准化	异质性	• 服务的提供与顾客的满意取决于许多不可控因素 • 无法确知提供的服务是否与计划或宣传相符 • 难以提供质量一致的同种服务
生产与消费分离	流程性	• 顾客参与并影响交易结果 • 顾客之间相互影响 • 员工影响服务结果 • 分权可能是必要的 • 难以进行大规模生产
可存储	易逝性	• 服务的工艺供应和需求难以同步进行 • 服务不能退货或转售

(一) 无形性

服务的第一个特性是无形性。服务的无形性是指服务在购买之前是看不见、摸不着的，没有具体的量化指标可供评价参考。这是服务与产品最主要的差别。无形性意味着与有形产品相比，服务的若干组成元素很多时候是无形无质的。另外，服务的利益也难以觉察，或者在一段时间后顾客才能感觉到利益的存在。

相比较而言，纯粹的产品是高度有形的，而纯粹的服务是高度无形的，但它们在现实中非常少见。在现实中，很多服务需要利用有形的实物才能完成服务程序。其实，在纯粹的产品和服务之间存在着一系列联系变化的中间状态。有形产品可能作为无形服务的载体，而无形服务则可能是有形产品价值或功能的延伸。许多企业实际向顾客提供的往往也是产品和服务的综合体。

(二) 流程性

服务的第二个特性是流程性。流程性又被称为服务的生产和消费之间的不可分离性。这是服务的另一个本质特性，同时也导致了产品营销与服务营销的最大区别。一般而言，产品首先进行生产，然后是销售和消费；而大部分服务却是先进行销售，然后是同时进行生产和消费。

有形的实物产品在从生产、流通到最终消费的流程中，往往要经过一系列的中间环节，生产与消费常常具有一定的时间间隔。而服务则与之不同，它具有流程性，即服务的生产流程与消费流程是同时进行的。也就是说，服务人员提供服务给顾客时，也正是顾客消费服务的时候，二者在时间上不可分离。由于服务本身不是一个具体的物品，而是一系列的活动或者说是流程，所以在服务流程中，消费者和生产者必须直接发生联系，从而生产的流程也就是消费的流程。服务的这种特性表明，顾客只有而且必须加入服务的生产流程中，才能最终消费到服务。顾客不仅是服务的消费者，而且是服务的写作生产者。他们参加生产流程并且能观察生产流程，因此他们可能会影响服务交易的结果。例如，只有当病人向医生讲明病情，医生才能够作出诊断。

（三）异质性

服务的第三个特性是异质性。异质性是指服务的构成因素和服务质量水平经常变化。服务行业是以"人"为中心的产业，人的个性的存在使得服务很难采用同一种标准。服务是一系列活动的整合流程，其中的顾客、员工、管理人员以及环境等任何一个要素发生变化，都会对服务流程和服务结果产生影响。所以，服务企业每次提供的服务可能都会有所不同，无论是两个完全不同的企业所提供的服务，还是同一企业、同一员工在不同时间内提供的服务；即使提供的服务完全相同，不同的接受者对服务的评价结果也会存在差异。同样是去一个旅游景点，有些游客会流连忘返，而有些游客则会失望而归。

（四）易逝性

服务的第四个特性是易逝性。服务无法像有形产品那样可以储存，服务的不可存储性导致了服务的易逝性。因为服务不可感知，并且生产和消费同时进行，使服务不可能储存起来以备未来出售。如果生产或制造出来的服务没有被及时地消费掉，就只能浪费掉。例如，对于网络服务而言，非高峰期的流量是无法储存起来缓冲高峰期的拥挤状态的。

在上述四个特性中，无形性被广泛认为是服务的最基本特性，其他特性则是从服务的无形性衍生而出的。正因为服务的无形性，才使得服务必须具有流程，即生产与消费的不可分离性。而异质性和易逝性在很大程度上是由服务的无形性和流程性决定的。

四、服务特性的营销启示

服务的四种特性既给营销带来一些积极意义，也可能会引发一些挑战（见表1-3）。

表1-3　　　　　　　　　　　服务特性的营销启示

服务特性	引发的营销挑战	对营销的有利影响
无形性	（1）缺乏搜寻特征，顾客难以选择 （2）服务不易展示，沟通困难 （3）服务无法受到专利保护 （4）服务难以存储 （5）服务难以定价	（1）可以感知到服务价值，进而促进顾客体验 （2）可以通过某些方式展示服务
流程性	（1）顾客排队难以避免 （2）顾客感知质量有多个服务接触点，加剧管理难度 （3）顾客之间相互影响 （4）难以大规模批次生产 （5）顾客参与，增加服务难度和降低效率 （6）服务失误不易被掩盖，直接暴露	（1）服务人员与顾客接触，培养关系 （2）直接了解顾客需求，改进服务

续表

服务特性	引发的营销挑战	对营销的有利影响
异质性	(1) 难以统一控制服务质量 (2) 服务不易标准化和规范化 (3) 服务失误没有评判标准	(1) 提供差异化和个性化服务 (2) 一线员工自主性和积极性较高
易逝性	(1) 资源浪费 (2) 服务不能退货或者转售 (3) 服务的供应和需求难以同步进行	(1) 服务不会腐烂变质,减少售后隐患 (2) 服务不能退换,减少损失 (3) 驱动企业不断提高效率和合理利用资源

(一) 服务无形性的营销启示

服务的无形性使人们对服务质量的评价变得非常困难。顾客常常会通过主观感知来评价服务。但是,一方面,每个顾客会产生怎样的感知,企业往往无法了解;另一方面,企业提供的服务质量到底如何,顾客也无法预先获知。因此,企业可以考虑借助一些有形依据来展示无形的服务。例如,有形展示、服务模拟和规范的流程说明等。

服务的无形性对消费者行为的影响以及对企业制定服务营销战略具有特殊含义,大部分服务属性不可感知的产品,顾客对它们的特质很难评估,因为即使在消费和享用之后,顾客也无法根据消费经验感受这种产品带来的利益,而只能相信服务企业的介绍和承诺。

(二) 服务流程性的营销启示

服务流程很大程度上决定了用服务质量和顾客满意等指标来反映服务结果,尤其是服务流程中的"关键时刻"。只要顾客与企业发生接触,不管多细微都可能会给顾客留下印象,所以这些接触与互动直接影响了服务评价。企业想要管理好服务流程,就应当加强实时监控能力,可以通过对服务流程实施标准化规范,从而减少潜在的服务失误。除此之外,企业还应当对服务流程进行系统的管理,也就是说,不但要管理内部员工,更要加强对顾客的管理。在所有顾客中,值得企业特别关注的一类是扰乱服务流程的"问题顾客"。"问题顾客"会在服务的生产和交付过程中给自己和他人带来麻烦,直接导致顾客满意度下降。

此外,企业应当鼓励积极的顾客参与。服务的流程性致使企业难以通过集中化来获取显著的规模经济效益,为此,企业可以考虑让顾客参与到服务的设计、生产、交付、维护以及信息共享活动中去,从广泛而深入的顾客参与中获取收益。目前,许多研究结果都表明:顾客在企业创新活动中扮演着十分重要的角色。正是由于服务的流程性,互动营销作为服务营销中的新兴课题正取得前所未有的关注。例如,宜家所推崇的顾客体验式互动营销,大大激发了消费者亲自参与家具设计的热情,不但为宜家提高了销售业绩,也为宜家家具产品的设计提供了新的思路。

(三) 服务异质性的营销启示

服务的异质性使服务管理和控制变得更加困难。顾客对企业及其提供的服务产生形象混淆，对于同一企业，它的几家分店提供的服务可能参差不齐。对此，企业可以采用服务流程的标准化来尽力为顾客提供具有统一质量特征的服务，具体可以考虑采取以下三方面措施：第一，挑选优秀的服务人员并加强培训，以便提供优质服务；第二，在企业内部实施服务流程的标准化，如通过流程图等形式对服务时间和程序进行严格规定，以便及时了解已有或潜在的服务缺陷；第三，通过顾客建议和投诉系统，对顾客进行调查，追踪顾客满意度，发现和改善服务质量较差的服务。

（四）服务易逝性的营销启示

无形的服务不能储存，而且需求难以准确预测，所以企业计划服务的能力就显得非常重要。面对不可储存的服务供给，企业可以通过配给的方法来规划服务。在旺季通过提高费用适当地抑制需求，而在淡季通过提供附加服务、开发新服务或者降低服务费用来刺激需求。

服务不可储存、需求波动大，而且难以预测。因此，计划服务能力对企业来说至关重要。一方面，企业可以通过挽留和接受预定等方式来"储存"顾客。另一方面，也有一些服务企业借助差异化定价来进行协调。不过，企业必须保证这些措施处于顾客可以容忍的范围之内，并要时刻关注顾客态度的变化，必要时予以适当补偿。此外，补充性服务、自动化和增加顾客工作参与等措施，也可以在一定程度上缓解服务企业面临的压力。

第二节 服务营销及其组合

一、服务营销的特征

服务具有无形性、流程性、异质性、易逝性等基本特性，这些特性决定了服务营销与产品营销存在着本质的不同，具体表现在以下七个方面。

第一，产品特点不同。如果说有形产品表现为一个物体或东西，服务则表现为一种行为、一种绩效或努力。由于服务是无形的，顾客更多地是根据服务设备和环境来感知服务的质量和效果。

第二，顾客对生产流程的参与。由于顾客直接参与生产流程，如何管理顾客使得服务推广有效进行就成为服务营销管理的一个重要内容。

第三，人是产品的一部分。服务的流程是顾客同服务企业广泛接触的流程，服务绩效的好坏不仅取决于服务企业的素质，也与顾客的行为密切相关，所以人就成为服务的一部分。

第四,质量控制问题。由于人是服务的一部分,服务的质量很难像有形产品那样用统一的标准来衡量,进而服务的缺点和不足也就不容易被发现和改进。

第五,时间因素的重要性。在服务市场上,既然服务生产和消费流程是由顾客同服务人员面对面进行的,服务的推广就必须及时、快捷,以缩短顾客等候服务的时间。而过长的等待时间会使顾客对企业的服务质量和形象产生怀疑。

第六,分销渠道的不同。服务企业不可以像生产性企业那样把产品通过物流渠道从工厂运送到顾客手中,而是借助电子分销渠道或是把生产、零售和消费地点连在一起来推广产品,这样渠道基本上附属于企业的生产流程。

第七,产品无法储存。生产服务的设备和劳动力等能够以实物的形态存在,但它们只能代表一种生产能力而不是服务本身。如果没有顾客需要提供服务,无疑是生产能力的浪费,相反,如果服务需求超过供给又会因为缺少存货而使顾客失望。所以,如何使波动的需求同企业的生产能力相匹配便成为服务营销管理中的一个难题。

二、服务营销系统

在服务中,消费者通常是与服务的生产和销售直接接触的。因此,不能把生产系统与销售系统分开。销售与生产的地点也往往是统一的。洛夫洛克提出了服务的营销系统模型,如图1-1所示。

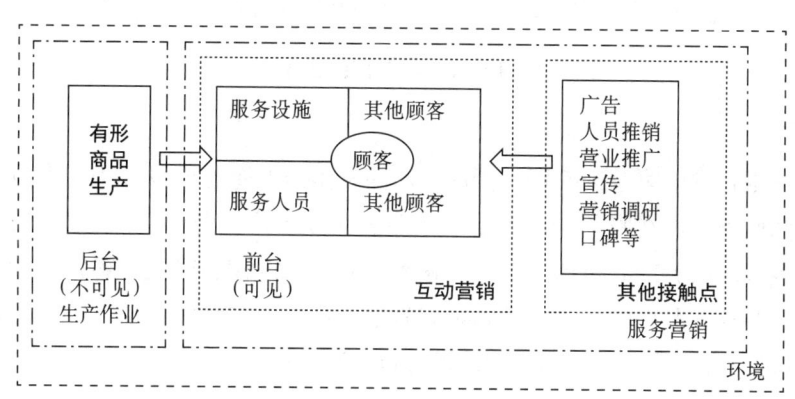

图1-1 服务营销系统模型

服务的营销系统包括生产/销售系统和其他消费者直接感受的服务成分。其中,服务的生产系统要素包括服务场地、设备、人员,还有顾客。这个实体环境的设计通常是顾客满意程度的一个重要决定因素。该系统将规定服务运营的地理范围和进度计划,描述场地的设计和布置,表明应该如何在何时利用资源来完成特定的工作。服务的销售系统主要解决服务何时、何地、如何提供给顾客的问题,该系统将具体阐明给予顾客的利益和作为回报顾客将承受的成本。这个系统的核心是服务企业的人员和消费者的接触,因此,系统成功的关键是根据消费者的需求来设计服务的传递。而其他接触点则是传递关于如何、何时、何地消费服务的信息的,它与生产系统、销售系统相互结合。

通过以上的模型分析可以看出,由于服务与有形产品的区别,使得服务营销不能同管理的其他职能领域隔绝开来。在现代服务性企业中,销售、生产和人力资源这三种职能发挥着中心及相关关联的作用。而在整合服务企业各项职能的基础上,服务营销组合扩展到了7Ps。

三、服务营销组合

服务中人员对服务质量存在不可避免的影响,员工与顾客之间的互动是服务生产中不可或缺的环节。另外,服务的无形性也让顾客消费时信心不足,进而促使顾客寻找有形证据来帮助理解和评价服务。因此,人员、有形展示、流程三者与传统的4Ps一起构成新的服务营销组合(见图1-2)。当然,服务营销中传统的4Ps也不完全与传统市场营销组合中的一致。

产品	定价	渠道	促销	人员	有形展示	流程
服务包	灵活性	渠道类型	促销组合	员工授权	设施设备	活动流程
服务质量	区别定价	中间商	广告	内部营销	员工服装	顾客参与
服务品牌	折扣	店面位置	促销活动	顾客教育	宣传材料	步骤数目
服务保证	认知价值	仓储和运输	公共关系	顾客关系	感官营销	服务蓝图

图1-2 服务营销组合

(一)产品

服务营销组合中的第一个要素是产品。产品营销强调企业要设计和生产符合顾客需求的实体商品和服务,而在服务产品策略中企业还必须考虑服务包、服务质量、服务品牌、服务保证等因素。服务产品包括一个满足顾客主要需求的核心产品和各种相辅相成的补充服务元素,这些补充服务元素帮助顾客更有效地使用核心产品的价值。补充服务内容包括提供信息、咨询、订购、招待、处理非常规事件等。

(二)定价

服务营销组合中的第二个要素是定价。企业应该为满足顾客需求的产品和服务制定具有竞争力的价格。在服务营销中,价格不仅与顾客的支付能力有关,而且也是顾客判断服务质量的依据。他们依据自己的认知价值来判断服务的价值。为了计算某项特定服务是否值得,顾客可能不仅通过投入的金钱去评估,还会付出时间和精力。因此,服务营销人员不应只设定目标顾客愿意和能够支付的价格,还应该尽可能减少顾客在使用该服务时的其他支出。这些支出可能包括额外的金钱成本、花费的时间、不必要的精神和体力劳动,以及产生的负面感官体验。服务的定价比产品定价更加灵活。由于服务不易保存,在需求超过供给的期间，顾客可能会遭到拒绝或被要求忍受更长时间的等待。因此，能平衡不同时段的需求水平以匹配可供容量的动态定价策略十分重要。

（三）渠道

服务营销组合中的第三个要素是渠道。渠道是指企业为了将产品交付到目标市场而建立的分销网络。渠道可分为物理渠道和电子渠道两种。对于服务营销的渠道策略而言，物理渠道的搭建，如服务场所的店面位置、仓储及运输的便利性及其覆盖的地理范围等因素显得非常重要。除了物理渠道之外，基于互联网、移动互联网的电子渠道搭建则是企业渠道战略中需要考虑的重要一环，通过手机软件终端来提供服务的入口是当前较为常用的营销渠道实践。制定渠道策略时企业需要了解自己所提供的核心产品的属性，如果是以信息提供为主要属性的服务，则构建高效的电子渠道是首要选择。当然，如果企业提供的是在线商城、航班服务等需要顾客真实参与的服务，则电子渠道仅提供了信息传递、预定或者提前支付的作用，物理渠道如快递物流、服务设施等依然起到重要的交付作用。值得注意的是，时间在交付渠道中扮演着越来越重要的角色。顾客对时间非常敏感，生活节奏越来越快，顾客正在把浪费的时间视为消费服务时的成本。越来越多的忙碌顾客期望服务在他们需要时能及时提供，而不是需要去适应服务企业的营业时间。

（四）促销

服务营销组合中的第四个要素是促销。促销强调企业为促进产品销售而从事特定的信息传播活动。在服务营销中，促销更注重向不同的顾客传递不同的信息。企业往往会为顾客提供个性化的信息和服务以提升顾客忠诚度。因此，不同需求的顾客往往要求企业传递不同的服务信息，采取不同的促销策略。

（五）人员

服务营销组合中的第五个要素是人员。即参与到服务流程中并对服务结果产生影响的所有人员，包括企业的员工、顾客，以及处于服务环境中的其他人员。企业员工的着装、仪表、态度和行为等因素都会影响顾客对服务的感知。同时，由于服务的不可分割性，顾客自身也会参与到服务中来，他们也会对服务感知和服务质量产生重要影响，甚至会影响其他顾客的感知。此外，处于服务环境中的其他人员也影响着服务的生产和消费流程。例如，持有银行贵宾卡的顾客可能会因为其他人的羡慕而提高对服务质量的感知和对服务价值的认同。

（六）有形展示

服务营销组合中的第六个要素是有形展示。服务的有形展示包括服务环境、服务流程中的实物设施，以及其他有助于服务的生产、消费和沟通的有形要素。值得关注的是，有形展示的存在一定要使服务变得更加便利或提高服务的质量和生产效率。例如，服务场所应该有便利的交通、醒目的店面标志以及令人感到舒适的外部环境；内部设施对于连锁服务机构来说应该有一致的装潢。

(七) 流程

服务营销组合中的第七个要素是流程。流程要素包括服务交付的流程和运营系统。服务流程也是顾客对服务质量进行评价的流程。其中包括服务任务流程、服务时间进度、标准化和定制化等因素。服务在给顾客提供之前一般都是一样的。不同的人在不同的时间、不同的地点的参与，才使服务流程呈现不同的结果。因此服务的设计要考虑到服务的生产与交付的流程性以及顾客的真正需求。需要指出的是，具有不同市场定位的企业，往往在服务流程上的设计呈现较大的差异，并不能简单地判断孰优孰劣。例如，有的企业以提供高度标准化的服务流程为主，如麦当劳和肯德基；有些企业则以提供个性化的服务流程为主，如美容店。

四、服务营销三角形

服务营销要远比有形产品营销更为复杂。在服务开始前，企业无法预知顾客的需要与期望；在服务流程中，各类人员对服务都会产生影响，使得服务结果多种多样；服务结束后，企业也无法准确了解顾客的感知质量和感知价值。面对这一系列不可控的因素，Gronroos将员工、技术、知识、顾客时间和顾客作为企业的资源纳入服务营销体系中，形成服务营销三角形（见图1-3）。该三角形由外部营销、内部营销和互动营销三个核心部分组成。

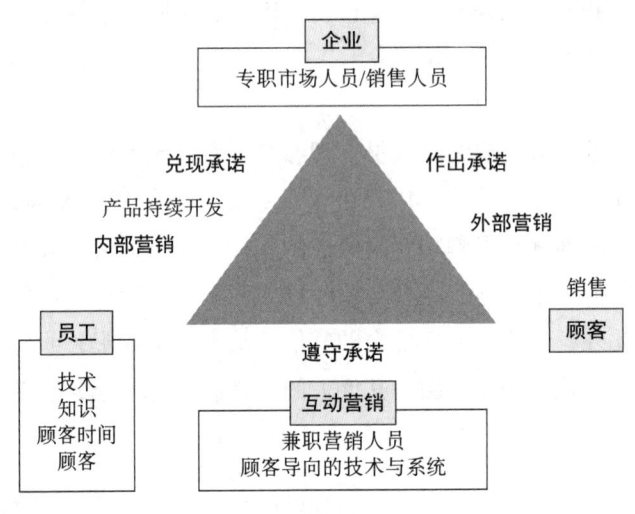

图1-3 服务营销三角形

服务营销三角形显示了服务营销的关键组合要素，即企业、员工和顾客之间的关系，它们必须紧密联系，为促进服务的生产和传递而协同运作。其共同目的就是建立企业与顾客之间的长期关系，提升顾客忠诚度。

(一) 外部营销

外部营销的目的是建立关系。外部市场营销是企业根据顾客期望向顾客作出承诺的流程。外部市场营销不仅包括广告、人员推销和有形展示等传统市场营销活动,也包括服务人员及服务流程等服务营销特有的要素组合。在外部市场营销中,企业要作出一致且能够兑现的承诺。

(二) 互动营销

互动营销的目的是维持关系。互动市场营销是在服务人员接触顾客的流程中,将顾客、员工和设备都视为营销资源,让他们都参与到市场营销活动中来,以便实现承诺的一种手段。在服务营销三角形中,企业的员工都是市场营销人员,专职的和兼职的市场营销人员通过与顾客接触获得更多的顾客信息,为顾客提供个性化的服务。因此,互动市场营销不仅是企业遵守承诺的流程,也是企业保持与顾客的持久关系、保留忠诚顾客的关键点。

(三) 内部营销

内部营销的目的在于支持关系。企业的一切活动都需要通过员工来实现,企业要兑现对顾客的承诺,就必须利用一切资源和沟通方式,使员工能够利用企业资源和信息来建立、维持与顾客间的关系。内部市场营销包括为服务人员提供培训、建立内部激励机制以及定期的企业文化沟通等。

第三节　数字时代的服务管理与营销

随着信息通信技术、人工智能、物联网、大数据、云计算、虚拟现实等新型数字技术在服务流程中的应用,传统服务出现了数字化和智能化的趋势,数字服务和智能服务在近些年得到了快速发展。机器人代替了酒店的迎宾人员,人们能在家里接受智能医疗服务,学生可以通过网络开展智能学习。不同的数字服务和智能服务可能在数字技术的应用程度上存在差异,但这些新兴的服务形式毫无疑问会对所有服务企业及其管理者开展服务营销与管理造成冲击。

一、智能服务场景

由于许多智能服务元素在线上线下高度融合的服务环境中得以应用和整合,此时的服务场景出现了不同于传统服务场景的特征。对此,学者们提出了"智能服务场景"的概念,用来指导企业对自己所提供的智能服务开展有形环境设计。

智能服务场景模型是对原有服务场景模型的改进，体现了智能服务的某些特征。智能服务场景模型如图1-4所示。随着大数据技术和网络技术的快速发展，包含一手数据库、二手数据库以及外部数据库的"数据场景"，以及以网络服务和云服务为基础的"连接设施"，将在各种服务情境下发挥越来越重要的作用。"数据场景"和"连接设施"这两个场景要素会与智能服务场景中的其他要素，包括智能设备、空间环境、周围条件、社会场景，存在相互影响的关系。另外，场景模型中的"人工智能"要素会通过"连接设施"要素，在以智能设备、空间环境和周围条件为代表的可见服务场景和数据场景之间起到中介作用。"人工智能"可以对从所有环境要素中搜集到的数据进行有效处理，并将数据整合与存储到数据库中。值得注意的是，"人工智能"要素与"智能设备"要素之间直接关联，并共同组成智能服务场景中用来进行感应活动、理解活动和执行活动的智能技术。

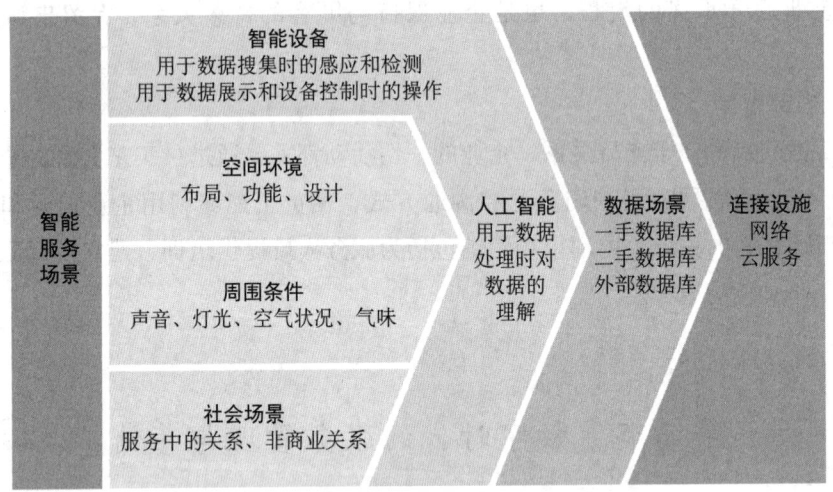

图1-4　智能服务场景模型

智能服务场景模型展示了数字时代数字服务和智能服务中各个要素之间的具体关系。该模型也为服务企业开展数字服务和智能服务的设计与管理提供了有益的参考。

二、服务营销的数字化转型

目前，学术界针对服务营销与管理的数字化转型开展了初步研究和探讨，取得了一些研究成果。这里简单介绍其中的一些发现。

首先，人工智能、机器人和区块链等重要的数字技术会对服务营销和管理产生影响。人工智能是引发创新的重要因素，并会对服务管理产生巨大影响。一方面，人工智能将有助于提升服务传递与顾客互动的效率和效果。另一方面，人工智能未来可能会让各个服务行业中的一些服务人员失去工作。

机器人也会影响服务的营销和管理。虽然目前为止机器人只是在支持或替代服务业中不需要太多技能的机械化、重复性工作，但未来可能带来各种服务工作的重组，并提升服务的生产率。

区块链技术也可能会对服务管理和营销产生影响。由于区块链技术的特性，它在服务中的应用将有助于提升服务交易的安全性和效率，为服务中的各方降低成本。

其次，有学者呼吁利用数字技术和智能设备对服务进行改造。服务企业能利用数字技术和智能设备开展以下变革活动：第一，利用新型技术重新设计服务产品，让服务变得数字化和智能化；第二，通过数字技术改进顾客的服务体验，增强体验营销的效果；第三，利用数字技术降低前台服务活动和后台服务活动的成本，改进服务运营效率；第四，运用数字技术和智能设备鼓励顾客参与服务的传递，提升顾客感知的服务质量。

最后，有学者从"工作系统理论"的角度来分析数字转型与服务管理之间的关系。根据工作系统理论，企业提供服务所依赖的服务系统都属于工作系统。在工作系统中，以服务人员和顾客为代表的"人"以及各种机器设备会开展各种活动来生产服务产品。因此，数字技术带来的工作系统的数字化转型，也能用来分析数字时代服务营销与管理的转型。为了做好服务营销与管理的数字化转型，服务企业可以针对工作系统中的九个要素进行转型和管理，这九个要素分别是服务系统中的顾客、所生产的服务、服务的流程、开展活动的参与者、流通的信息、使用的技术、服务企业的内外部环境、基础设施、企业的战略。因此，通过做好服务系统中上述九个要素的转型和管理，服务企业可以有效开展数字化转型。

三、数字工具对服务营销的影响

数字工具的出现对服务营销造成了冲击，比如，自助服务技术的扩散和应用带来了银行、零售、交通等多种服务的流程变化，网络直播的发展让各种"云"服务成为企业和消费者的新宠。本节以社交媒体这种数字工具为例，讨论它对服务营销所带来的影响。

社交媒体的快速发展和普及，对服务的管理和营销产生了诸多影响。具体表现在以下七个方面：

第一，社交媒体时代，无论顾客体验是正面的还是负面的，都会通过互联网进行广泛传播，因此，企业需要更重视服务承诺的提出、兑现和保持。企业必须确保自己作出的承诺能够得到真正的兑现，因为服务质量上出现的任何问题都会在社交媒体上迅速传播。这就意味着企业需要努力消除导致顾客不满意的因素，从而防止负面口碑的出现。在社交媒体时代，企业对顾客与顾客之间的信息传播很难进行控制。社交媒体上其他顾客所发表的有关企业及其产品的看法，会直接影响顾客满意度，他们的意见也会被网络评论引用，所以这类顾客的角色如今变得非常重要。此外，社交媒体也对企业如何组织内部活动产生影响。企业员工需要清楚地了解自己应该做好哪些事情,即明确自己的角色分工,以及如何快速作出反应,如何处理网络上出现的不同类型的事件。同时,企业也应该允许员工在与顾客沟通时展现出个性。总而言之,企业将不得不依赖更为直接的沟通,把真实可靠和个性化的一面表现出来。因此,企业应该鼓励员工在服务接触中采用真实、有个人特色的方式进行互动。

第二,社交媒体环境的迅速变化对企业能够造成影响。顾客经常使用社交媒体,让企业可以进行跟踪并提供即时的服务。当出现不可预见的情况或企业需要快速接触顾客时,这一点会特别有用。当企业发生紧急事件时,如果企业网站或联络中心不能及时处理大量顾客咨询,企业可以充分利用各种社交媒体与顾客沟通。这些社交媒体更新速度快,并且在技术上能够胜任大规模联络的任务。营销人员也可以通过社交媒体对生活中的其他普通事件快速作出反应,并让社交媒体的用户参与到对话交流中来。顾客会在社交媒体上随时分享自己的服务体验,对此,企业可以通过监控社交媒体上顾客分享的信息来对自身的服务状况进行监控。有了网络监控工具和反馈系统,企业能够及时了解顾客的负面反馈并迅速作出反应,发现并修正服务过程中的缺陷。此外,在服务销售不佳的时期或者在消费需求大幅波动的情况下,通过社交媒体宣传服务产品,能让企业更好地解决面对面服务过程中容易出现的问题。

第三,社交媒体中的音频、视频和图片等内容形式对顾客之间的沟通以及顾客与企业的沟通产生一定影响。顾客能够以图片和视频的形式,为自己的服务评论提供证据支持。那些含有可视资料的社交媒体互动要比只有文字组成的传统口碑交流更为直观。此外,这些评价内容还会一直存在于网络上,即使数年之后仍然能够被找到。一方面,这是对企业的挑战,督促企业在质量管理方面做得更好。另一方面,企业如果在服务上表现突出,就可以从这些保存长久的正面评价中获益。

第四,社交媒体让顾客能够用多种方式展现出他们参与企业服务流程的状况。顾客参与主要指顾客所开展的与企业相关的积极行为,包括顾客与企业之间的互动以及顾客之间有关企业的交流。参与行为可以包括讨论、评价、搜索信息、参与问卷调查,以及通过品牌社群、博客和其他社交媒体进行交流等。顾客在参与不同活动的同时,也会获得不同的收益。企业可以通过向顾客提供经济、娱乐和社会价值相关的收益,来鼓励顾客参与。

第五,企业需要在服务创新时重新考虑分工的问题,并决定是否利用"群体智慧"进行创新。企业可以通过各种形式借用顾客的力量进行创新。比如,借助社交媒体让企业外部的顾客参与服务创新的整个过程。在网络大背景下,企业以更广阔的视角看待创新工作,将企业外部的利益相关者也纳入到创新流程之中,因此这类创新也被称为"开放式创新"。虽然顾客通常乐意参与企业的服务创新工作,但企业仍然需要确保创新过程公正、透明,从而让顾客对创新结果感到满意。

第六，企业需要利用社交媒体与顾客保持联系，并在日常活动中为顾客提供支持。需要注意的是，企业需要思考为什么顾客愿意通过社交媒体开展口碑传播。企业如果想要鼓励微博博主为它们做口碑宣传的话，就需要思考这些博主发布微博的目的。如果企业能够帮助微博博主获取独家内容、提高微博内容质量或加强与受众之间的交流，那么博主就更可能与企业合作。同样，如果企业能给社交媒体上的终端顾客提供社会认同、娱乐和经济利益，那么这些顾客会认为针对企业的社交媒体行为更加具有价值，从而乐意在自己的社交网络中分享企业的正面信息。

第七，服务企业需要根据自身与顾客之间亲密度的不同设计相应的社交媒体营销活动。旅游、音乐或演出等体验式服务通常不能事先作出评价，提供这类服务的企业可以鼓励顾客传播正向口碑，从而吸引服务的潜在顾客。汽车修理、医疗保健或美容美发等服务需要企业及其服务人员与顾客之间进行密切接触，提供这类服务的企业可以鼓励顾客分享个人体验，以此降低潜在顾客感知的消费风险。对于服务产品制作周期较长的企业，特别是当它们拥有参与程度较高的顾客群体时，可以与顾客加强社交媒体互动，并通过在线播放企业内部制作流程的方式来提高顾客对服务有形性和流程性的感知。

练 习 题

1. （单选题）服务的重要性不包括（　　）。
  A. 服务业已经成为大多数国家的支柱性产业
  B. 服务业创造了大量新的就业机会
  C. 服务有助于企业和个人获得竞争力
  D. 服务只会增加企业的成本
2. （单选题）以下不属于智能服务场景要素的是（　　）。
  A. 空间环境　　　　　　　　B. 周围条件
  C. 社会场景　　　　　　　　D. 太空环境
3. （多选题）服务营销三角形中的核心部分包括（　　）。
  A. 外部市场营销　　　　　　B. 内部市场营销
  C. 交易市场营销　　　　　　D. 互动市场营销
4. （判断题）服务营销与产品营销之间在本质上是相似的，二者没有区别。（　　）
5. （判断题）根据工作系统理论，企业提供服务所依赖的服务系统属于工作系统。
（　　）

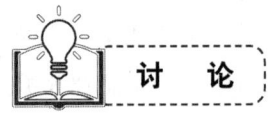

讨 论

1. 请论述并举例说明服务特性具有哪些管理启示。
2. 服务营销三角形中最重要的部分是什么？为什么？
3. 根据生活中的消费经历或所观察到的管理现象，举例说明智能服务场景的状况、好处和不足。

综合案例

盒马鲜生：数字技术重塑零售营销

2015年时，国内电商市场趋近饱和，淘宝、京东、苏宁等巨头占据大量市场份额，新崛起的拼多多主攻低端市场。阿里巴巴作为电商巨头之一，面临发展瓶颈，急需寻找新的业务增长点。同时，随着人们生活水平的提高，消费者对于生鲜食品的品质、新鲜度以及购物的便捷性有了更高的要求。传统的生鲜销售模式难以满足消费者对新鲜、便捷、一站式购物的需求，新零售理念应运而生，盒马鲜生作为其试行样本被推出。盒马鲜生旨在打造一种全新的生鲜零售模式，将线上线下融合，提供更高效、更优质的购物体验。2016年1月，盒马在上海金桥广场开设第一家门店，首创店仓一体模式，提出生鲜30分钟到家的服务。2017年成立自有品牌"盒马工坊"，推出"日日鲜"系列产品。2018年试水"X会员计划"，并与全国500家农产品基地建立"新零供"关系。到2018年年底，盒马鲜生门店数量达到149家。2020年首创"网订柜取"新模式，2021年旗下鲜花品牌升级为"盒马花园"，X会员权益升级，还打造了"盒马邻里""盒马烘焙""盒马鲜火锅"等多种业态。2022年6月，阿里旗下盒马App完成信息无障碍改造。在新零售的浪潮中，盒马品牌以其独特的商业模式和创新精神，不断引领着行业的变革。随着人工智能和大数据等数字技术的崛起，盒马再次站在了技术与商业融合的前沿。这不仅是一场技术革新的旅程，更是一次品牌与消费者沟通方式的深刻变革。

1. 数字化助力用户交互

在当今的营销领域，个性化和互动性已成为品牌与消费者沟通的关键。人工智能（AI）技术的引入，为营销策略带来了革命性的变革，使得品牌能够以前所未有的方式与消费者建立联系。盒马通过大数据洞察消费者行为模式和偏好，这种洞察力使得盒马能够创建更加个性化的营销内容,从而提高用户的参与度和品牌忠诚度。例如,通过大数据分析消费者的购买历史、浏览行为、偏好等信息,为消费者提供精准的商品推荐和个性化的促销活动推送。比如消费者经常购买海鲜产品,盒马就会向其推荐当季新鲜的海鲜种类、相关的烹饪调料以及海鲜加工食谱等,提高消费者的购买意愿和满意度。

此外,AI技术通过自然语言处理和图像识别等手段,为营销内容的创意提供了新的可能性。AI可以辅助设计师生成新颖的视觉元素和创意文案,甚至自主创作短视频和动画,这些内容不仅吸引眼球,还能够与消费者产生情感共鸣。盒马利用AI技术制作一系列与节日或季节相关的互动式广告,让消费者在参与中体验品牌的独特魅力。

AI的内容终究是锦上添花,是否影响营销的增长还要看具体的效果。盒马还会运用AI技术实时监测和分析营销活动的效果,为品牌提供即时反馈。这意味着盒马能够快速调整营销策略,优化投放渠道和内容,确保每一份营销投入都能产生最大的回报。通过这种方式,AI技术不仅提升了营销的精准度,还增强了营销活动的动态适应能力。

2. 数字化打造品牌形象

在盒马的实践中,数字技术的应用不仅局限于概念层面,而是深入品牌核心资产的数字化转型中。数字技术的广泛应用不仅限于IP形象的创新,它还渗透到盒马的多个业务场景中,如个性化推荐、客户服务、库存管理等。通过AI的数据分析和预测能力,盒马能够更准确地把握市场需求,优化供应链,提升客户满意度。以盒马的IP形象为例,AI技术的介入极大地提升了形象资产的创作效率和多样性。基于AI,设计师能够快速生成一系列适应不同营销场景的盒马IP形象,从而加强品牌形象的一致性和吸引力。在不同的业务场景中刷新IP形象,盒马的目的在于创造更加生动和互动的购物体验。例如,在儿童节期间,盒马可以通过AI技术创造一系列富有趣味性和教育意义的IP形象,吸引家长和孩子的注意,从而促进相关产品的销售额。在健康食品推广中,盒马可以利用AI生成的形象来传达健康生活的理念,提升消费者对健康产品的认知和兴趣。AI在盒马的个性化推荐和客户服务中的应用,使得IP形象不仅是视觉上的符号,更是与消费者进行互动的媒介,也使得品牌形象更加人性化和贴心。

此外,盒马探索出"盒马村"这一订单农业新模式,运用数字技术打通农业上下游产业链,指导农业生产、加工、运输、销售等全链路以需定产,与盒马形成稳定的供应关系,发展数字农业。一方面为盒马提供高品质和高性价比的商品,另一方面促进当地农业的可持续发展,带动农民增收和就业,从而提升了品牌形象。对于企业、品牌来说,一个好的形象有更重要的品牌营销意义。不仅可以提高品牌辨识度,加强品牌记忆,更可以实现人格化,接地气地提升好感度,也能有更多营销抓手。

总的来说,盒马将AI技术运用至IP形象,意在通过创新的方式提升品牌的市场竞争力。AI不仅提高了运营效率,更重要的是,它为盒马打开了与消费者建立更深层次联系的大门。

3. 数字化改善顾客体验与关系

盒马为用户提供了便捷的线上购物平台，并不断对App进行优化升级，拓展线上服务范围，如增加商品种类、优化搜索功能、提升界面友好度等，为消费者提供极致的线上购物体验。此外，盒马致力实现线上线下的良性互动，如线上购买的商品可到线下门店自提，线下门店的商品信息可在线上查询、线上线下同价，保证消费者无论选择哪种购物方式，都能享受到一致的价格；通过线上平台为线下门店引流，或利用线下门店的活动促进线上平台的销售。

盒马不止关注用户购买前的渠道，还凭借在微博、微信公众号、抖音等主流社交媒体平台，通过定期发布精美的图片、视频、短文等内容，展示新品、特色菜品、店内活动以及品牌文化等，吸引用户的关注和互动。例如，在推出季节性生鲜产品时，会发布相关的烹饪教学视频和食谱，激发用户的购买欲望。同时，也会组织线上活动，如抽奖、话题讨论、线上挑战等，吸引年轻消费者的参与，增加品牌的曝光度和用户黏性。策划各种有趣的互动活动和话题讨论，如美食摄影比赛、厨艺分享、健康饮食话题等，鼓励用户参与并分享自己的经验和见解。这种UGC（用户生成内容）的方式能够扩大品牌的影响力和传播范围，同时也增强了用户与品牌之间的情感连接。

在售后服务和持续的关系建立上，盒马凭借AI提供智能客服服务，顾客可以通过盒马App、小程序等渠道随时咨询问题、反馈意见。智能客服能够自动识别和解答常见问题，提高服务效率，在线客服则为顾客提供更个性化、更深入的问题解决方案。会员体系上，建立完善的会员制度，为会员提供积分兑换、专享优惠、生日福利等多种专属权益，增加会员的忠诚度和黏性。同时，根据会员的消费等级提供不同层次的服务，如高级会员可享受免费配送、优先购买限量商品等特权，激励消费者持续消费并提升会员等级。

4. 数字化实现高质量服务环境

凭借新鲜、高品质的商品和优质服务吸引消费者到店购物是零售行业的基本要点，而线下门店的环境体验是零售行业的重点之一。盒马门店设计注重空间布局和氛围营造，设置海鲜现场加工区、烘焙工坊等特色区域，增强消费者的购物乐趣和参与感。同时，通过门店的空间设计、灯光布置、音乐播放等元素，营造舒适、温馨的购物环境，让消费者在购物过程中享受愉悦的体验。在线下门店，盒马也会定期举办各类主题活动，如美食节、烹饪课程、亲子活动、会员日等，增加消费者的参与度和互动性，提升消费者对品牌的认同感和忠诚度。

此外，盒马通过新技术应用来提升顾客体验，如借助增强现实（AR）、虚拟现实（VR）等新一代数字技术，为消费者提供更加丰富和有趣的购物体验。例如，在部分门店引入AR技术，设置虚拟导购员或通过扫描商品等方式为顾客提供更加丰富的购物体验；顾客扫描水果标签可以查看水果的产地、种植过程、营养成分等详细信息，或者通过AR游戏等互动形式增加购物的趣味性。在结账时，智能设备和无人收银台等技术手段也极大提升了购物便利性。

参考资料：

微信公众号. 盒马设计未来：AI 重塑品牌营销的数字奇迹［EB/OL］.（2024-04-12）［2025-01-12］https://mp.weixin.qq.com/s/DdJYC-NFxst3FjVPBmw7Jwhe；

数英网. 新零售：以盒马鲜生为例，新零售的营销出路在哪里？［EB/OL］.（2018-08-14）［2025-01-12］https://www.digitaling.com/articles/63552.html.

思考题

1. 在数字化转型过程中，盒马鲜生如何通过不同的数字技术手段提升品牌形象？

2. 盒马鲜生是如何运用数字化手段改善顾客体验与关系的？这些手段对其在市场竞争中的地位有何影响？

3. 数字技术在盒马鲜生的商业模式中起到了哪些关键作用？它们是如何推动盒马鲜生在新零售行业发展的？

第二章

服务营销战略

开篇案例

万科物业与金廊公馆的服务价值共创之路

2024年5月23日,沈阳金廊公馆与万科物业成功签署物业服务战略合作协议,标志着金廊公馆在城市中心高端社区打造上迈出重要一步。这次合作吸引了社会各界的广泛关注,不仅是物业管理的合作,更是通过高质量服务创造美好生活的开始。金廊公馆作为沈阳地区的知名高端住宅项目,凭借优越的地理位置、丰富的教育资源以及便利的交通网络,成为众多改善型家庭的首选。万科物业作为中国住宅服务行业的领军企业,以"家+"理念为核心,结合创新服务模式,为金廊公馆的业主提供专属服务,旨在满足现代城市居民对美好人居的多元化需求。

1. 多元定制化增值服务

万科物业为金廊公馆的业主量身打造了10余种免费增值特色服务,这些服务不仅关注基本生活需求,更注重通过细致入微的服务提升业主的居住体验。例如,快递派送到家、空置房的浇花养护以及开窗通风等服务,使业主即便长期不在家,也能感受到家的温暖。此外,每年两次的地垫和纱窗清洗服务、室内紫光灯消杀等措施,极大地降低了业主自行维护的时间成本,提升了居住环境的健康指数。

管家服务是万科物业的一大特色。在金廊公馆,这项服务得到了全面升级。每位业主都配备了一对一专属管家,管家通过主动上门、微信推送等形式,与业主保持紧密沟通,随时了解和满足业主需求。同时,根据不同季节特点,管家会定期提供服务预约和提示,如夏季防蚊消杀、冬季管道防冻检查等,确保业主生活的安全和舒适。

2. 社区文化建设

在社区文化建设方面,万科物业注重通过丰富多彩的活动增强邻里关系,营造家园式社区氛围。针对金廊公馆社区的实际情况,万科物业全年规划了20余种主题活动。例如,为老年人开展"夕阳红"系列社交活动,内容包括健康讲座、手工课程及节日聚会;为儿童举办"万物童行"夏令营，活动涵盖科学实验、户外探险、艺术创作等，旨在为孩子们提供一个增长见识和结交朋友的平台。

特别是针对空巢老人的需求，万科物业参考其发布的《空巢老人物业服务指南》，每月固定时间进行"一号专线行动"，快速响应空巢老人的日常需求。同时，定期组织志愿者上门陪伴老人，一对一帮助其学习使用智能设备，帮助他们融入现代生活，打破孤独感。

3. "+"升级服务体系

万科物业将"家"作为服务的核心，同时延伸至"+"的升级体系，涵盖环境维护、安保服务和智慧科技等领域。在环境维护方面，万科物业以高标准完成社区清洁及绿化养护工作。例如，每天提供垃圾上门收运服务，避免垃圾堆积影响社区环境；半年一次的公区大理石养护、每季度的消杀工作，确保社区公共空间洁净如新；还提供免费绿植养护咨询服务，为业主打造绿色环保的生活环境。

在安保服务方面，万科物业以"双80"原则招聘安保人员，即身高180厘米以上、体重80千克以下，全面提升社区的安全感。安保人员不仅负责日常巡逻，还承担迎宾、护送醉酒业主或单身女性等贴心服务。通过这种细致入微的服务，业主能够感受到被尊重和被保护的生活环境。

4. 高效维修服务与智慧社区建设

维修服务是物业管理中与业主关系最密切的部分。万科物业为金廊公馆社区配备了多位持有高级证书的专业维修人员，通过"一免二洁三要四带"的标准规范，确保维修工作高效高质。例如，在接到维修请求后，5分钟内响应，10分钟内到达现场并完成整洁处理，确保业主在最短时间内恢复正常生活。

在智慧社区建设方面，万科物业引入先进的智能化设备和管理系统，实现社区服务的便捷化、科技化。例如，引入智慧通行系统，实现无感速通；使用设施设备智能巡检系统，确保社区运转高效；采用住这儿App线上社区平台，为业主提供一站式服务，从家政预约到社区活动报名，均可通过该App实现。

金廊公馆与万科物业的合作，不仅提升了物业管理水平，更通过服务创新塑造了高品质生活样板。金廊公馆下一步计划与万科物业开展更为深入和广泛的合作。双方将继续围绕"以人为本"的服务理念，探索更多符合现代人居需求的创新服务模式，并结合城市发展趋势，推动物业服务的多元化、精细化和智能化。

参考资料：

微信公众号. 万科物业携升级版"家+"服务方案正式签约沈阳金廊公馆[EB/OL]. (2024-05-25)[2025-01-12] https://mp.weixin.qq.com/s/odiogARcAwehfIE6uiX8uw.

第一节 服务导向

一、服务导向的内涵

一般而言,服务导向是指企业及其员工把顾客的利益放在首位,通过优质服务来满足顾客的需要,发展企业与顾客之间的合作关系。在服务导向的企业战略实践中,往往要涉及服务供应商及其内部能力、优质资源、技术质量、价值工程、地理区域、定价、专利技术以及来自声誉和形象方面的差异化等因素。

在实践中,服务导向可能在不同的层次具有不同的表现。

首先,从企业层次来看,企业的服务导向是指企业内部的政策和工作原则必须以满足顾客需要为导向。这种指导原则渗透于企业的日常活动、业务和规程之中,并形成一定的服务氛围,使全体管理人员和服务人员广泛认可、支持并奖励为顾客提供优质服务的行为,将这些行为体现在企业的基本政策、规程与惯例之中。

其次,从员工个体层次来看,员工的服务导向是指服务人员在工作环境中满足顾客需要的倾向。例如,展现出良好的服务态度,向顾客微笑、引路、开门,利用专业的知识引导顾客将其需求明确告知企业,向顾客提供能够满足需求的消费建议等。员工的特定行为在很大程度上决定了顾客与服务人员之间的合作程度或彼此之间的关系,进而影响服务的流程质量和结果质量,最终影响企业的收益水平。因此,不同的服务人员可能会在个体服务导向的个性程度上存在差异,一些服务人员会比其他服务人员具有更高程度的服务导向。

除此之外,根据内部营销的观点,企业当中还有一种服务导向是企业对员工的服务导向。员工的服务态度和行为会对企业提供服务的质量具有重要影响,因而员工的服务导向对企业的服务质量而言非常关键。然而,由服务利润链理论可知,员工的工作积极性会受到企业对员工的内部服务质量的影响,因而员工的服务导向又会受到企业对员工的服务导向的影响。只有服务企业以对待顾客的方式善待企业的服务人员,提供良好的内部服务质量,努力满足员工的需要,感觉满意的员工才会有更高的员工忠诚度和服务效率,更有能力和意愿为外部顾客提供服务,从而提升员工的服务导向和服务质量。因此,服务企业应该做好内部营销,为员工提供优质的工作环境与工作条件,用积极的内部服务氛围去引导员工向顾客提供优质的服务,从而在服务运营和服务质量方面塑造企业的服务优势。

二、服务导向的构成要素和战略框架

既然服务导向对企业如此重要,那么如何衡量和评估一家服务企业的服务导向呢?图 2-1 概括了服务导向的战略框架及其绩效影响。

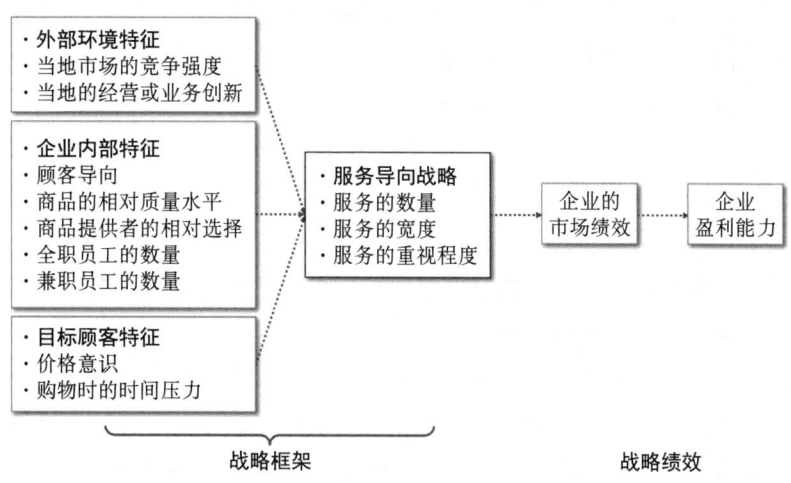

图 2-1 服务导向的战略框架及其绩效影响

通常,可以通过三个方面来看企业的服务导向,分别是企业提供服务的数量、服务的消费者数量、企业对服务的重视程度。

首先,提供服务的数量。服务导向程度较低的企业所提供的服务往往很少。随着服务导向程度的提升,企业会越来越重视增加自身所能提供服务的数量。因此,如果一家企业所提供的服务越多,该企业的服务导向程度也就越高。

其次,服务的消费者数量,也就是企业提供服务的宽度。通常来说,如果一家企业只向少数顾客提供服务,反映的是该企业对特定顾客群体的特殊对待,这表明该企业缺乏全面的服务导向战略。只有将服务提供给大多数顾客,才能认为该企业在实施服务导向。可见,随着企业提供服务的顾客数量的增加,企业的服务导向水平也在不断提高。

最后,企业对服务的重视程度。高服务导向的企业除了会向大多数顾客提供多种服务之外,还会在企业内部形成重视服务的共识与行为。企业对服务的重视和强调程度体现在它积极地向顾客提供服务的程度。一些服务企业只在顾客明确要求时才提供相应的服务,这些服务企业往往对服务缺乏重视;相反,其他服务企业则会在内部形成主动向顾客提供优质服务的企业服务文化,树立以顾客为中心的导向,其服务人员会在服务接触中积极提供服务来增加顾客满意度,这些服务企业对服务的重视体现了较高的服务导向。

上述三个方面对企业的服务导向都具有重要意义,企业构建和提升服务导向时需要将这三个方面结合起来同步行动。当然,企业在构建服务导向的过程中还需要考虑企业所面临的经营环境和企业自身的相关因素。研究发现，有三种因素会对企业的服务导向产生影响，这三种因素分别为外部环境特征、企业内部特征、目标顾客特征。

从外部环境特征来看，当地市场的竞争强度、当地的经营或业务创新会对企业的服务导向产生影响。市场竞争越激烈，创新环境越强烈，企业的服务导向程度可能会越高。从企业内部特征来看，企业的顾客导向、商品相对质量水平、商品提供者的相对选择、全职员工的数量、兼职员工的数量等因素都可能会影响企业的服务导向。从目标顾客特征来看，目标顾客的价格意识和购物时间压力也可能会影响企业的服务导向。企业在提高服务导向的过程当中需要考虑这些因素的影响。

三、服务导向的作用

研究发现，服务导向对于企业具有重要意义，企业层面的服务导向和员工个人层面的服务导向都会对企业产生积极的影响。

企业的服务导向会对员工、顾客和企业都带来正向效应。首先，企业的服务导向有助于增强员工的团队精神。服务导向为员工工作指明了具体的方向和方法，会激发所有员工为了"服务好顾客"这一共同目标而努力和合作，从而增强团队精神。其次，企业的服务导向会提升顾客的感知服务质量。随着企业对服务重视程度的增加以及向大部分顾客提供多种服务，顾客从服务接触过程中感受到的流程质量和结果质量都将得到提高。最后，随着员工致力于提供良好服务的团队精神得到激发，以及顾客感知服务质量的不断提升，企业的市场绩效和盈利能力都能得以提高。

员工的服务导向也会给员工自身带来诸多好处。首先，员工的服务导向有助于增加员工对组织的承诺。随着员工认同并乐意向顾客提供良好的服务水平，员工将认可服务企业的相关文化和行为，并提升对企业的承诺水平。其次，员工的服务导向会正向影响员工的工作满意度。员工认同向顾客提供优质服务的做法，将会帮助员工降低工作模糊性，并通过良好的企业支持和顾客反馈而提升工作满意度。最后，随着员工对组织承诺的增加以及对工作满意度的提升，服务导向也会有助于降低员工的离职意向。

第二节 服务价值主张

一、服务价值主张的内涵

在日益激烈的市场上，在服务呈现出趋同性的今天，分析顾客价值、锁定顾客价值并据以提出独特的服务价值主张,对于服务企业而言至关重要。

服务企业应当精心地提出独特的价值主张。服务价值主张就是企业对顾客能从企业提供服务当中所获利益的清晰表述。在这种独特的价值主张中,企业应该明确自身将向目标市场提供哪些特征和利益的独特组合。企业服务价值主张中的利益可能包括质量、价格、服务、传递、设计、功能和保证等。服务价值主张是顾客跳过竞争对手而选择本企业的理由。

在企业所提炼的价值主张中,往往表现出注重价格的一面。在实践中,消费者只会在较少的产品和服务购买中以价格为基础进行决策。推行价格主张,而不是价值主张,可以说是营销思维的彻底失败。从短期来看,对顾客荷包份额的争夺,主要在于价格;但从长期来看,获得成功的关键或根本,还在于对顾客心理的争夺。只有当准确地理解顾客的购买行为及其潜在的需求,并使自己所提供的产品或服务与消费者的需求匹配起来,才能赢得顾客,并最终赢得竞争。

为了赢得顾客和竞争,企业需要提炼良好的服务价值主张。那么,好的服务价值主张具有什么特点呢?

首先,好的服务价值主张应该具有吸引力。如果企业所提炼的服务价值主张当中的利益不能满足顾客的需求和喜好,那么该服务价值主张中的利益对于顾客而言不具有价值,服务价值主张也就不能吸引顾客,顾客会转向购买竞争对手的服务产品。

其次,好的价值主张还应该真实可信。服务价值主张类似于服务企业对顾客作出的承诺。如果服务企业在服务价值主张当中所承诺的利益不够真实,一方面,顾客会根据自己的经验和搜集的信息判断服务企业所承诺利益的真实可信程度,虚假的利益宣传会让顾客对企业产生不良的感知,从而降低对企业的评价甚至会引发顾客的负面口碑;另一方面,顾客购买了包含虚假宣传利益的服务后,会在消费过程当中感受到不一致的服务传递质量,从而因为服务差距而产生不好的服务质量感知,并导致顾客不满意。无论是何种情况,不真实的服务价值主张都将对服务企业造成巨大伤害。

最后,服务价值主张还应具有特色。市场上众多服务企业向顾客提供的利益日渐同质化,如果服务企业的价值主张不具有特色,顾客很难注意到该企业,更别说产生购买该企业的服务意向了。只有独特的服务价值主张才能够让顾客在众多服务选择中注意到并产生消费意愿。

二、服务价值主张的层次

构建价值主张在顾客中心时代变得越来越重要。能够准确描述企业所提供的服务,往往是促进企业成长的有效方式之一。企业要使其独特的产品与服务信息凸显出来,具体的实现方式就是提炼和传播独特的服务价值主张。因此,可以通过现有以及未来的顾客服务价值主张来明确企业所带来的价值,并利用企业能够传递的价值证据来宣传企业的价值主张。通常而言,服务价值主张由三个层次组成,分别是价值描述、验证点、传播描述,如图2-2所示。

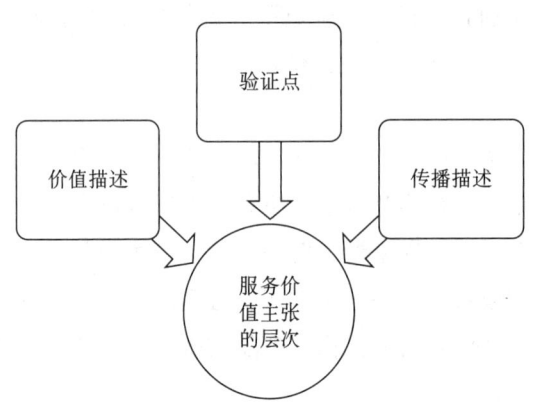

图2-2 服务价值主张的层次构成

首先是价值描述。价值描述是关于企业目标顾客需要和企业想要提供何种关键利益的一种清晰表达。这种描述要求企业用清晰和简洁的方式回答以下问题:本企业是做什么的?本企业能够提供何种服务?这种服务能够满足顾客的什么需求?

其次是验证点。只有价值描述并不足以赢得未来顾客的心,企业还必须提供充分的证据来支持这种描述,并力争把这种描述落到实处。企业所提供的这类证据就是验证点。验证点本质上是一些要点,能够验证和支持企业的价值主张。为此,验证点必须以事实为基础,它可以包括以下一些表达企业能力与资源的相关证据,如专业证书、专业认证、服务经验、顾客保留、顾客满意、特殊专长、许可证等。这些能力与资源的证明有助于顾客相信该企业能够实现其价值描述。

最后是传播描述。企业必须展现自己的能力,现有的顾客才能够对企业实践形成充分的理解,进而把企业推荐给亲朋好友。在服务价值主张中,一般包括三到四个如何给顾客带来价值的传播描述。传播描述与价值描述的不同点在于:传播描述强调和突出本企业的服务交付,为企业未来的顾客关系设定期望。

价值描述、验证点、传播描述三个要素相辅相成,共同决定了企业的价值主张。只有这三个要素密切结合起来,才能够准确地反映出顾客、员工、服务企业三者合作的体验。提炼独特的服务价值主张,往往能够有效地表达企业所提供的有形利益和无形利益,从而进一步促进服务营销的效率。显然,在以顾客为中心的市场上,这是一种非常重要的战略技能。

三、服务价值主张的作用

首先,服务价值主张有助于指导服务营销相关决策和服务人员相关工作。在实践中,服务价值主张就像一个指南针，可以为员工与顾客的关系和明确企业内部关注的焦点提供指引，也可以为服务营销相关决策提供指导。为了使企业获得成功，服务价值主张还必须是独特的、具有防御型的，必须与组织目前的形象和服务交付流程相一致。服务价值主张并不是容易记住的标志，也不是广告活动的具体体现。相反，服务价值主张往往体现了企业长期发展的本质，囊括了企业长期发展的内涵。因此，服务价值主张往往可以为企业带来长期发展的战略优势。

其次，服务价值主张能为服务企业构建竞争优势。服务价值主张之所以重要，是因为它可以帮助企业识别自己的优势，并向目标顾客宣传，同时也可以向竞争对手传达相关信息。更重要的是，它能使企业识别出构建优势品牌的差异所在。消费者越是能够强烈地识别出产品或服务的差异点以及企业的价值主张，企业就越可能获得更多的收益。而服务人员越是能够深入地理解这种差异性，他们也就会在承诺的服务交付或品牌构建中更加卖力。

此外，明确地回答"我是谁"这一问题，往往可以帮助企业对未来进行合理的服务规划，并有助于把识别出的潜在优势转化为现实优势。服务价值主张实质上是服务企业制定战略规划过程中的重要环节。企业通过对目标顾客群体的需求与喜好进行分析研究，对自身的资源和能力进行有效识别，有助于明确可以向顾客所提供的利益和价值所在，以及规划通过优质的服务满足顾客需求的具体方式。这些行动都是服务企业进行战略规划的过程当中需要解决的问题。因此，服务价值主张的构建将帮助企业进行合理的服务战略规划。

第三节　服务管理原则

一、服务管理的重心转移

与制造业中传统的管理方法相比，服务管理有两个明显的重心转移：第一，从只关心内部效率转向内部效率和外部效益同时关注。在服务经济时代，服务企业要想获得成功，其工作重心应该聚焦于企业所提供的服务能否获得消费者的购买和喜爱。由于服务所具有的流程性、互动性、无形性等特征，服务企业需要高度重视顾客对服务质量的感知在企业运营当中的重要作用。为此，服务企业不能像传统制造业那样聚焦于内部生产效率，而是必须同时注重服务生产后台的内部生产效率以及外部顾客服务质量的效益。第二，从对组织的关注转向对过程的关注。由于服务的本质是为了满足顾客需要而提供一系列活动的过程，服务管理的重心也需要调整到对过程的关注上来。

总之,企业管理的焦点要想从"由内而外"的管理转向"由外而内"的管理,上述两个重心的转变至关重要。一个服务战略如果想取得成功,必须同时做到这两点。作为一种管理哲学,服务管理与管理的过程息息相关,组织则显得不那么重要。如果过度关注组织问题,就会影响服务运营的灵活性和企业与顾客接触的质量。管理人员对员工的支持会下降,从而使员工丧失工作的积极性,由此导致顾客感知服务质量下降和员工流失。

二、服务管理的六项原则

强调过程和外部效益对管理的影响涉及以下方面:企业利润来源、决策权、组织结构、监督控制、奖励系统、绩效衡量。服务管理的原则也体现在这六个方面,如表 2-1 所示。

表 2-1　　　　　　　　　　　服务管理的原则

原则维度	原则内容	
企业利润来源	利润来自顾客感知服务质量	外部效益和内部效率的决策必须有机结合起来
决策权	决策权尽可能向一线下放	有些重要的决策权仍需要集中
组织结构	组织建立和运行的目的是使资源配置有利于支持服务一线的运行	服务企业的组织结构需要扁平化,减少不必要的层次
监督控制	管理人员和监督人员最重要的职责是鼓励和支持员工	尽量减少不必要的监督,尽管有可能迫不得已
奖励系统	奖励系统的重心是如何为顾客提供高水平的感知服务质量	尽管奖励系统不能将所有的要素全部纳入进来,但必须考虑所有相关因素
绩效衡量	绩效衡量的唯一标准是顾客感知服务质量	在衡量内部效率和生产率时,也可以利用外部效益的衡量标准

(一) 企业利润来源

企业经济活动的重心或经营法则由原来的内部效率管理、劳动力和资本生产率管理,转向对内部效率和外部效益的管理。转变之后的模式认为,顾客才是企业利润最重要的来源。但是,企业良好经济效益的取得要受到许多相互关联因素的影响。服务管理强调外部效益和顾客关系管理对于企业成功的重要性。尽量内部效率的盈利性也不能忽略,但内部效率绝不是服务企业最重要的问题。它必须与外部效益和顾客关系有机结合,为后两者服务。一旦内部效率观念成为企业工作的重点,企业会将眼睛只盯在节约成本的问题上,进而忽略外部的顾客感知服务质量。"由内而外"会压制"由外而内"的管理模式,在此情况下,创造和保持卓越以及收入创造力都将退居第二,从而使企业滑向平庸的边缘。

(二) 决策权

由于服务本身的特性和顾客感知服务质量的各项内容,决策权分配的基本原则是最大限度地有利于顾客与企业的互动关系的发展；最理想的状态是与顾客直接接触的员工具有真正的决策权。否则，企业就无法同时把握销售机会和服务补救的机会。如果服务中的关键时刻管理不善，顾客感知服务质量就会迅速趋于恶化。当然，在有些情况下，一线员工并不一定完全具有解决问题所需要的能力。但是，一线员工应当具有决策的权力，或者在有些情况下要求管理层予以帮助的权力。

经营决策权必须分散化，但有些战略性的决策仍需要高度集中。这些战略性决策权包括总体发展战略、企业使命和服务概念。应当集中企业中所有一线员工的智慧，使其在这些集中决策中发挥作用。这样做的好处，一是可以改善决策的质量，二是能够有效地调动一线员工的工作积极性。

每个部门的领导，无论这个部门是一个企业的分支机构，还是企业中为顾客提供服务的部门，都应该独立地对自己的组织和团队负责。他们还必须为这个部门的运行、服务意识和组织的盈利能力负责。服务管理者应当具有双重职责，一方面向顾客负责，另一方面向企业和员工负责。

（三）组织结构

按照传统的管理学观点，组织结构问题通常集中在如何建立和维护组织以保证决策能够层层落实下去，而且能够对各个决策层进行有效的监控。这样的组织是集权且缺乏弹性的，而且会阻碍信息在组织之间的横向流动。服务管理将管理重心从结构和控制程序转向在保证内部效率的前提下提高外部效益。这无疑要求组织具有极高的弹性，在管理、人力和系统方面具有较高的流动性，以支持一线员工的工作，这是企业的首要任务。能满足这个要求的组织结构形式在不同的情况下可能有所不同，但它们必须具有相同的准则。

（四）监督控制

在传统的管理中，监督系统最重要的任务是根据组织预先设定好的目标对组织的各个环节、各个部门的工作状况进行监督、控制，以保证整个企业按照预先确定的方向前进。如果员工或部门达到了预先设定的标准，那么他们的绩效就是令人满意的，就应当受到奖励。

但是，这种监督、控制系统与服务和服务生产的特性并不吻合。服务最根本的特性是在很多情况下根本无法标准化。在为顾客提供服务的过程中，每个顾客的要求是不一样的，所以员工的服务需要具有一定的弹性，以满足顾客的不同要求，并快速消除服务中所出现的问题。在服务业，服务指南和使命比僵硬的标准更为有效。标准所能监控的只有技术质量，而对于建立竞争优势具有特殊意义的功能质量，传统的监控体系无能为力。服务管理对功能质量的监控具体体现在对员工的支持和鼓励上。所以，服务营销者需要新的管理方法。

（五）奖励系统

在通常情况下，奖励系统和监督控制系统紧密相关。可控的一般都是可以度量的，可以度量的也就是那些可以控制和奖励的。当然，并不是所有的被控制对象都与奖励系统相连。现在，服务业管理将奖励系统的重心转移了，受到奖励的应当是为顾客提供高感知服务质量的行为，而不是达到企业所设定标准的行为。当然，尽管奖励系统不能将所有的要素全部纳入进来，但必须考虑所有相关因素，如此奖励系统才能够积极有效。

（六）绩效衡量

企业进行绩效衡量时必须先考虑控制什么和奖励什么。企业监督控制和奖励系统的重点发生了转移，其绩效衡量系统也必须随之发生转移。衡量企业绩效最重要的指标是顾客满意度和总的感知服务质量、忠诚的顾客和不断增加的利润。因此，按照服务管理的原则，一个具有服务导向的监督控制系统必须对奖励系统、顾客满意、员工满意、顾客忠诚、员工忠诚等问题进行度量。度量是否达到了标准，仅有控制底线是不够的。内部效率问题也必须考虑进行，以有效地对其进行监控，但外部效率肯定是最重要的。

综上所述，服务企业在开展战略管理时，需要高度重视在企业利润来源、决策权、组织结构、监督控制、奖励系统、绩效衡量这六个方面的做法和原则。

1. （单选题）服务导向的层次不包括（　　）。
   A. 企业层次的服务导向　　　　B. 员工个体层次的服务导向
   C. 企业对员工的服务导向　　　D. 企业对竞争对手的服务导向
2. （单选题）企业提供证据支持价值描述，这是指企业服务价值主张中的（　　）。
   A. 验证点　　　　　　　　　　B. 传播描述
   C. 销售主张　　　　　　　　　D. 价格策略
3. （多选题）影响企业服务导向的企业内部特征因素包括（　　）。
   A. 市场竞争强度　　　　　　　B. 企业的顾客导向
   C. 企业的员工数量　　　　　　D. 顾客的价格意识
4. （判断题）服务价值主张是企业对顾客从企业提供的服务中所能获得利益的清晰表述。（　　）
5. （判断题）服务企业的组织结构和传统的组织结构一样，并不需要具备弹性。（　　）

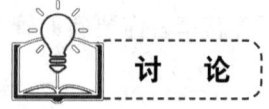

1. 论述服务导向战略可能带来哪些绩效及其影响机制。

2. 举例说明服务价值主张有何作用。
3. 服务管理与传统制造业管理有何区别？

综合案例

东方甄选：新东方转型直播电商之路

2021年7月24日，"双减"政策发布，对教育培训行业尤其是基础教育学科类培训业务造成巨大冲击。传统的学科辅导和课外培训业务受到重创，大量教育机构面临生存危机。作为行业领军者之一的新东方股价大幅下跌、市值蒸发，原本强大的教育培训体系在短短几个月内被迫调整或关闭，公司的生存和未来发展面临巨大的不确定性。

针对这一局面，新东方迅速决定进行战略转型，摆脱对传统教育培训业务的依赖，向全新的直播电商领域进军。通过整合现有的品牌资源和文化优势，结合直播电商的市场需求，新东方推出了"东方甄选"这一全新平台，专注于农产品的直播带货。该转型不仅是商业上的应变，更是通过创新的服务营销战略重新定义品牌价值和企业社会责任。

1. 差异化定位

新东方在转型过程中，最初面临的核心问题是如何将品牌从传统的教育培训机构转型为全新的直播电商品牌。这不仅是品牌形象的重塑，更是品牌文化和价值观的重新定义。在这一过程中，东方甄选决定依托新东方强大的文化积淀，以"文化+商品"为核心战略，结合其深厚的教育背景和社会责任感，构建了独特的品牌形象。与传统的电商直播平台相比，东方甄选通过其独特的内容创作和服务策略，成功打造了一个与众不同的电商平台。

东方甄选"最有文化的差异化直播间"定位，把文化元素作为区分于其他直播间的关键点。转型初期，东方甄选主打"农产品不仅是一种商品，更是一种传递情感与文化的媒介"的价值理念；以提供高品质、安全可靠的农产品，满足消费者对健康食品的需求作为核心业务的同时，助力乡村产业振兴，为农民创造更多的销售机会和价值。全网布局农产品市场，致力于打造领先的农产品电商销售平台。

东方甄选的直播不仅是卖货，更是一场充满知识、文化和娱乐的直播秀。在实际运营中，主播们不仅推销产品，更会深入挖掘每个农产品背后的文化故事和产地历史。例如，在推销农产品时，主播们不仅介绍产品的产地、特点和食用方法，还结合当地的历史背景、风土人情进行深入讲解。在推荐大米、茶叶、果蔬等具有地方特色的农产品时，主播会深入挖掘背后的文化故事，如某款大米的独特种植方式，或者某个地区的历史传说，给消费者带来与产品相关的文化体验。这种创新的"知识+带货"模式让东方甄选的直播间形成了强烈的差异化竞争力,也让品牌在同质化严重的电商直播市场中脱颖而出。

同时,东方甄选还采取了"双语带货"的策略,通过双语的方式将产品介绍与文化分享相结合,形成了独特的竞争优势。这种跨文化、跨语言的直播形式,不仅吸引了大量国内消费者,也为品牌增加了国际化的色彩。通过这种差异化的定位,东方甄选成功吸引了那些追求高品质生活且对文化知识有较高需求的中产阶层及年轻消费者群体,从而有效地提升了品牌的消费层次和市场深度。

2. 外景直播模式

东方甄选通过外景直播模式提升农产品的真实感和用户的观看体验。2022年7月17日,东方甄选直播间首次尝试外景实地直播,以"平谷大桃专场"为主题,旨在向全国网友推介平谷大桃。这次直播打破了传统室内直播的界限,将直播间直接搬到了田间地头,实现了"现摘现卖"的全新模式。这一创新举措瞬间吸引了众多网友的关注,直播间同时在线观看人次飙升至30万。在直播过程中,限量1万单的5种鲜桃成为抢手货,每次上链接都被迅速抢光,仅在7分钟内便全部售罄。这种外景直播模式让农产品更加真实可信。

首次外景直播成功之后,东方甄选又依次开展了黑龙江行、陕西行、贵州行、西北专场、山东专场等一系列外景直播。主播不仅通过这些外景直播迅速售空当地特色商品,也向广大网友推介了当地的特色文化。通过外景直播,观众们认识了陕西的安塞腰鼓、贵州的苗寨鼓声表演、宁夏的小曲、山东的吕剧等,一次次享受到农产品之外的精彩文化盛宴,体验到中华文化的多姿多彩与博大精深。

东方甄选的外景直播活动,是其助农事业的重要组成部分。通过将直播间开到全国各地,实现了农产品、美景、直播讲解与购物消费的深度融合。随着直播间的镜头遍布祖国的大好河山,消费者不仅能够更直观地欣赏到各地的自然风光,还能在主播的详细讲解下,深入了解并购买到优质的农产品。这种直播模式不仅拉近了消费者与农民、田野的距离,使消费者能够买到实惠且高质量的好物,从而增强了用户黏性,促进了直播间商品交易总额的持续增长,并成功打造了差异化的直播模式。同时,这也为推动乡村振兴作出了贡献,向社会传递了品牌积极履行社会责任的形象,增强了品牌的社会影响力。

3. 严格的供应链管理

为了确保产品的高品质,东方甄选建立了严格的供应链管理体系。从产品的源头开始,东方甄选与农产品生产基地建立了长期稳定的合作关系,确保每一款产品的质量都能达到标准。尤其是在农产品的选择上,东方甄选不仅关注产品的品质,还对产品的来源、种植过程等进行严格筛选。通过建立透明的供应链,东方甄选有效提高了产品的市场竞争力,提升了消费者对品牌的信任。

在供应链的运作上,东方甄选还与国内领先的物流公司,如顺丰、京东物流等进行战略合作，确保每一单产品能够快速且安全地配送到消费者手中。尤其是对生鲜类农产品，东方甄选投入大量资源建设冷链物流体系，以确保产品能够在最佳状态下送达消费者手中。这一供应链体系不仅提升了产品质量的保障，也增强了消费者的购买体验和满意度。

4. 多平台布局与私域流量的构建

为了避免单一平台流量依赖，东方甄选积极进行多平台布局，并加强了自有流量池的建设。除了在抖音平台取得成功外，东方甄选还在微信、淘宝、京东等多个平台开设了旗舰店，并通过这些平台同步销售自营产品，增加了品牌的曝光度和市场覆盖面。同时，东方甄选还推出了自己的App，以便更好地管理和运营私域流量，建立与消费者的长期互动关系。通过自有App和私域流量的构建，东方甄选能够避免平台抽成，提高品牌的利润空间，并增强客户黏性。私域流量的建立不仅帮助品牌降低了获客成本，还使得品牌能够精准把握消费者的需求和购买行为。

东方甄选的成功转型和创新的服务营销战略为新东方带来了巨大的商业回报。2022年6月，东方甄选直播间的销售额突破了6.81亿元，成为抖音平台销售额最高的直播间之一，迅速吸引了大量媒体关注，品牌知名度和市场份额大幅提升。根据2023财年的数据，东方甄选的商品交易总额达到了48亿元，税前利润达到7.6亿元，显示出强劲的增长势头。

然而，东方甄选未来仍面临一些挑战。首先，农产品的保质期较短，可能导致物流和产品品质管理上的风险。其次，部分产品价格偏高，可能影响价格敏感型消费者的购买意愿。另外，随着董宇辉的出走，打造更多知名且受欢迎的主播，并让粉丝对主播的喜爱转变为对东方甄选品牌的支持与黏性，似乎也成为当务之急。与此同时，随着竞争的加剧，如何保持直播间的热度和成交率将是东方甄选未来需要解决的难题。尽管如此，东方甄选在短时间内快速实现成功转型，无疑为新东方开辟了一条崭新的发展道路，也为其他企业的转型提供了宝贵经验。

参考资料：

陈维军，王一凡，赵梦迪. 新东方如何逆风翻盘？且看东方甄选扶摇直上之路［EB/OL］. (2024-06-03) ［2025-01-12］http：//www.cmcc-dlut.cn/Cases/Detail/8360.

思考题

1. 东方甄选如何开展差异化定位？这种差异化定位带来了何种效果？
2. 东方甄选的外景直播模式给其转型成功带来了哪些积极影响？
3. 东方甄选在未来的发展中面临的最大挑战是什么？应如何应对该挑战？

第三章

服务质量管理

开篇案例

京东物流：服务质量管理的杰出楷模

作为京东集团的关键业务力量，京东物流在行业中已崭露头角，成为服务质量管理方面的杰出楷模。2024年4月8日，国家邮政局发布的2023年快递服务满意度调查结果显示：2023年全国快递服务公众满意度得分和72小时妥投率都创造历史最好水平；其中，京东快递凭借"次晨达"、按需揽派等差异化的服务体验，继续位列快递企业第一阵营，以优质服务持续引领行业高质量发展。京东物流以广泛而高效的物流网络、前沿的技术应用以及先进的服务理念，构建起一套全面且深入的服务质量管理体系，为整个行业提供了极具价值的借鉴样本。

1. 即时响应，树立实时高效服务的新时代典范

在配送时效的把控上，京东物流展现出了令人赞叹的实力。凭借其遍布全国的大型仓储中心和高度智能化的物流调配系统，京东物流能够对商品进行快速的处理与流转。在一二线城市，其"当日达""次日达"服务已成为常态化操作，消费者下单后往往能在极短时间内收到心仪商品，极大地提升了购物体验的即时性与便利性。

为进一步提升服务体验，京东物流持续打造以"次晨达"为核心的快时效寄递体验。从2023年12月宣布时效提速以来，京东物流省内次晨达的覆盖范围已从北京、上海、广东等9省市扩大至13省市，京东物流小哥上门取件的时间也延长至最晚23点，最早次日早8点即可送到收件人手中。针对跨省的远距离快递，京东物流也通过航空资源的投入和衔接优化实现最快次晨达时效，覆盖范围正从北上广蓉向全国核心城市及三大经济板块铺开。

2. 打造精细化与个性化服务，赋能客户体验升级

服务的精细化与个性化是京东物流的又一显著亮点。京东物流的一线工作人员，无论是快递员还是客服人员，都经过了专业的培训，他们在与客户接触的每一个环节都展现出

极高的职业素养。针对不同类型的客户需求，京东物流还提供了丰富多样的定制化服务方案。对于个人消费者，除了常规的快递服务外，还推出了代收货款、上门取件等增值服务；对于企业客户，京东物流能够根据企业的业务模式、销售旺季与淡季特点等，量身定制包括仓储规划、库存管理、运输配送等在内的一站式供应链解决方案，深度融入企业的运营流程，成为企业发展的有力物流支撑伙伴。

为积极响应3月1日施行的新规要求，京东物流在十几年来送货上门的服务标准之上，面向不同用户的个性化需求推出"按需揽派"服务，用户可以根据自己的习惯进行"偏好设置"。例如：家中有老人或小孩需要安静，选择"免打扰"模式，快递员就不会敲门、按门铃，避免打扰家人休息；想减少和快递员的见面或互动，可选择将快递放在家门口、电表箱、服务点等地；对收取快递时间有特殊要求，可以根据实际情况灵活选择上门时间。

3. 技术创新驱动服务质量提升，打造智能物流新标杆

技术创新与服务质量的深度融合，更是京东物流在服务质量管理方面的制胜法宝。京东物流在智能仓储领域持续投入大量资源，研发并应用了一系列先进的自动化设备与系统，如自动分拣机器人、智能货架等，实现了仓储作业的高效化、精准化与智能化，大大减少了人为因素导致的错误与延误。在配送环节，京东积极探索无人机、无人车等新型配送技术的应用场景，在特定区域内开展试点运营，有效解决了一些传统配送方式难以克服的难题，如山区地形复杂导致的运输不便、城市交通拥堵造成的配送延迟等。

同时，京东物流充分利用大数据与人工智能技术，对海量的物流数据进行深度分析与挖掘，从而实现了对物流需求的精准预测、配送路线的智能优化以及库存水平的科学管控等。通过这些技术创新举措，京东物流不断优化服务流程，提高运营效率，为客户提供更加稳定、可靠且高效的物流服务。

凭借不断提升的时效和服务能力，京东物流持续深耕出游、产地产业带等多场景，助力行业降本增效、高效发展，为消费回暖、乡村振兴积极贡献力量。作为物流行业品质服务的领跑者，京东物流始终坚持把用户体验放在首位，通过对体验和效率的不懈追求，不断提高寄递服务标准、提升在极致服务领域的优势地位，推动行业服务向更高质量发展迈进。

参考资料：

微信公众号. 2023年快递服务满意度：京东快递凭"次晨达"等服务稳居塔尖［EB/OL］.（2024-04-28）［2025-01-12］https：//mp.weixin.qq.com/s/iwe89ywxiX3sYHFNQwYKRQ.

第一节 服务质量的内涵与意义

一、服务质量的内涵

随着竞争的加剧以及实体产品同质化现象的增强,许多服务企业都开始寻找一种可以使自己与众不同的方法。越来越多企业认识到,单凭技术因素是难以创造持久的竞争优势的。因此国内外众多企业都把取得竞争优势的希望放在所提供的服务上。未来的竞争将是服务的竞争,而服务竞争取胜的关键在于服务质量。需要注意的是,服务与实体产品不同,服务质量是一个主观范畴,是消费者通过对服务的感知而决定的。因此,对服务而言,质量的实质意味着消费者如何看待它。

由于服务具有无形性、异质性和流程性等特点,国内外学者对服务质量概念的研究大多从顾客对质量的理解和感受这一角度进行。

根据认知心理学的基本理论,芬兰的 Gronross 教授在1983年开创性地提出了顾客感知服务质量概念,并明确了该概念的构成要素。他认为服务质量从本质上而言是一种感知,是一个存在于消费者头脑中的主观范畴,它取决于顾客对服务的期望和顾客实际认知到的服务质量水平之间的对比,即"服务质量在于感知服务与期望服务的差距",服务质量的最终评价者是顾客而不是企业。

由于服务质量在于感知服务和期望服务之间的差距,服务质量是指服务能够持续地满足或超越顾客的期望。因此,如图3-1所示,当感知服务质量等于期望水平时,就意味着此时是可接受的服务质量;当感知服务质量高于期望水平时,顾客就获得了良好的服务质量;而当感知服务质量低于期望水平时,糟糕的服务质量就出现了。由此可见,服务质量是主观的、相对的。

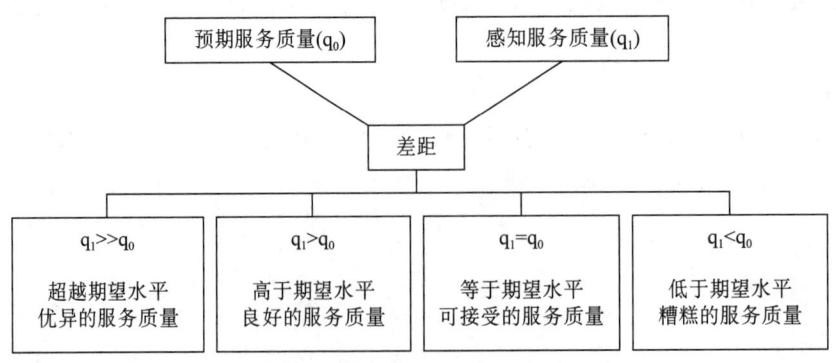

图3-1 服务质量顾客评价模型

由于服务的流程性，顾客通常都会参与服务的生产过程，在此过程中，顾客会感知到服务传递的两个方面，即服务传递的过程和服务传递的结果。顾客针对服务过程感知的服务质量，通常被称为"功能质量"；顾客针对最终服务结果的感知质量，则被称为"技术质量"，如图3-2所示。与实体产品的消费不同，服务消费是基于流程的消费，消费者不仅关心产出的技术质量，而且也十分关心功能质量。不过，在不同的情境下，两者的相对重要性可能是不同的。一般而言，对于顾客参与程度不高，或者顾客对服务接触流程控制度不大的服务经历来说，功能质量成为消费者感知服务质量的关键因素。例如，有的顾客可能缺少某些专业知识和足够的经验（如接受医疗服务和法律咨询等服务），顾客对服务的技术质量很难作出客观准确的评价。此时，顾客可能会更多根据功能质量来对整体服务质量进行评价。此外，在体验经济时代，顾客消费服务更多是为了全过程、全方位的良好体验，此时服务企业需要更多重视功能质量。

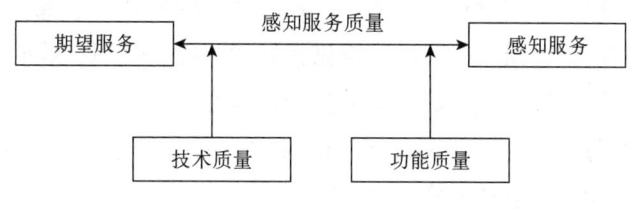

图3-2 感知服务质量模型

二、顾客满意与服务质量的关系

在服务营销中，顾客满意是与服务质量高度相关的一个概念。类似于服务质量是由顾客的主观感知和心理比较所决定，顾客满意也受到顾客进行心理比较的影响，它是顾客对产品或服务的实际表现与期望表现进行比较之后的心理反应。

顾客满意与服务质量之间存在一定联系。顾客满意来源于顾客感知服务与期望服务之间的比较，当实际感知的服务超过其接受服务前的预期时，顾客会感到满意。实际上，根本就没有什么"好"的服务，只有顾客满意的服务；顾客对服务的评价也没有什么"符合不符合质量"的问题，只有满意不满意的问题。因此，顾客满意与服务质量之间存在紧密的关系。

顾客满意与服务质量是两个既有本质区别，又联系紧密的概念。满意度通常与某个特定时间内的某个具体交换流程密切相关，被定义为基于产品或服务体验的一种情感反应，与不满、抱怨等情况非常相似，是一种无形的情感体验。服务质量则是从一个相对更长期的角度来对服务进行的认识和描述。二者的根本区别在于，它们对顾客期望的定义不同。在顾客满意度的概念中，顾客期望被定义为在交换流程中将会发生什么，是顾客的最低期望；而在服务质量的模型中，期望则被视为顾客需要什么，被定义为是顾客认为服务供应商"应该"提供的东西。

当然，顾客满意和服务质量之间也存在着密切的关系。事实上，高水平的服务质量应当会使顾客有高的满意程度。从这个意义上讲，可以把顾客满意程度看作对服务交付流程的"最终检验"。而服务质量的流程模型，可以帮助管理者有效地改善服务质量，并最终提升顾客的满意程度。实际上，比较合理的解释是，顾客满意有助于顾客改变自己对服务质量的感知。这是因为消费者对一家他从未接触过的企业的服务质量感知是建立在消费者期望的基础之上；随后与这家企业的接触引导消费者经历不确定的流程，并进一步修订对服务质量的感知；与公司的接触每增加一次，都会导致进一步修订或增强服务质量的感知；修订服务质量感知会修正消费者对该企业服务的购买意愿。

顾客不会在第一次接受某个企业的服务时就认为这种服务是高质量的，高质量的服务如果不能持续提供，那么消费者还是会产生不满意。只有当消费者与公司建立了长期的联系，才会根据以往的经验来评价最终的服务质量，并产生顾客满意或顾客忠诚。因此，企业应该提供持续一致的服务质量，为顾客提供良好的环境、合理有效的工作流程以及专业化的人员服务，加强顾客对于企业的服务质量的可靠性认识。

简言之，企业在每一次与顾客进行接触的时候，都能够为顾客提供令其满意的服务。只有这样，才能提高顾客的总体满意水平。

三、服务质量的作用

服务质量对于企业具有重要的意义，主要体现在五个方面。

第一，服务质量有助于增加顾客对服务的满意度。顾客感知良好的服务质量会增强顾客感知的满意度。因此，为了实现顾客满意的企业目标，企业需要努力提供让顾客感觉高质量的服务。

第二，服务质量会提升顾客对服务企业的忠诚度。当顾客多次感知到服务企业所提供的高质量服务时，顾客会对该企业的服务持续满意，并形成对该企业的忠诚。这些忠诚的顾客可能会乐意再次购买该企业的服务，甚至推荐其他顾客购买。

第三，服务质量会增加对服务的重复购买意向。高质量的服务有助于顾客降低对未来购买类似服务的感知不确定性，减少挑选新服务所面临的各种成本，促使他们作出重复购买原本高质量服务的意愿。

第四，服务质量会提升服务品牌的价值。服务品牌价值是由顾客感知的服务产品质量、企业品牌形象以及与此相关的良好联想所构成的，企业所提供的高质量服务有助于顾客对服务品牌产生良好的认知与联想，从而提升服务品牌的价值。

第五，服务质量有助于增强企业的竞争优势。服务质量的提升会增加顾客满意度、提升顾客忠诚度和重复购买意向，并强化品牌价值，这些结果都会帮助服务企业在市场竞争中脱颖而出，获取良好的竞争优势。

第二节　服务质量的维度与测量

一、服务质量模型

相较于有形产品的质量，服务质量是一个很难界定的概念。这是因为消费者购买有形产品的时候，他们能够根据许多具体的标准对所购买的产品进行较为客观的评价。但是，如果消费者购买的是服务，他们往往只能通过评估购物的环境、供应商的设施设备、服务人员的服装和态度等因素进行购买决策。可见，由于服务具有无形性、易逝性、流程性等特征，服务的质量往往难以进行评估。那么，服务到底有没有类似产品那样具备开展评估的衡量标准呢？

理解和测量服务质量的经典方法是 SERVQUAL 模型。SERVQUAL 是"service quality"的缩写，意思是服务质量，所以该模型通常被称为服务质量模型。服务质量模型由 Parasuraman、Zeithaml 和 Berry 三位学者所提出，是理解和衡量服务质量的常用工具。他们的研究提出了顾客对服务质量评价的不同维度，这些维度最终被概括为五个方面，分别是可靠性、响应性、保证性、移情性和有形性。

二、服务质量的测量

围绕 SERVQUAL 模型的五个维度，还进一步开发了成熟的测量量表及其题项。该测量量表及其题项已广泛用于各种服务行业的服务质量评价。

（一）可靠性

可靠性是指企业可靠地、准确地履行服务承诺的能力。对于顾客而言，可靠性是顾客在服务消费过程中最希望达到的状态，是服务质量当中的核心和关键内容。顾客都希望获得可靠的服务，可靠的服务意味着企业所提供的服务能以相同的方式、无差错地得以传递。如果企业提供的服务不可靠，不仅会让自身遭受经济损失，还可能会让当前顾客产生不满意并吓退很多潜在顾客。一些企业通过努力提供可靠的服务来建立强势品牌。例如，快递服务能够准时送达，就是顾客对快递公司核心服务可靠性的一个评价标准。

人们通常通过 5 个题项来测量服务的可靠性，分别为"企业向顾客承诺的事情能及时完成""顾客遇到困难时，企业能帮助解决问题""企业始终提供良好的服务""企业能准时提供承诺的服务""企业能告知顾客开始提供服务的时间"。企业所提供的服务如果在这5个方面都表现良好，那说明该企业的服务具有较高的可靠性。

（二）响应性

服务质量的第二个维度是响应性。响应性是指企业主动帮助顾客，并及时为顾客提供必要的服务。服务质量的响应性强调在处理顾客要求、询问、投诉和问题时专注和快捷的程度。比如，网购的时候客服能否准确、及时地解答顾客提问，就体现了网络购物过程中服务质量的响应性。要想真正做好服务质量的响应性，企业需要站在顾客的角度而不是企业的角度来审视服务的传递，处理顾客所提出的要求。为此，服务人员必须及时对顾客的服务要求作出有效响应，如果无法立即为顾客提供服务，也要想方设法让顾客进行有预期的等待，提高顾客感知的服务质量。通常来说，员工在服务需求淡季的时候服务响应性相对较高，但在服务旺季，服务供给能力无法满足顾客的服务需求，服务响应性会下降。企业可以根据不同季节适度调整服务人员的人数、服务设施的数量和服务营业的时间，提高服务质量的响应性。

服务质量的响应性包括4个测量指标，分别为"企业员工提供迅速及时的服务""企业员工总是愿意帮助顾客""企业员工不会因为其他事情而忽略顾客""企业会告诉顾客提供服务的准确时间"。

（三）保证性

保证性是指服务人员所具有的知识、礼节以及使顾客信任的能力。服务质量的保证性集中体现在服务人员的专业知识能力，特别是与顾客在沟通过程中所体现出来的专业能力和职业操守。如果顾客所购买的服务属于高风险服务或者自己无法评价结果好坏的服务时，如医疗、法律、证券交易等，保证性就会成为对顾客非常关键的服务质量维度。比如，法律专家通常需要提供高保证性的服务来取得顾客信任。由于保证性可能具有的重要性，服务企业需要尽量在关键的一线员工与顾客之间建立信任和忠诚。服务人员需要及时掌握良好的服务技能，储备较高的知识水平，以此增强顾客对他们的信任和安全感。

服务质量的保证性包括4个测量指标，分别为"企业员工是值得信赖的""企业员工对顾客热情有礼""企业员工具有足够的专业知识回答顾客问题""企业员工的行为举止让顾客放心"。

（四）移情性

移情性是指关心并为顾客提供个性服务的能力。移情性的本质是服务人员通过个性化的服务让每个顾客感到自己是唯一的、特殊的，感受到企业对他们的理解和关注。比如，一些服务企业会在顾客生日时致以问候并提供优惠，这种做法有助于提升顾客对服务质量的移情性的感知。在设计服务和为顾客提供服务时，首先要考虑顾客的利益，以顾客为导向，而不是以管理流程为导向；要最大限度地考虑顾客的需求，而不是管理的便利和成本的节约。想要提升服务的移情性，服务企业需要依靠服务人员树立顾客导向的观念，也需要构建良好的组织文化和提升顾客自身的服务技能水平。

服务质量的移情性包括5个测量指标，分别为"企业员工会给予顾客个别的关心""企业员工了解顾客的需求""企业针对顾客提供个性化的服务""企业提供的服务时间让顾客感到方便""企业会优先考虑顾客的利益"。

（五）有形性

服务质量的最后一个维度是有形性。有形性包括各种服务设施、设备以及员工形象。因为服务具有无形性，顾客并不能直接感知到服务的质量和结果，为此，需要通过一些有形的设施和要素对接受的服务的质量进行感知。比如，宾馆设施整洁、员工着装统一会让顾客产生高质量的服务感知。所以，无形的服务通常需要通过有形要素进行支撑。这些有形要素涉及纳入顾客评价范畴之中的许多要素，包括服务人员的着装，服务场所的装饰、温度，服务设施的外观，甚至噪声等。在服务生产过程中，顾客要亲自参与服务的生产，因此服务环境便成为顾客衡量服务质量水平的一个重要有形因素。

服务质量的有形性包括4个测量指标，分别为"企业有现代化的服务设施""企业的设施外观能够吸引人""企业员工穿着得体、整洁干净""企业与服务相关的资料齐全"。

服务质量的可靠性、响应性、保证性、移情性、有形性的所有测量指标一起构成了服务质量的测量量表，如表3-1所示。由于服务质量是顾客感知的服务质量与顾客期望的服务质量之间的差距，企业可以运用同样的服务质量测量量表，针对顾客开展两次问卷调查，分别是顾客感知的服务质量调查和顾客期望的服务质量调查。如果顾客感知减去顾客期望的结果大于或等于零，说明服务质量是让顾客满意的，否则，就是顾客不满意的服务质量。

表3-1　　　　　　　　　　　服务质量维度及其测量

维度	测量题项
可靠性	• 企业向顾客承诺的事情能及时完成 • 顾客遇到困难时，企业能帮助解决问题 • 企业始终提供良好的服务 • 企业能准时提供承诺的服务 • 企业能告知顾客开始提供服务的时间
响应性	• 企业员工提供迅速及时的服务 • 企业员工总是愿意帮助顾客 • 企业员工不会因为其他事情而忽略顾客 • 企业会告诉顾客提供服务的准确时间
保证性	• 企业员工是值得信赖的 • 企业员工对顾客热情有礼 • 企业员工具有足够的专业知识回答顾客问题 • 企业员工的行为举止让顾客放心

续表

维度	测量题项
移情性	• 企业员工会给予顾客个别的关心 • 企业员工了解顾客的需求 • 企业针对顾客提供个性化的服务 • 企业提供的服务时间让顾客感到方便 • 企业会优先考虑顾客的利益
有形性	• 企业有现代化的服务设施 • 企业的设施外观能够吸引人 • 企业员工穿着得体、整洁干净 • 企业与服务相关的资料齐全

顾客期望和顾客感知的调查应当分别进行，在顾客接受服务之前先进行顾客期望的调查，服务结束之后再进行顾客感知的服务调查。但是在很多情况下，服务营销人员无法在不同的时刻获取同一个顾客期望和感知的两套数据，这主要是因为顾客是流动的，这会无限加大调查成本。因此，很多调查是对期望和感知两套数据在同一时段先后进行采集，但所得到的数据会存在期望和感知相互映射、相应影响的问题。

三、服务质量模型的作用

SERVQUAL 模型在服务企业的管理当中有多种应用。

首先，该模型能用来了解顾客的期望与质量感知过程，从而提高服务质量。在应用于不同行业时，服务质量的 5 个维度可能会发生变化，要根据行业的特性进行调整。

其次，该模型能用来对同一行业中不同企业的服务水平进行比较分析。利用该模型可以计算出本企业现在的服务水平与其他企业之间的质量差距，以便改进本企业的服务质量。

再次，该模型有助于服务企业发现服务质量维度中影响较大的维度，从而促使企业找到影响服务质量的关键问题，进而采取措施，对这些方面进行提升。

最后，企业还能以顾客的服务质量评价分数为基础，对顾客进行分类，寻找企业的目标顾客。例如，服务质量评价分数高、接受服务次数多的顾客更可能成为企业的忠诚顾客。

第三节 服务质量差距模型

一、服务质量差距模型简介

20世纪80年代中期到90年代初期,Parasuraman、Zeithaml和Berry三位学者提出了一种被称为"差距分析模型"的分析方法,目的是分析服务质量问题产生的原因并帮助管理者了解应当如何改进服务质量。服务质量差距分析模型如图3-3所示。

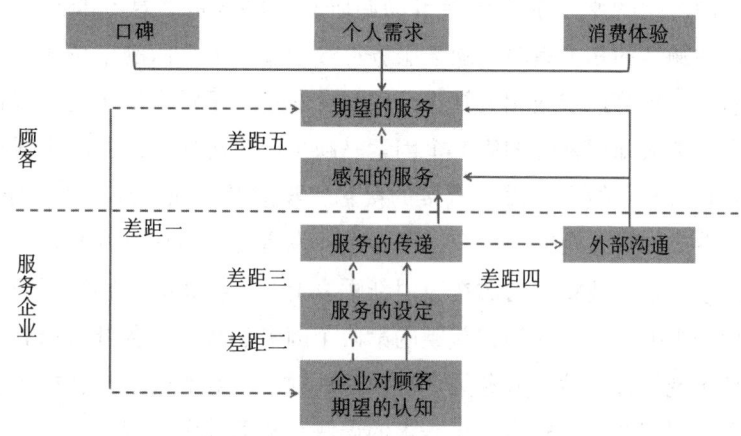

图3-3 服务质量差距分析模型

首先,差距分析模型说明了服务质量是如何形成的。模型的上半部分与顾客有关,而下半部分与服务企业有关。期望的服务受到顾客过去的消费体验、个人需求以及口碑的影响,同时,它还受到企业营销宣传和外部沟通的影响。

其次,顾客感知到的服务是服务企业一系列内部决策和活动的产物。企业对顾客期望的认知决定了企业将要执行的标准,员工依据服务标准向顾客交付服务,顾客则根据服务体验来感知服务质量。另外,图3-3表明企业的外部沟通和营销宣传也会对顾客感知服务产生影响。

最后,该模型展示了服务质量分析工作的程序和步骤。根据这些步骤,管理者可以发现产生服务质量问题的原因。更重要的一点是,该模型展示出在服务设计和服务传递的流程中,不同阶段所产生的五项质量差距。

二、服务质量差距的类型及其原因

从差距分析模型中可以看出,从顾客产生期望到期望被满足的感知流程中存在几个传递的环节,这些环节中的差距直接影响到企业提供服务的质量。

(一) 顾客期望与企业认知之间的差距(知识差距)

第一个差距是顾客期望与企业认知之间的差距。这一差距又被称为"管理层认知差距"或者"知识差距"。这个差距的含义是指管理者不能准确地感知顾客对服务的期望。实际上,尽管企业的管理者会对消费者所期望的服务质量进行分析和判断,但是在很多情况下,服务企业的管理者可能并没有真正理解顾客的期望是什么,也没有了解影响顾客期望的主要因素,因此也就不知道应该在何种程度上满足这些期望。

导致知识差距产生的原因主要包括市场调研和需求分析信息不准确;缺少向上的沟通;缺乏能够留住顾客的相关策略;缺乏服务补救措施。不全面的市场研究是造成知识差距的第一个因素。如果管理层或相关管理部门没有获得关于顾客期望的正确信息,那么知识差距就会加大。造成知识差距的第二个因素是缺少向上沟通,即虽然一线员工了解顾客的期望,但是管理者与一线员工没有直接的接触,没能及时向一线员工了解顾客的信息,差距就会加大。造成知识差距的第三个因素是企业没有能够留住顾客并强化与顾客之间关系的相应策略。企业过多地将精力放在吸引新顾客上,就会忽略老顾客不断变化的需求和期望,从而产生知识差距。造成知识差距的第四个因素是缺乏服务补救措施。即便是最好的企业,也难免出现服务失败。服务失败出现之后缺乏良好的服务补救措施将导致企业与顾客的隔阂加深,引起企业对顾客真正需求的误解,从而加深知识差距。

(二) 企业认知与服务设定之间的差距(标准差距)

第二个差距是企业认知与服务设定之间的差距,这一差距又被称为"质量标准差距"或"标准差距"。它是管理者对顾客期望的理解与服务传递所制定的质量标准之间的差距。一般来说,服务企业在了解和分析顾客对服务的期望之后,会设计出高于顾客期望的服务标准,以获得较高的顾客满意。当管理者制定的服务质量标准没有能够准确反映他们对顾客期望的理解时,就出现了标准差距。

标准差距出现的原因包括计划失误或计划程序有误,计划管理水平低下,组织目标不明确,计划过程缺乏高层管理者的有力支持。质量标准差距的大小取决于感知差距的大小。即使服务企业从市场上获取的信息是精确的,标准差距仍有可能出现。问题的症结在于管理者有时认为顾客期望是不合理的,或者服务自身所具有的可变性会使标准变得毫无意义,因此设置标准不会达到理想的目标。如果没有服务标准或者所制定的服务标准不能反映顾客期望,顾客感知的服务质量就会进一步恶化。此外,服务质量标准差距也可能产生于计划工作本身。如果服务管理者在制订计划时能力不足、计划失误或缺乏高层支持,都可能会设计出达不到顾客期望的质量标准,导致标准差距的出现。

(三) 服务设定与服务交付之间的差距(传递差距)

第三个差距是服务设定与服务交付之间的差距。这一差距又被称为"服务交付差距"或"传递差距"。它是服务企业所设定的服务交付标准与服务企业在这些标准上的实际表现之间的差距。由于服务具有无形性、易逝性等特征,服务的交付和传递过程必然会有顾客的参与和互动。因此,即使企业很好地了解了顾客需求,并且希望采取适当的措施去满足这些需求,也不一定就可以把优质的服务传递给顾客。服务企业的管理者应当意识到,在交付服务的过程中,企业员工对于提供高水平的服务质量非常重要。因此,服务企业需要做到有效的内部营销,从而确保与顾客直接接触的员工具有高水平的服务交付能力。

服务交付差距的产生可能源自以下因素。第一,企业制定的服务质量标准过于复杂和僵化;第二,一线员工不赞成这些标准,所以在传递服务时拒不执行这些标准;第三,服务质量标准与企业文化不相容;第四,服务运营管理的水平低下;第五,企业缺乏有效的内部市场营销;第六,服务技术和系统无法满足标准的要求。总体来看,可以将导致服务交付差距的原因分为三类,分别是管理和监督不力,员工对顾客需要或期望的感知有误,缺乏技术与运营方面的支持。

企业中存在多种与管理和监督相关的问题,比如,监督者并不支持鼓励改进质量的行为,或者监督系统与服务标准格格不入等。当监督和奖励系统的建立与质量计划和服务标准并不相符时,服务交付差距就可能出现。这种不协调现象是极其危险的,如果不重要的活动控制得井井有条,甚至还会得到奖励,员工就会处于一种异常尴尬的局面。控制与奖励系统从一定程度上决定了企业的文化,那些与这些文化不相适应的目标和困难难以得到实行和解决。可见,当员工无法正确地理解服务标准或者员工不愿意执行这些标准时,员工职责会变得模糊。服务绩效的提高必须依赖科学的服务质量标准,但现行的控制和奖励系统却与这些标准相互冲突,当员工想要为顾客提供他们所期望的服务质量时,却发现这样做与企业所设定的标准相互矛盾。如果员工知道顾客需要什么,但却无法为他们提供相应的服务时,员工的服务热情就被逐渐扼杀。

此外,员工的态度和服务技巧也可能造成服务交付差距的产生。这可能是由于招聘的服务员工不合格,或者是将员工放到了不合适的岗位上,使他们难以按照这些标准提供服务。

技术或运营系统与员工之间的相互适应性不好,也可能会加大服务交付差距。问题的症结可能在员工,但是也有可能是运营、技术或管理系统的问题导致了上述问题的出现。也许是企业的技术或管理系统对质量改进行为的支撑力度不够,也许是这些系统难以达到员工的期望。此时,都可能会导致服务交付差距的产生。

(四) 服务交付与外部沟通之间的差距(沟通差距)

第四个差距是服务交付与外部沟通之间的差距,这一差距又被称为"市场营销传播差距"或者"沟通差距"。它是企业在营销宣传中所作出的服务承诺与企业实际提供的服务之间出现不一致所造成的。沟通差距的出现可能是由于两个小差距所造成的。第一个小差距是内部沟通差距,是企业宣传人员所认为的产品特性、服务表现、服务质量水平与企业实际能够传递的服务之间的差距;第二个小差距是过度承诺差距,它产生的原因是市场销售人员为了吸引更多顾客,扩大销售收入,从而有意作出一些服务生产能力所无法达到的承诺。企业应该注意到一些外部沟通问题可能对服务质量带来的影响,避免作出不符合实际的过度承诺,因为过高的承诺会提升顾客的期望,如果实际提供的服务并没有达到顾客的期望,那么顾客的满意程度就会很低。

综合来看,出现沟通差距的原因主要包括以下方面:首先,市场沟通计划与服务运营缺乏一致性;其次,传统的外部市场沟通与服务运营之间缺乏协调;再次,企业没有执行市场沟通中大力宣传的服务质量标准和规范;最后,企业宣传人员对顾客作出过高的服务承诺。上述四个原因可以进一步分成两类,第一类是市场沟通的计划与执行不力所导致的差距,第二类是企业过度夸大和承诺所导致的差距。

(五)顾客期望与顾客感知之间的差距(服务质量感知差距)

第五个差距是顾客期望与顾客感知之间的差距,这一差距又被称为"服务质量感知差距"。它是顾客体验和感觉到的服务质量与自己期望的服务质量之间出现不一致所造成的。这个差距是影响服务质量的一个关键缺口。如果顾客的事后认知大于事前的期望,则顾客对服务企业提供的服务质量会感到满意;如果事后的认知未能达到事前的期望,则顾客对服务企业提供的服务质量将会感到不满意。最终,顾客期望与感知服务之间的差距决定了顾客感知到的服务质量水平。服务质量感知差距出现的原因可能在于顾客实际接收的服务质量低于期望的服务质量,或者服务出现质量方面的失败。

三、服务质量差距的应对策略

服务质量差距分析模型能够引导管理者发现服务问题出现的环节,产生问题的原因,以及解决这些问题的方法。该模型是寻找顾客服务质量感知和服务提供效果之间不协调现象的一种非常直观和有效的工具。管理者可以通过对差距分析模型的运用,逐步缩小顾客期望与实际服务感知之间的差距,从而提高顾客感知的服务质量。

针对顾客期望与企业认知之间的差距,有学者认为服务企业的管理不善,大多不是因为管理方法不科学或管理层没有能力,而是管理者缺乏对服务竞争的深刻认识。因此,企业应该一方面寻求改善管理的方法,另一方面应该注意要从根本上树立服务竞争意识。另外,企业在进行服务质量管理之前,应该开展市场调研活动,因为只有这样,企业才能充分了解顾客的需求和期望。同时,造成知识差距的原因还可能是那些与顾客接触的一线员工无法向管理层提供准确的市场需求信息,为此,企业还必须提高内部信息的管理质量。

针对企业认知与服务设定之间的差距，即使管理者非常清楚顾客的期望是什么，他们可能也很难将这种理解变成实实在在的服务质量的实施计划。决定这个差距大小的一个重要原因是高层管理者未对服务质量真正承担起责任，没有将质量问题列为企业的首要问题。解决的策略是对企业应优先发展的问题进行重新排列，明确顾客感知服务质量对服务企业生存和发展的重要意义。另外，管理者在制定规划时应当考虑让顾客接触的服务人员也参与进来，最理想的方法是计划制定者、企业管理者和直接与顾客接触的员工相互协商，共同制定有关的服务标准。应该注意的是，质量标准不能制定得过于缺乏弹性，否则，员工在执行标准时就会缺乏灵活性，加大风险。总的来说，管理层的高度重视与员工协调是减少该差距最有效的方法。

针对服务设定与服务交付之间的差距，该差距出现的原因有很多，但总结起来可以分为三类，分别是管理不力、员工对顾客需要或期望的感知存在误差、缺乏技术和运营方面的支持。因此，管理层必须时常检查企业的整个监督控制系统，避免监督控制系统与提供良好的服务质量计划和要求之间相互抵触，使管理人员的工作方法有利于一般员工形成良好的质量行为。另外，要招聘合格的员工，阐明员工的角色，向员工提供有效完成工作所需要的技术培训和人际技巧，并对他们适当进行授权，同时要建立强有力的服务文化，提高内部营销水平。

针对服务交付与外部沟通之间的差距，与顾客之间的沟通会在很大程度上影响顾客期望的形成，因此对这一差距的有效管理会对服务质量产生重要影响。解决这一差距的方法包括：第一，建立服务运营传递和外部市场沟通之间的协调机制，做到每次市场推广活动的推出必须考虑到服务的生产和传递；第二，要精确界定对顾客的服务承诺，要注意将服务承诺与服务企业生产和传递的现实能力结合起来；第三，修正和强化对于监督系统的运用，要对信息传播进行严密的监督，发现问题及时处理解决，防范恶劣影响扩散。

针对顾客期望与顾客感知之间的差距，可以通过以下方式进行应对。首先，企业应做好顾客期望管理。顾客期望过高是导致服务质量感知差距的重要因素之一，为此，企业可以通过谨慎地在服务沟通中做好服务承诺等方式让顾客对服务质量形成符合实际的期望，降低服务质量感知差距出现的概率。其次，顾客感知的服务是导致服务质量感知差距的另一重要因素。因此，企业需要在服务接触和服务传递过程中努力提升企业服务的效果，唯有如此，才能让顾客真正感知到良好的服务，避免服务质量感知差距的发生。

此外，第五个差距是前面所有四个差距积累起来的结果。只有妥善应对和解决前面四个差距，第五个差距才能真正得以解决。

第四节　数字工具与服务质量管理

一、数字时代的服务工具

如今，服务企业能运用多种数字工具进行服务的设计和管理，这些数字工具对服务企业的运营效率和质量管理产生了巨大影响。

第一种数字工具是自助服务技术。顾客参与服务生产的最高形式就是使用服务企业提供的工具或系统自行完成特定服务活动。顾客的时间和努力有效替代了服务员工的时间和努力。今天，顾客自助完成服务的例子比比皆是，服务企业主要通过自助服务技术来实现这种顾客独立创造服务价值的活动。通过自助服务技术，顾客能够独立生产服务，而不需要员工的直接参与。自助服务技术的例子包括自助银行终端、超市自助收银台、自助加油泵、自动电话系统、酒店自主结账，以及众多的基于网络的服务。

第二种数字工具是在线评论平台。随着信息技术应用的发展，消费者如今能通过大众点评、携程网、支付宝"口碑"等在线评论平台就所接受的服务发表评论、进行讨论。在线评论平台有助于其他顾客在购买服务之前，通过大家发表的评论了解服务企业及其服务产品的质量状况，搜集用于购买决策的各种相关信息，帮助他们作出合理的购买决策。此外，在线评论平台也能让服务企业了解顾客对本企业和竞争企业的评价状况，从而帮助企业改善服务管理。

第三种数字工具是在线品牌社群。许多服务企业纷纷建立在线品牌社群，让喜爱该品牌的顾客聚集起来，共同设计和参与诸多品牌活动和社群活动。比如，星巴克通过建立 mystarbucksideas 网站让喜爱星巴克的顾客提出各种点子，进行产品与服务的投票，向企业反馈意见和建议。网易游戏公司针对旗下的各种游戏建立了游戏论坛，方便游戏玩家们相互进行交流、讨论，查询游戏相关的信息和攻略，并向网易游戏反馈游戏问题和意见。

第四种数字工具是网络直播技术。随着直播技术的发展以及直播活动的兴起，企业能通过自建的网络直播工具或第三方网络直播平台向顾客进行服务流程的直播。顾客能通过网络直播工具或直播平台随时了解服务的进展，监督服务的质量。比如，2020年火神山医院的建设通过各大社交平台在线直播，让人们以"云监工"的身份实时关注医院的建设，见证与疫情赛跑的中国速度。

第五种数字工具是服务机器人。随着机器人制造技术的进步及其商业化应用的发展，机器人已经逐步应用到许多服务场景当中，预计将在未来持续影响服务的传递和管理。比如，小爱同学、天猫精灵等人工智能语音助手以及快宝机器人已经在家庭物联网和某些服务企业中得以应用，为消费者提供服务的便利和快乐的体验。在线零售商和品牌管理者也纷纷利用智能客服等数字工具帮助需要咨询服务的消费者答疑解惑。

二、数字工具对服务质量管理的影响

（一）自助服务技术

自助服务技术对服务质量管理产生了极大影响。自助服务技术让服务完全由顾客生产，顾客不需要与员工进行接触和互动。自助服务技术在服务当中的应用，体现了顾客独立创造价值的服务思想。

企业需要投入大量时间和金钱去设计、实施并管理自助服务技术，为此，服务管理者有必要理解自助服务技术对企业的服务质量管理和服务营销的影响。一般来说，顾客是否愿意使用企业所提供的自助服务技术受到许多因素影响，比如，顾客对相关服务技术的总体态度、对特定服务企业的态度、对企业员工的态度等因素。此外，能够对顾客使用自助服务技术起主导作用的，还在于自助服务技术所能带给顾客的总体利益和总体成本。因此，企业需要注意自助服务技术会给顾客所带来的优点和缺点。

1. 自助服务技术的优点

顾客使用自助服务技术的优点主要体现在以下几个方面：

首先，自助服务技术更为便利。自助服务技术所带来的便利主要包括节约时间、服务快速、时间便利、地点便利等。当不受时间和空间限制的自助服务技术将顾客从困难的境地中解救出来时，他们能从自助服务技术的使用中感受到乐趣。当超市购物结束准备结账的顾客可以不用排队而通过自助收银台进行付款时，他们自然会感到开心。

其次，自助服务技术能帮助顾客更好地控制服务传递过程，获取更多的信息，进而为顾客提供更高水平的定制化感知服务。

再次，自助服务技术可以为顾客提供更低价格的服务。许多自助服务技术能让顾客获得更详细的服务信息，并且自助服务会比面对面服务或电话服务更加快捷。比如，在机场、酒店和汽车租赁柜台等消费场景下，具有自助服务消费经验的顾客能依靠自助服务技术节约大量时间和体力。

最后，顾客能从使用自助服务技术当中获得乐趣和愉悦的情感体验。比如，在海底捞使用平板电脑自助点菜，在自助打印机上快速完成打印，都可能会给消费者带来快乐的消费体验。

综上所述，当自助服务技术容易使用、比人工服务表现更好且更便宜时，顾客就会喜欢自助服务技术。

2. 自助服务技术的缺点

不过,并不是所有顾客都愿意使用自助服务技术。顾客接受自助服务技术可能会面临诸多障碍。

首先,一些顾客在使用自助服务技术时会感到不舒服,产生恐惧、焦虑和压力等负面的情绪状态。有些顾客将与服务人员的服务接触视为一种社会体验,他们会更喜欢与人打交道,而不太愿意在服务过程中使用"冷冰冰"的机器。

其次,如果顾客在使用自助服务技术时出现失误,如遇到机器故障、密码错误、网站无法登录或者快递查询号码无法识别等服务失败的情况时,顾客可能会产生愤怒和失望的消费体验。如果自助服务技术虽然能正常使用但设计不当,让顾客用起来感觉困难和麻烦,就可能会让顾客感觉沮丧。

此外,当顾客在使用自助服务技术时由于自身原因而陷入困境,如忘记密码、无法提供网站所需的信息或者点击错误等,他们也可能会感到沮丧。即使这些错误是由顾客自身造成的,他们可能仍然会责备服务提供商,指责企业没有提供更简单、界面更为友好的服务系统。

自助服务技术还有一个严重的缺陷是缺乏良好的服务补救系统。由于顾客接受自助服务时没有服务人员的互动和指导,如果出现服务失败的问题,服务企业很难及时作出现场反应并进行服务补救。

因此,服务企业在设计包含自助服务技术的服务流程时,不能只将自助服务技术视为削减成本的工具,而应该从顾客的角度出发,将自助服务技术设计得简单易用,并尽可能减少顾客经常犯的错误,甚至为顾客设计好服务补救系统,让顾客可以通过自己的努力来解决服务中可能出现的问题。

3. 企业应用自助服务技术的相关策略

企业应该如何应用自助服务技术来做好服务质量管理呢?

首先,应用自助服务技术的企业需要确保顾客能从自助服务技术的使用当中获得利益。如果自助服务技术能为顾客提供较多利益,如带来更方便快捷的服务,那顾客就乐于接受自助服务技术并感知到较高的服务质量。

其次,企业还需要确保使用自助服务技术的顾客明确自己在自助服务过程中所扮演的角色。如果顾客不能理解和接受自己需要通过使用自助服务技术来获得服务,那么顾客将难以配合服务企业自主完成相应的服务流程,甚至可能会让顾客产生负面的服务感知。

最后,企业还应该了解顾客是否有能力使用自助服务技术。在服务企业的目标顾客缺乏相应的知识和能力使用自助服务技术的情况下,服务企业如果强制推行自助服务技术将可能给企业的服务质量管理带来反向效果。比如,中国的银行业近些年推行了很多自助服务机器让顾客自主办理相关业务,但许多中老年消费者对机器的使用并不熟悉,如果没有服务人员指导他们操作自助服务机器并完成业务办理,这些消费者对服务质量的感知和满意度将大大降低。可见，服务企业在推行自助服务技术和管理服务质量的过程当中应该考虑目标顾客的需求与状况。

(二) 在线评论平台

随着人们越来越多地使用在线评论平台，这些平台上聚集了大量对服务企业及其服务产品的评论和讨论。在线评论平台带来众多用户生成内容和顾客体验分享。这些评论和讨论的数据为顾客在购买服务之前的信息收集和服务评估提供了极大的便利。顾客对一家企业和竞争对手服务质量的感知具有更好的洞察力，而且随着时间的推移，顾客能科学比较两者之间在空间特性和时间上的变化。

除此之外，服务企业也能利用在线评论平台提升服务管理。具体包括以下几种方式：首先，服务企业能利用情感分析对在线评论平台上与本企业相关的评论和讨论信息进行处理，监控消费者对服务品牌的在线情感。通过情感分析，服务企业能了解市场上的消费者对本企业的服务品牌和产品所持有的态度与观点。这种分析有助于企业从整体上把握目标顾客群体对企业的感知和评价，为企业的战略决策提供一定的依据。其次，企业可以通过对在线评论平台中的相关信息开展社会网络分析，从中找准企业的核心顾客。这些经常发表与企业相关的评论和意见的核心顾客会对其他消费者的感知与行为产生较大影响。服务企业需要识别这些核心顾客，重视他们的感知与意见，并对这些顾客进行有效的管理。最后，服务企业还可以利用数据挖掘和文本分析工具从在线评论平台的数据当中识别顾客对服务的需求，监控服务过程中的相关问题。从文本分析中所提炼的顾客需求信息能帮助企业更好地进行服务标准的设计和服务产品的传递。如果分析发现顾客群体对某些服务质量问题存在较大的意见，服务企业可以有针对性地进行服务质量改进。综上所述，在线评论平台有助于服务企业管理顾客需求信息和顾客抱怨，提升服务质量。

(三) 在线品牌社群

在线品牌社群将喜爱某个服务品牌的顾客群体聚集起来。服务企业通过自建的在线品牌社群或者顾客自发成立的在线品牌社群组织一系列的社群活动，为企业的服务营销与管理带来诸多利益。首先，在线品牌社群为顾客讨论该品牌及其服务产品提供了良好的平台，社群里聚集的大多是喜爱该服务品牌并具有丰富知识的顾客，他们能针对该服务品牌交流感受与意见。与品牌相关的讨论能让参与的顾客加深对服务品牌及其产品的了解与感知。其次，在线品牌社群中的顾客也会积极与其他顾客分享与该品牌相关的体验。社群中品牌体验的分享不仅能让其他顾客了解并间接感受到服务体验，也为其他顾客后续的服务感知与行为提供了相关知识与技巧。此外，在线品牌社群中还经常会发生成员之间互帮互助的行为。这种顾客之间互助的做法为服务品牌的顾客提供了功能支持、情感支持和社会支持，并提升与服务品牌之间的关系。最后，顾客还可以通过在线品牌社群为服务企业提供意见和建议，以"部分员工"的身份参与服务企业的营销与管理。

综上所述，在线品牌社群能为服务企业的服务质量管理提供以下帮助：第一，帮助企业从社群的讨论和体验分享当中发现服务质量问题，促使企业采取措施改善服务质量；第二，社群当中顾客的意见和建议能为企业改进服务提供创意，由于这些创意是源自了解自身需求的顾客，因而根据这些创意所改进的服务将能够更好地满足顾客需求，顾客消费这些服务自然可以产生更好的服务感知。第三，社群中的顾客可以作为"部分员工"帮助其他顾客解决服务问题。这不仅能够减少企业服务人员的工作，还能让提供帮助的顾客和获得帮助的顾客都从这种行为当中产生良好的体验，进而强化对服务企业的积极感知与评价。

（四）网络直播技术

网络直播技术在服务管理中的应用能让顾客远程了解服务的状况和流程。具体而言，网络直播技术在服务中的应用可以分为服务购买前和服务接触两个阶段。在顾客购买服务之前，网络直播技术为远离服务的顾客提供了很好的服务体验方式，让顾客可以像试用产品一样预先体验想要购买的服务。比如，很多旅游企业会在直播平台上对旅游产品进行直播，这种"云"旅游的形式能让还没到过该景点的顾客预先体验该旅游产品。在服务接触阶段，网络直播技术能让不能一直留在服务现场的顾客监督服务的生产，掌控服务传递的质量。比如，一些汽车维修店在开展维修服务时为离开的顾客提供直播服务，让他们能通过直播监控汽车维修状况；网络直播技术也可以让顾客监控家政服务人员在顾客家里进行服务的状况。

网络直播技术对服务质量管理的意义体现在以下几个方面：第一，网络直播技术有助于服务企业提升顾客对服务质量中的有形性的感知。直播服务的过程和状况为顾客评判服务质量提供了一定的可视证据，增强了服务质量的有形性维度。第二，网络直播技术让顾客参与和监督了服务传递过程，这有助于让服务人员以更负责的状态进行服务的生产和传递，从而改善服务的传递效果和质量。第三，网络直播技术让顾客能感知到服务过程的真实状况，这有助于让顾客明确和调整对服务质量的期望，降低对服务质量的过高期望，从而引发较好的服务质量感知。

（五）服务机器人

服务机器人在服务中的运用日渐增加，未来将会在服务当中发挥更大的作用。服务机器人一定程度上能够提升顾客的服务体验。具体来说，首先，服务机器人在服务中的运用能让顾客产生新奇感和趣味感。比如，入住阿里智能酒店的顾客在与"天猫精灵"智能语音助手的互动过程中会获得良好的情感体验。其次，随着服务机器人智能程度和拟人化程度的提升，消费者能通过与服务机器人的互动获得良好的社交体验。最后，相关研究表明，与服务机器人和物联网产品的互动，能让顾客提升自我拓展和自我延伸的水平，获得良好的消费体验和服务感知质量。

当然，服务机器人也对服务企业的管理提出了一定的挑战。第一，服务机器人仍处于发展的初期，它们在智能程度和服务传递效果方面存在一定不足，这可能会降低顾客感知服务质量。第二，与自助服务技术一样，服务机器人所传递的服务也可能需要顾客具备一定的知识和技能，这对一些缺乏知识和技能的顾客可能不太友好。第三，服务机器人具有很强的数据搜集和处理功能，在与顾客互动的过程当中可能会为企业搜集大量的顾客信息，如果企业对顾客信息的处理和管理不当，可能带来顾客个人信息隐私方面的问题。

1.（单选题）以下关于服务质量的说法，不正确的是（　　）。
A. 当感知服务质量等于期望水平时，是可接受的服务质量
B. 当感知服务质量高于期望水平时，是良好的服务质量
C. 当感知服务质量低于期望水平时，是糟糕的服务质量
D. 当感知服务质量低于期望水平时，是满意的服务质量
2.（单选题）企业员工提供迅速及时的服务，这个指标属于服务质量的（　　）维度。
A. 可靠性　　　　　　　　　B. 响应性
C. 保证性　　　　　　　　　D. 移情性
3.（多选题）关于自助服务技术在企业中的应用，以下做法正确的有（　　）。
A. 只将自助服务技术看作企业削减成本的工具
B. 确保顾客能从自助服务技术的使用当中获得利益
C. 让使用自助服务技术的顾客明确自己在使用过程中扮演的角色
D. 了解顾客是否有能力使用自助服务技术
4.（判断题）服务质量有助于增加顾客对服务的满意度。（　　）
5.（判断题）为了解决服务交付与外部沟通之间的差距，企业应该建立服务运营传递和外部市场沟通之间的协调机制。（　　）

1. 请论述服务质量与顾客满意之间有何联系。
2. 举例说明管理者应该如何应用服务质量模型。
3. 举例说明服务差距模型的差距类别及应对措施。
4. 根据生活中的消费经历或所观察到的管理现象，举例说明数字工具对服务质量管理有何影响。

综合案例

海南航空：以卓越服务质量翱翔蓝天

海南航空作为中国民航业的重要参与者，自成立以来便以高品质的服务在国内外航空市场中广受赞誉，逐步树立起了良好的品牌形象，成为众多旅客出行的优选航空公司之一。凭借其优质的服务水平和产品，海南航空十三次蝉联全球航司及机场服务评测机构 SKYTRAX 颁发的"五星航空"荣誉称号，荣获 2024 年 SKYTRAX "中国最佳航空公司"等多个奖项。海南航空的长期繁荣，得益于其卓越的服务质量管理。

1. 构建全面员工培训体系，铸就高品质服务基石

海南航空深知优质的服务是赢得市场和客户的关键。而员工作为服务的直接提供者，无疑是服务质量的核心创造者。为此，海南航空投入大量资源，构建了一套严格且全面的员工培训体系。

在新员工入职阶段，海南航空的培训内容就涵盖了企业文化、服务理念、安全知识、专业技能等多个维度。新员工需要通过这一阶段的培训，迅速融入公司，树立正确的服务观念。以空乘人员为例，他们需接受长达数月的集中培训，课程内容包括礼仪规范、应急处理、客舱服务流程等。这些培训课程通过理论讲解、案例分析、角色扮演等多种形式，让新员工在短时间内掌握必备技能。

在培训过程中，海南航空注重理论与实践相结合，让新员工在实际操作中深刻理解并认同公司的服务标准和价值观。此外，公司还为新员工配备了经验丰富的导师，一对一进行辅导，确保每位员工都能快速成长。

为了保障员工在职业生涯中的持续发展，海南航空定期组织各类在职培训、技能竞赛和经验交流活动。这些活动旨在激发员工的学习热情，提升业务水平，使他们在不断变化的市场环境中保持竞争力。公司还鼓励员工参加外部培训，拓宽视野，提升自身综合素质。

2. 拓展航线布局，提升旅客出行便捷性

海南航空持续加大国际航线恢复力度，加密航线网络布局，以满足不断增长的旅客出行需求。2023 年，海南航空在重庆设立了分公司，这一举措标志着公司进一步深度参与重庆航线网络的建设。截至目前，从重庆出发的国际直飞航线已覆盖马德里、罗马、巴黎、米兰、西雅图等欧洲和北美城市，极大地丰富了旅客的出行选择。

在国内航线方面，海南航空的网络布局日益完善，密集连接北京、广州、深圳等 14

个国内城市，为旅客提供了便捷的国内中转服务。这一举措不仅满足了旅客的出行需求，还有助于推动国内旅游业的发展。

进入2024年夏秋航季，海南航空计划执飞近500条国内航线，以及40余条国际及地区航线。航线网络覆盖欧洲、北美、亚洲、大洋洲、非洲等多个城市的枢纽，为全球旅客提供了更加丰富和便捷的出行选择。

此外，海南航空在现有网络基础上，积极打造深圳、重庆两地枢纽。这一战略布局旨在助力自贸港发展、大湾区建设以及西部地区的经济社会发展。通过优化航线网络，海南航空为区域经济发展注入了新动力，同时也为旅客提供了更加高效、便捷的出行体验。

3. 全方位创新产品矩阵，增强个性化体验

为充分满足旅客日益增长的个性化出行需求，海南航空不断创新和丰富其市场产品线，致力于打造差异化的航空服务。在成功推出"精品快线"和"精品航线"两大产品后，海南航空又重磅推出了"自贸港快线"产品，该产品覆盖了广州、深圳、重庆、长沙、武汉等五个重要核心城市。这一举措旨在为旅客提供更优质的机型选择、专属的地面和客舱服务，以及灵活的客票权益，极大地提升了旅客的出行体验。

海南航空还推出多样化预约产品，以满足不同旅客需求。在预约产品方面，海南航空先后推出了"随心飞""自由飞""海享飞""双城飞"等一系列创新产品。这些产品以其高度的灵活性和便捷性，满足了不同旅客的出行需求，受到了市场的热烈欢迎。同时，海南航空还关注到特殊客群的需求，推出了"学生专享""突出贡献旅客专属优待服务"等特色出行产品，体现了海南航空以人为本的服务理念，深受广大旅客的喜爱。

海南航空努力优化核心系列产品和服务，扩大高端服务规模。海南航空围绕梦享（DREAM）、海享（HAI）和关怀（CARE）核心系列产品，在原有"梦享系列""海享系列"产品基础上，持续优化海翼堂、海翼轩和金鹏阁等贵宾室的服务呈现、增加"梦之羽"客舱内饰机队规模，并通过持续与洲际酒店、索菲特酒店及国内外知名品牌合作，升级空地服务产品，不断提升旅客出行满意度。

此外，海南航空还在商务服务和宠物友好方面下了一番功夫。升级后的"简化商务"服务，通过"自助值机、网络值机、行李跟踪"三大王牌，为商务旅客提供了更加便捷的出行体验。在北京、海口、西安等23个始发站的部分国内出港航班推出的宠物客舱关爱服务，更是满足了旅客携带宠物出行的需求。这一举措不仅体现了航空公司的人性化关怀，也让宠物成为了旅客出行的温馨陪伴。

4. 重视科技应用，打造智慧出行新体验

海南航空重视利用科技推动硬件升级，用智慧出行增亮服务底色。一是强化行李跟踪系统。该系统目前已覆盖全国14个机场，让旅客可以随时随地了解行李动态，避免了行李丢失的担忧。二是升级787-9机队空地互联服务。该服务突破了3000米的网络使用高

度限制，确保空中上网"不断连"，使得旅客在万米高空中也能畅享网络，不再担心与外界失联。三是应用智能服务机器人。智能客服机器人基于大数据及人工智能技术设计和运行，能24小时为旅客提供咨询、解答疑问，大大提高了服务效率。这些科技应用的举措让旅客在出行过程中感受到了实实在在的优质服务，让出行体验变得更加智慧和新颖。

5. 开展品牌联合，创建云端美食与舒适寝具体验

为了给全球旅客带来优质的航空出行体验，海南航空联合酒店知名品牌开展合作，倾心打造一系列云端盛宴，让旅客在万米高空邂逅无限惊喜。海南航空携手洲际酒店集团开启深度合作，双方依托各自在餐食研发和机上餐饮供应领域的专业优势，精心打造了一套全新的中式系列餐食，为公务舱旅客带来了一场视觉与味觉的双重盛宴。通过一季一地的中国精致美食服务，不仅向全球旅客展现了中华美食的博大精深，更为旅客的旅程增添了一抹亮丽的色彩。

不仅如此，海南航空在公务舱的舒适体验上也下足了功夫。海南航空在公务舱引入索菲特酒店的专属MyBed™寝具，让公司多次荣获全球最佳商务舱舒适用品第一名的荣誉。这种看得见的享受和感受，让旅客在长途飞行中享受到精致、贴心、高端的体验。

6. 内外双轮驱动，形成服务质量监控与提升良性循环

为确保服务质量始终处于高标准水平，海南航空建立了强大的服务质量监控与反馈机制，通过内部监督和乘客反馈两大途径塑造了服务质量监控与提升的良性循环。一方面，公司建立内部质量监督团队，对航班运行的各个环节进行不定期抽查与评估。监督内容涉及员工服务态度、操作规范执行情况、客舱环境整洁度等各个方面。一旦发现问题，公司要求相关部门和人员立即进行整改，并对相关责任人进行培训与考核。

另一方面，积极收集乘客的反馈意见。在航班结束后，通过线上问卷调查、客服热线回访等方式，主动了解乘客在本次飞行过程中的体验感受，收集遇到的问题及改进建议。同时，在机场候机区、飞机客舱内等显著位置设置意见箱，方便乘客随时反馈意见。公司对乘客的反馈高度重视，将其作为服务质量改进的重要依据。针对乘客提出的表扬，公司也会及时给予员工表彰与奖励；对于乘客反映的问题，会进行深入分析与总结，制定针对性的改进措施，并将改进结果及时反馈给乘客。

参考资料：

微信公众号. 海南航空第十三次蝉联"SKYTRAX五星航空"荣誉称号，荣获2024年SKYTRAX"中国最佳航空公司"等多个奖项［EB/OL］.（2024－06－27）［2025－01－12］https://mp.weixin.qq.com/s/pSsZg4c40nHQ7nFaZvcpIg.

思考题

1. 海南航空在全方位创新产品矩阵中,如何平衡标准化服务与个性化需求?如何通过创新产品来提升旅客出行体验?

2. 海南航空如何利用科技创新来增强服务体验?科技创新对服务质量管理有何作用?

3. 海南航空通过哪些方式对服务质量进行监控?如何确保这些服务质量监控方式和措施精准有效?

第四章

服务营销组合

开篇案例

服务营销组合策略助力海底捞业绩增长

作为餐饮界的服务之王，海底捞一直以无微不至的服务和满足消费者各种附加体验著称。据海底捞官方披露，截至2023年12月31日，海底捞2023年持续经营业务收入预计将不低于414亿元，净利润将不低于44亿元。相较于2022年度的16.4亿元净利润（剔除特海国际业务）以及2019年度的25.6亿元净利润（剔除特海国际业务），海底捞的业绩实现了大幅增长，甚至远超于疫情之前。分析其中原因，自然离不开整体大环境的复苏。毕竟随着疫情之后的开放，人们出门频率大大增加，报复性消费自然也会体现在餐饮方面。此外，海底捞自身的服务营销组合策略也十分重要，为其业绩大增打下了坚实的基础。

1. 专注特色产品，做好本土化营销

很多消费者发现，疫情之后海底捞的菜品变得更加创新、有特色。据了解，从2023年开始，海底捞门店已经可以根据本地化需求自行调整产品，这意味着海底捞开始关注更加细分的区域市场，以更好地满足不同地域的消费者口味。例如，东北地区的门店推出了酸菜白肉锅底，河南地区的门店供应胡辣汤，北京地区的门店提供糖葫芦，广东地区的门店则可以吃到火锅生蚝……海底捞甚至还在青岛开设了首家海鲜特色火锅店，在深圳上线了首家牛肉工坊，主打一个"在地取材"。

2. 业态创新，精准下沉实现性价比

早在2022年，海底捞推出了盒饭业务。这一业务试水不仅给海底捞增加了一条短期业务赛道，同时也为消费者提供了当下真正所需服务。到了2023年，海底捞依旧针对不同人群需求，创新推出更多产品业态。比如，海底捞在多地的夜市上摆了摊位，门店的同款产品价格都不贵。海底捞官方表示，自营小摊是为了结合当地顾客的消费喜好进行的个性化创新试点，全国不止一家，形式也各有不同。例如，在上海推出了串串摊，在山西则有卖小龙虾和啤酒的宵夜车。海底捞还关注到近年流行的户外趋势，推出了露营火锅。除此之外，在外卖业务上，海底捞同样关注到了"一人食"需求，上线了下饭火锅菜，价格在30—40元。海底捞紧跟当下的风向趋势，关注并贴近不同人群的消费需求，不仅拓宽了消费场景，也获得了更多品牌好感。

3. 丰富服务标签，开发"隐藏功能"

众所周知，海底捞是品牌界的"卷王"，尤其在2023年，海底捞更是开发了更多附加服务。比如，海底捞在江苏无锡门店首次增加了"洗头专区"服务。服务细节和装备非常到位，配备了按摩躺椅、各种洗发水、护发精油以及一次性毛巾。有网友声称，吃火锅前先美甲，吃完火锅再顺便洗个头回家，海底捞做到了一条龙服务。据不完全统计，海底捞各地门店的附加服务已经拓展到洗头、理发、编发、修眉、化妆、美甲、擦鞋、DIY手串、带娃……在顾客的座区方面，细心的海底捞也不忘照顾"i"人（网络上对性格内向、内敛的人的称呼）的感受，为不爱凑热闹的消费者设置了"i"人专属座位。不仅如此，海底捞还主动向外"捞客"，把视线转向明星粉丝，直接在演唱会场馆门口提供门店接送服务。一方面，该服务能解决演唱会场馆打车难的痛点，粉丝就算不去海底捞也能方便地回到市区；另一方面，能让部分粉丝后续吃顿饱饭，顺势兜住大家无处安放的激动心情。这种举措纵使是刻意营销，也不会影响大家对海底捞的品牌好感。海底捞通过这些看似很小但是很合时宜的变通，不断加深品牌的服务标签和热情活力，以此建设品牌口碑。

参考资料：

微信公众号. 狂涨20多亿，海底捞靠营销逆风翻盘？[EB/OL].（2024-02-23）[2025-01-12] https：//mp.weixin.qq.com/s/3fut8EzAIWSgUf0_tQR_gg.

第一节　服务产品管理

一、服务包的内涵

随着服务市场的发展，服务包的概念应运而生，与服务包相关的服务实践取得了较快发展。服务包是指在某种环境下提供的一系列产品和服务的组合。换句话说，服务包通过有形的产品和无形的服务的结合来满足顾客需求。可以把某种环境下所提供的一种服务产品看作一个"包裹"，该包裹当中包含了多种具体的服务和产品，而且通常囊括以下四个关键要素，分别是服务设施、辅助物品、显性服务以及隐性服务。这些服务要素可以给顾客带来多种利益。

从服务组合角度来看，企业可以把服务划分为三个层次，即核心服务、便利性服务和支持性服务，如图4-1所示。

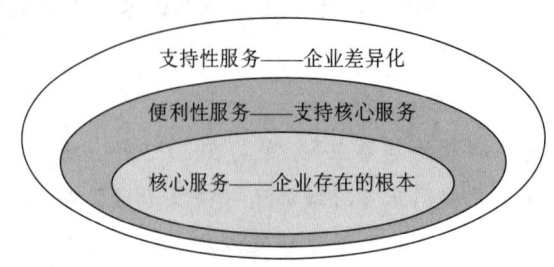

图4-1 服务的层次

最里面一层是核心服务。核心服务也叫主服务，是企业在市场上存在的基本理由。核心服务往往是顾客可感知并获得的、构成服务产品的核心利益，主要由产品层次中的核心利益和期望价值组成。比如，对于餐厅来说，提供饮食是它的核心服务；对于宾馆来说，提供住宿是它的核心服务。一个企业也可以同时拥有多个核心服务，如航空公司，既可以提供客运服务，又可以提供货运服务。

中间一层是便利性服务。便利性服务是企业为了便于顾客使用或消费核心服务而提供的额外服务。例如，航空公司为了支持自身核心的运输服务，会为顾客提供便利的网上订票服务。便利性服务通常包括各种辅助物品、有形产品以及相关的辅助服务等。有时候，提供便利性服务的有形产品和提供核心服务的生产资源二者难以区分。二者的主要区别在于它们对核心服务的"功用"不同。例如，自动取款机是银行提供的"为顾客提供便利这种核心服务"的生产资源，而信用卡则是为了使顾客使用这种核心服务而向顾客提供的便利性服务中的有形产品。

最外面一层是支持性服务。支持性服务与便利性服务类似，也是一种附加服务。但是与便利性服务不同的是，支持性服务的效用不在于使顾客对核心服务的使用或消费更加便利，而在于它能够增加服务的价值，从而将本企业的服务与竞争对手区分开来。可以说，支持性服务是实现服务差异化的重要源泉。短途航班中提供的正餐，酒店客房中赠送的果盘，都是支持性服务的例子。

便利性服务和支持性服务之间的区别有时候并不十分明显，一些服务在某些场合是便利性服务，但在另一些场合则成为支持性服务。比如，民航长途飞行中的餐饮服务属于便利性服务，但到了短途飞行中，它就有可能成为支持性服务。因此此时的餐饮将企业差异化，帮助企业获得更大的竞争优势。但是二者之间仍存在本质差别。便利性服务是必不可少的，核心服务的实施需要便利性服务；而支持性服务并不是义务的，只是企业差异化和增强竞争力的辅助手段。

对服务包进行上述三个层次的区分，对服务企业来说很有必要。有人将服务包比作一个细胞。其中,核心服务是细胞核,是企业在市场上存在的主要原因,也是顾客购买服务产品的核心利益;便利性服务则是细胞质,它为细胞核提供支持和营养,使服务包正常发挥作用;而支持性服务则可以看成细胞壁,它决定了服务包这一细胞的规模。在现实中,顾客可以通过感受细胞壁的韧性来判断服务包的特征。因此,支持性服务主要用于提高服务包对顾客的吸引力和竞争力。

二、服务包的调整策略

随着企业目标顾客需求、市场竞争态势以及外部宏观环境的变化,企业有时候需要对自身的服务包进行动态调整。通常来说,企业调整服务包具体包括三种策略,分别是扩大服务包、缩减服务包以及服务包延伸。

(一) 扩大服务包

扩大服务包策略包括扩展服务包的宽度和增加服务包的深度。扩大服务包的宽度是指在原服务包中增加一条或几条服务线,扩大经营范围。增加服务包的深度是在原有服务线内增加新的服务项目。一般而言,扩大服务包可以使企业充分利用人、财、物资源,分散经营风险,增强竞争力。比如,一些奶茶店除了提供奶茶外,还让堂食的顾客可以在墙壁贴纸留言,这有助于增加奶茶店的吸引力。

(二) 缩减服务包

当市场不景气或原材料、燃料供应紧张时,收缩服务线反而能使总利润提升。这是因为从服务包中剔除了那些获利能力差的服务线或服务项目,使企业可以集中有限的资源发展更好的服务线或服务项目。高校食堂在疫情期间为了防疫需要不允许学生堂食,也算是缩减服务包的一个例子。

(三) 服务包延伸

每一个服务项目都有其特定的市场定位。服务定位延伸策略是指全部或部分地改变服务原有的市场定位,具体办法有向上延伸、向下延伸、双向延伸。向上延伸是在市场上定位于低档服务产品的企业可能打算进入高档服务产品市场;向下延伸是指许多企业最初定位于高档市场,可能出于某些原因向下延伸其服务产品线,比如,有些企业为了填补市场空隙而增加低档的服务项目;双向延伸是定位于市场中端的企业可能会决定向上和向下两个方向延伸其产品线,比如,华住集团在汉庭酒店的基础上延伸海友酒店和全季酒店。

三、附加服务

附加服务有很多种,有学者将附加服务界定为八种类型,它们像花瓣一样围绕在核心服务这个花蕊的周围,整个模型看起来像一朵盛开的鲜花,称为"服务之花",如图 4-2 所示。按照顾客服务体验的顺序将这八种类型按顺时针排列，以信息服务为起点，这八个花瓣分别为信息服务、咨询服务、订单处理、接待服务、保管服务、额外服务、账单服务和支付服务。如果花瓣和花蕊都非常新鲜，形状构造良好且能够交相辉映，这个服务企业一定运行良好、管理出色、设计超群；但如果一个企业管理不善、运行不佳，那它所提供的服务就好比凋谢的花朵或者没有花瓣、褪色的花朵，即使核心服务很完美，这朵花给人的整体印象也不佳，缺乏吸引力。回想一下你作为顾客的服务消费经历，当你对某次购买感到不满意的时候，是由于它的核心服务存在缺陷，还是某项附加服务出现了问题呢？

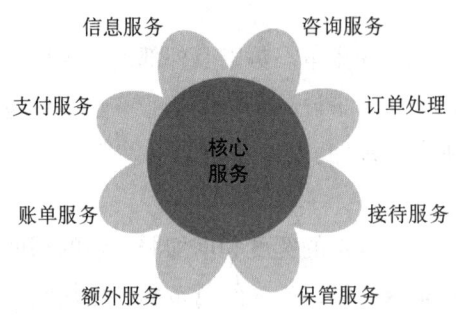

图 4-2 "服务之花"模型

此外，上述八种附加服务，还可以进一步划分为支撑性附加服务和增强性附加服务，如表 4-1 所示。支撑性附加服务是在服务传递或者使用核心服务时提供帮助的附加服务，这些附加服务包括信息服务、订单处理、账单服务和支付服务。增强性附加服务是能为顾客带来额外的价值或吸引力的附加服务。这一类附加服务包括咨询服务、接待服务、保管服务、额外服务。例如，咨询服务和接待服务在医疗保健服务中十分重要。

表 4-1　　　　　　　　　　　　附加服务的分类

支撑性附加服务	增强性附加服务
信息服务	咨询服务
订单处理	接待服务
账单服务	保管服务
支付服务	额外服务

（一）支撑性附加服务

支撑性附加服务在服务传递或使用核心服务产品时能为顾客提供帮助。第一种支撑性附加服务是信息服务。为了充分享有产品或服务的价值，顾客需要相关的信息。这些信息包括服务地点说明、服务安排、价格、服务条件等。新顾客对信息的需求尤为迫切。企业应当确保提供的信息及时、准确，因为不准确的信息会给顾客带来不便甚至会激怒顾客。为顾客提供信息服务的传统方式包括企业网站、一线员工告知、指示牌、说明书等。如今，随着信息技术的发展，企业还可以通过微信公众号、官方微博等社会化媒体向顾客传递信息服务。

第二种支撑性附加服务是订单处理。一旦顾客准备购买，订单处理这项附加服务要素就开始发挥作用。订单可以通过人工、电话、电子邮件以及网络等多种方式实现。处理订单时应提供礼貌、快捷、准确的服务，这样顾客才不会浪费时间和付出不必要的脑力或体力。服务预订是一种特别的订单方式，授予顾客使用某种服务的权利，如预订飞机上的座位、餐厅桌位、酒店客房等，或者进入有指定座位的剧院和体育馆等场所。无论是对顾客还是对服务企业，运用技术手段可以使订单处理的流程更为简便高效。例如，航空公司现在采用依托电话和网络的无纸化订购系统，顾客预订时会获得一个确认号码，到达机场后只需出示身份证件，就能拿到登机牌对号入座。

第三种支撑性附加服务是账单服务。几乎所有服务行业都会涉及账单服务。不准确、字迹不清或者内容不完整的账单都会让原本满意的顾客深感失望。在顾客对服务不满意的情况下，账单出现失误会加深顾客的失望程度。此外，提供账单也要及时，这样才能敦促顾客及时支付。自助账单是一种简单的账单服务方式，顾客自己计算服务费用然后通过银行卡或在线方式进行支付。这种情况下，虽然服务人员仍需要核实账单以确保其准确性，但提供账单服务与付款已经合二为一。顾客通常希望收到清晰明了的账单，上面清楚地罗列出消费记录和费用总额。顾客繁忙的时候不喜欢等待服务人员开列账单，一些停车场如今可以让顾客关注微信公众号并在离开之前在线查询账单并在线支付，减少停车场出口排队等待的时间。

第四种支撑性附加服务是支付服务。在大多数情况下，账单都是需要顾客直接付款的。当然，银行账单和其他一些直接的借方支付服务除外，因为这些费用会直接从顾客的账户中扣除。顾客可以选择多种付款方式，但是所有顾客都希望付款过程既安心又便利。自助付款系统需要顾客往付款机中投入硬币、纸币或银行卡刷卡。但是，设备故障可能会使系统瘫痪，为此自助付款系统的日常维护和快速抢修非常关键。此外，随着移动支付手段的发展，如今很多服务场所都能通过扫码支付的形式快速完成付款，从而成为一种既便利又安全的常用付款方式。

（二）增强性附加服务

增强性附加服务能为顾客带来额外的价值和吸引力。第一种增强性附加服务是咨询服务。不同于回答顾客提问的信息服务，咨询服务要求通过与顾客的深入交谈为顾客提供量身定制的解决方案。最简单的形式是服务人员被顾客要求提供建议时给予反馈。比如，理发时顾客可能会向理发师询问关于发型以及护发的建议。有效的咨询服务要求服务人员在提供合理的解决方案之前，能很好地了解顾客的当前状况。常见的咨询服务包括定制化的建议、一对一的专业咨询、产品使用的引导、管理类咨询等。专业咨询服务比一般的咨询服务要求更细致、更体贴，因为它要求服务人员能更好地帮助顾客了解他们自己的状况，让顾客决定自己的解决方案。更加专业的咨询服务是向企业客户提供管理或技术类咨询，包括昂贵工业设备与服务的"销售解决方案"。此外，咨询建议也可以通过宣传册、团队培训项目和公共展示等手段来实现。

　　第二种增强性附加服务是接待服务。理想的接待服务是无论接待新顾客还是迎接老顾客，都能为他们营造一种愉快的氛围。管理有素的服务企业总是努力确保员工以迎接宾客的方式对待顾客。对待顾客殷勤有礼，关注顾客的需要，面对面的交流和电话沟通都非常重要。接待服务包括问候顾客、提供食物与饮料、提供等候设施、指引顾客去洗手间等。企业所提供的接待服务的质量对顾客满意具有重要影响，尤其在面对面接触的服务当中，接待服务的提供质量尤其重要。

　　第三种增强性附加服务是保管服务。当顾客光临某服务场所时，他们常常希望能够妥善保管好自己的财物。服务场所如果缺乏特定的保管服务，会降低顾客的光顾意向。服务现场的保管服务通常包括停车服务、行李看管、物品储藏、保险箱、儿童托管、宠物看管、安保人员等。负责人的企业还会主动为接受服务的顾客提供财产保管和人身安全服务。其他保管服务还包括顾客购买或租用的实体产品的一些维护服务，如包装、领取、运输、安装、清洗等。这些服务可能免费，也可能会收取额外的费用。

　　第四种增强性附加服务是额外服务。额外服务是指常规服务传递之外的附加服务。精明的企业能够预料到可能会发生的意外情况，并事先建立应急预案。这样的话，当顾客提出需要特别帮助时，员工就不会因为没有准备而显得无助和慌乱。好的服务流程能让员工及时、高效地作出反应。额外服务通常包括特殊要求、解决问题、处理顾客抱怨、赔偿等。服务管理者需要不断关注顾客的额外服务需求。不过，如果顾客的额外需求过多，就说明原来的服务流程需要改进。在处理顾客的额外服务需求时，一方面需要做到快速回应，另一方面也要平衡好过多的额外服务可能会给其他顾客以及员工带来的不良影响。

四、服务品牌

（一）服务品牌的内涵

　　服务品牌是将企业的服务与其他企业的服务区别开来的名字、符号或设计。品牌代表利益认知、情感属性、文化传统和个性形象等价值观念，一个具有丰富文化内涵的品牌具有持久的生命力。因此，品牌是服务产品形象和企业文化的相片。

　　服务品牌包括两类基本要素，一类是展现在消费者面前，看得见、摸得着的一些表层要素，如品牌名称和品牌标志。另一类是在品牌表层要素中蕴含的独特的内层要素，如品牌的利益认知、情感属性、文化传统和个性形象等。品牌名称是品牌中可以用语言称呼的部分，通常由词语和图像构成，是形成品牌概念的基础。品牌标志是品牌中可以被识别，但不能用语言表达出来的部分，常常是某种符号、图案或设计。利益认知是消费者认识到某品牌产品的功能特征所带来的利益。情感属性是消费者对品牌认识的过程中将品牌的利益认知转化为一定的情感利益。个性形象强调了品牌与其他品牌的区别,使消费者意识到该品牌所代表的利益和形象。服务品牌对服务企业具有重要意义,它一方面会提升顾客购买该品牌的服务产品的可能性,另一方面也有助于服务企业创造独特的竞争优势。

(二) 服务品牌的构建

服务品牌的构建是一项系统工程,它是企业内部各个部门团结合作的结果,更是企业开展外部营销和内部营销的协同结果。

从外部营销来看,企业应该以顾客需求为中心,并做好以下几点:第一,树立让顾客满意的宗旨,企业只有努力认识顾客需求、挖掘顾客需求并不断满足顾客需求,才能赢得顾客信赖;第二,努力优化服务流程,企业要根据顾客需要和市场需求设计服务流程,强化服务品牌接触点的设计与有效管理;第三,建设具有自身特色的企业文化,强势服务品牌的构建必须创造一种能够提供稳定的卓越服务质量的企业文化;第四,正确处理顾客抱怨并及时采取补救措施,企业及时地对失败的服务采取恰当的补救措施,是更好地满足顾客需求和构建服务品牌的关键所在。

除此之外,服务企业构建品牌还需要关注企业内部的员工,做好内部营销。第一,让员工了解服务品牌构建的特点和任务。让员工明白自己在服务流程中应该为顾客提供什么样的体验,为什么要提供这样的体验以及如何在实际工作中加以具体实施,是服务品牌构建的基础所在。第二,有效实施品牌内在化,所谓品牌内在化,是指向员工解释和宣传服务品牌的内涵、定位和价值,使员工参与到品牌培养与维护的流程中来。第三,对员工进行培训并强化内部沟通。企业需要从职业道德、商品知识、销售技能、操作技术和情感交流等方面对员工进行培训,并进行更为开放和畅通的企业内部沟通。第四,重视员工的满意水平,服务品牌的构建必须得到顾客情感上的认可和归属,而这就意味着服务人员必须真情投入和付出。为此,企业的内部营销必须把员工满意战略作为工作重点,充分进行员工授权,重视对员工常规工作和创新服务的激励,并充分尊重员工以及满足员工的需求,从而助力服务企业的品牌构建。

第二节 服务定价管理

一、服务定价的特殊性

由于服务与有形产品在本质属性上存在差别,服务定价策略具有明显的特殊性。具体而言,服务特征对服务产品的定价有很大影响,对于不同的服务形态和市场状况,这些特征的影响也不同，因此，在制定服务价格时，必须对服务特征加以考虑。服务定价的特殊性体现在多个方面。

（一）服务的无形性导致价格难以确定

一方面，对于管理者而言，识别有形产品的生产成本相关的原材料、人工费用、制造费用、储存和运输费用等非常容易，但服务成本的计算远比有形产品的成本计算更为困难和复杂，这是由服务的特征导致的。如果无法深刻理解成本，就不能有效定价。一般来说，服务企业的固定成本对变动成本的比率要远远高于生产制造企业，服务领域里的变动成本仅占总成本的很小一部分。

另一方面，对于消费者而言，由于服务的无形性特征和顾客无法看到服务的后台活动，使得顾客在购买服务产品时无法客观、准确地了解无形的服务，第一次购买某种服务的顾客甚至不知道服务产品里到底包含了什么内容，再加上很多服务产品是按各类顾客的不同要求对服务内容作适当的增减，使得顾客只能猜测服务产品的大概特色，然后同价格进行比较，但对结论缺乏信心。这就解释了为什么服务产品价格的上限与下限之间的区域一般比有形产品的价格区域宽，而且最低价格与最高价格差距很大。

（二）服务的差异性使定价缺乏足够的根据

服务的输入和输出与有形产品有很大区别，尤其是在信息缺乏的条件下，很难对一种服务消费之前的输入和消费之后的输出结果作出标准化的界定，定义单位服务比较困难，这就对什么是服务定价的依据提出了质疑。更复杂的问题是许多看似相同或相近的服务，其价格却有很大差异，而这些服务给顾客带来的价值却是相似的。由于服务质量比产品质量有更多难以把握、难以标准化的特征，使得服务之间缺乏统一的质量标准可做比较。消费者很可能将价格作为衡量服务成本及服务质量的指标，尤其当服务质量的线索难以查明，服务质量变化很大或购买服务的相关风险较大时，顾客会相信价格是质量的最好的指标，将价格看作质量的代表物，因此，企业必须小心指定服务价格。除了要支付成本并与竞争者抗衡外，价格还必须传达适当的质量信号：定价过低，会导致对服务质量过低的推断；定价过高，可能会在服务过程中形成难以达到的期望。

（三）服务的不可储存性和需求波动性产生特殊的定价策略

与有形产品的定价策略不同，服务的不可储存性和需求波动性，导致服务企业经常采取差别定价和边际定价的方法，以充分利用既有限又刚性的生产能力，这在酒店、旅游、航空等服务行业中比较普遍。然而，采取差别定价策略，通常需要与其他管理策略相配合。首先，要在对需求弹性全面认识的基础上区分不同的细分市场；其次，要采取相应的措施避免定价对顾客预期的影响，因为顾客可能会选择在低价区消费服务以节约开支，服务企业可以采取适当的优惠来扭转这一局面。

（四）时间价值对服务价格的影响

影响服务定价的另一个重要因素是时间因素，即排队等候服务的时间和整个服务过程所耗费的时间。时间因素构成了顾客购买服务的一项重要成本。一般而言，长时间的等待就像劣质产品一样会损害公司与顾客之间的良好关系。很多顾客宁肯为减少等待时间而支付高价，如邮政快递服务。有时，更快的速度意味着更高的成本，要使用更先进的设备和更熟练的员工，对急需某种服务的顾客，只需支付高价即可享受优先权或获得加急服务。

（五）电子渠道与有形渠道的有效性

随着科学技术的发展日新月异，电子化、网络化的服务传递渠道给传统的有形传递渠道带来了挑战。例如，在金融服务业，先进的服务传递方式不仅使金融服务产品的成本结果发生了巨大变化，还极大地改变了服务接触方式，金融服务企业应根据顾客购买服务的渠道不同，采取不同的定价方法。

二、服务定价的主要影响因素

按照价格理论，影响企业定价的因素主要有三个，分别是成本、需求和竞争。成本是服务产品价值的基础部分，它决定着产品价格的最低限度，如果价格低于成本，企业无利可图。市场需求影响顾客对产品价值的认知，进而决定产品价格的上限。市场竞争状况调节价格在上限和下限之间不断波动，并最终确定产品的市场价格。不过，服务行业由于自身的特殊性，其定价过程还受到一些非货币成本因素的影响。

（一）成本因素

成本费用是传统定价的基础。从企业角度来看，产品成本是产品价格的重要决定因素，只有当价格超过单位成本时，企业才能盈利。从定价的角度来看，服务产品的成本可以分为三种，分别是固定成本、变动成本和准变动成本。固定成本是无论产量是多少都需要负担的成本与费用，在产品的全部成本中占主要比例，如金融服务的固定成本占总成本的60%以上，因此，固定成本的分摊对服务企业意义重大。服务产品的第二种成本是变动成本，它是随着服务产品的变化而变化的成本，如电费、运输费、邮寄费等。变动成本有时候在总成本中所占的比重往往很低，甚至接近于零，如火车和电影院等。第三种成本是准变动成本，是指介于固定成本和变动成本之间的那部分成本。它与企业所服务的顾客数量或生产的服务数量相关。比如，支付的员工加班费、服务场所的清洁费等。对于不同的服务产品而言，这些成本差异很大，取决于所提供的服务类型、涉及的服务人员和需要额外设施的程度。

在产出水平一定的情况下，服务产品的总成本等于固定成本、变动成本和准变动成本的总和，服务企业在制定定价策略时必须考虑不同成本的变动趋势。

（二）竞争因素

服务的无形性迫使顾客在消费时采用各种各样的参照系，其中竞争者的同类服务就是最佳参照系,服务的同质性使这种参照更容易导致激烈的价格竞争。对生产相近服务产品的企业来说,谁的价格高,谁就可能失去顾客。设想两个同处于闹市区的同档次的电影院放映同一部电影,如果一个价格高会如何呢?越是独特的服务,卖方越可以自行决定价格,只要买方愿意支付这一价格。因此,服务企业必须在与竞争对手相比较的基础上来制定自己的定价策略:如果自己的产品无差别,则不必考虑采用主导价格,而可以采用行业中各服务企业可接受的共同价格,避免发生价格战;如果服务产品具有很高的差异性,则可以采用在相对垄断条件下的定价方式,比如差别定价法、认知价格定价法等。例如,旅游产品具有一定的垄断性,就可以较好地采用这种定价方法。总而言之,考虑竞争因素对服务产品进行定价时,主要涉及市场竞争激烈程度和服务产品的差异化程度。

对于服务企业来说,在市场上除了从竞争对手那里获得价格信息之外,还要了解它们的成本状况,分析它们的利润率,这不仅有助于企业分析评价竞争对手在价格方面的竞争能力,而且可以帮助企业预见竞争对手对自己的价格策略的反应以及竞争对手可以承受的刚性的大小。

(三) 需求因素

市场营销理论认为产品的价格下限取决于该产品的成本费用,而在该下限之上产品定多高的价格,即企业能获得多高的利润率,则很大程度上是由市场需求、行业属性以及顾客收入等因素所决定的。其中,需求对价格的影响,可以借鉴微观经济学中的供需理论。反过来,产品的价格又能影响市场对产品的需求。对于大部分产品来说,当价格发生明显变化时,市场需求也会相应的变化。由价格变化引起的需求的相应的变化率称为需求价格弹性,它反映了需求变化对价格变化的敏感程度,通常用弹性系数来表示。在服务产品的定价过程中,必须详细考虑服务产品的需求价格弹性。

(四) 非货币成本因素的影响

顾客购买商品或服务时,货币价格不是他们付出的唯一成本,还有其他非货币成本,包括时间成本、搜寻成本、便利成本和精神成本等。这些非货币成本常常成为决定是否购买或再次购买某种服务的因素,有时候比货币价格更为重要。因此,当顾客的非货币成本较高时,企业应当考虑适当降低定价,反之,则可定较高的价格。

时间成本是指提供服务时顾客参与的时间和顾客等待的时间。由于服务企业无法完全控制顾客的数量或为每位顾客提供服务所花的时间,顾客很可能要花时间等待接受服务,因此时间成本越高,定价应该越低。搜寻成本是指在选择及确定所需服务上的努力,服务的搜寻成本比有形商品要高。便利成本是指由于不便利获得所需服务而产生的成本。此外,顾客购买及使用服务时感受到较大的风险,会付出精神成本,这些顾客感受到最为痛苦的非货币成本。服务企业可以通过顾客关怀、质量保证等手段,降低顾客在接受服务的过程中的不良感受,从而减少其精神成本。

三、服务定价的常用方法

(一) 成本导向定价法

成本导向定价法是指企业根据自身所提供服务的成本来决定服务的价格。成本导向定价法的基本公式是价格等于直接成本加上间接成本再加上边际利润。其中,直接成本是指与服务有关的材料和劳动力,间接成本是固定成本的一部分,边际利润是直接成本与间接成本之和的某个百分比,企业把三者相加,以便最终确定价格。对于提供专业服务的企业来说,通常会设置一个系数,将员工每小时的薪酬与这个系数相乘,就可以得到每小时服务收取的价格,这个价格应该既可以弥补提供服务所耗费的成本,又能为服务企业带来期望水平的利润。

成本导向定价法主要包括成本加成法、目标收益定价法、平衡分析法和边际定价法等几种定价方法。有研究表明,成本加成定价法是服务企业最常使用的一种方法。成本导向定价法之所以能够得到企业的青睐,得益于以下几个优点:第一,计算简单明了;第二,专业服务企业对这种方法使用广泛,使得收费水平趋于一致,因此顾客对费用率比较熟悉;第三,生产者能够得到合理的利润,当需求量较大时,企业能够维持在适当的盈利水平上。

不过,成本导向定价法在服务领域的应用有时也会遇到一些困难,存在一定的缺陷。主要表现在以下几个方面:第一,服务业的成本往往比较难以确定,难以计算。第二,考虑成本的时候很难确定一项服务的单位,尤其是对于那些不易描述和衡量的服务产品,或者成本主要是劳工成本的服务产品。第三,服务企业成本的主要因素是人,对于人所花费的时间的价值往往很难加以估算。

(二) 竞争导向定价法

竞争导向定价法是将竞争对手与本企业的实力对比,将竞争对手的定价作为定价的主要依据,以在竞争环境中生存和发展为目标的定价方法。竞争导向定价法主要适用于以下两种情况,第一,服务标准化。此时,服务企业所提供的服务基本是一致的,顾客可以了解各个服务企业之间的价格差异,并会对差异作出反应。第二种情况是寡头垄断。在某些服务行业里,可能只存在少数大型的服务企业,此时也比较适合采用竞争导向定价法。

竞争导向定价法主要包括根据市场均价定价、与竞争者相似定价、定价高于竞争者、定价低于竞争者以及根据市场领先者价格定价等几种方法。其中,根据市场均价定价是竞争导向定价法中使用最为广泛的一种方法。当成本难以估算时,采用市场平均价格作为自己的价格,往往是一种较好的办法。

同样,在服务业中应用竞争导向定价法也存在着一些问题。第一,定价多考虑竞争对手,会忽略自己的成本或需求。第二,根据竞争对手尤其是市场领导者定价的企业,常常假设对方的定价程序和方法是合理的,但实际情况很可能不是如此。第三,小企业通常只能收取较低的费用,难以获取足够的利润。第四,服务的异质性使服务企业难以通过相互比较来制定价格。

(三) 需求导向定价法

需求导向定价法所制定的价格与消费者的价值感知相一致,定价以消费者会为企业所提供的服务支付多少货币为导向。这是关注消费者的态度和行为,把服务质量和成本配合价格进行调整的一种定价方法。

在谈到顾客需求时,常常会使用顾客感知价值来加以度量。顾客感知价值等于顾客感知利益减去顾客感知成本。为此,要想让顾客感知价值最大,应该尽量让感知利益和感知成本的差值最大。

在应用需求导向定价法时需要注意以下几个问题:第一,计算消费者感知价值时,必须考虑非货币成本和利益,服务企业需要确定购买流程中涉及的每个非货币因素对消费者的价值的影响。第二,消费者对服务成本信息的了解较少。第三,对非货币成本的关注非常重要。

四、服务定价的策略

(一) 低价策略

在产品定价中,低价策略的应用十分广泛,服务企业也可以使用低价策略,但必须满足一定的条件:首先,该服务行业的标准化程度需要比较高;其次,该服务的需求弹性比较大,消费者的价格敏感性较高。

不过,如果服务企业一味追求低价的话,可能会犯以下错误,对企业造成损害。第一,表面价格下降,实际服务缩水。消费者一旦发现企业的这种行为,不但不会被价格吸引,还会对企业留下不好的印象。第二,过度压缩成本,未能提高服务质量。如果消费者对服务质量比较关注,当他们发现低定价意味着低质量,那低价的吸引力就下降了。

(二) 高价策略

服务通常是缺乏价格弹性的,尤其是对于比较专业的服务来讲,价格的变化不会对主要需求造成太大的影响。某些服务企业由此在定价时使用高价策略,能够凸显企业服务,树立高价高质的形象。

高价策略适合以下三种情况,第一,专业化程度高,技术性强的行业,比如企业咨询、特殊教育、审计等行业。第二,有一定声望、知名度较高的服务企业,比如五星级酒店、高级健身俱乐部等。第三,具有较大优势,刚刚导入市场的新服务。

(三) 基于顾客感知价值的定价策略

这种定价策略是服务企业定价最恰当的方法之一。运用这种策略需要比较准确地判断市场对服务价值的感知。企业采用这种定价策略,可以遵循以下几个步骤:第一,在考虑所有因素的前提下,让消费者用自己的方式给价值下定义;第二,通过确认消费者对价值的定义所寻求的关键利益以及对服务质量的预期,帮助消费者明确他们对价值的表述;第三,捕捉具体层次上的需求信息,将需求信息与该信息表示的关键利益相联系,使需求具有可操作性;第四,量化消费者的货币价值与非货币价值;第五,基于消费者对服务的价值感知确定服务价格。

第三节 服务沟通与促销

一、服务沟通的形式

服务企业通常要采用多种营销沟通的形式,这些不同的沟通形式统一被称为服务营销沟通组合。服务人员可以选择使用多种沟通的形式。

(一)广告

广告是最常见的沟通形式。企业可以选择不同类型的付费广告,比如广播、电视、网络、平面纸媒、电影院以及户外媒体等。作为消费者营销中占主导地位的沟通方式,广告经常是服务营销人员与顾客之间的第一个接触点,可以树立品牌在消费者中的知名度,具有告知、劝说和提醒的作用。

(二)直复营销

直复营销这种沟通形式包括信件、电子邮件和短信息等方式。这些沟通渠道会将定制的信息传递至高度细分的目标市场。如果企业拥有关于顾客和潜在顾客详细资料的数据库,那么直复营销策略就很可能成功。

(三)销售促进

销售促进属于运用激励措施进行沟通的方式。销售促进通常会根据时间、价格或者顾客群体等因素共同决定。销售促进的目标通常是让顾客尽快作出购买决策,使顾客产生稍后购买某种服务的动机,增加一次购买的数量,或者加大购买的频率。运用这些促销方式可以增加需求疲软时期的销售额,缩短新服务产品的导入期,加快顾客对新服务产品的接受速度。

(四)人员销售

人员销售是指在与顾客的人际接触过程中,努力教育顾客,使顾客产生对特定品牌或服务产品的偏好。许多企业,特别是那些B2B服务企业,都会拥有自己专属的销售团队,或者雇用代理机构和经销商代表企业进行人员销售。但是，对新的潜在顾客进行面对面销售的成本太高，成本较低的一个选择就是电话营销，即通过电话与潜在顾客和现有顾客进行沟通和联系。

（五）公共关系

公共关系包括企业通过新闻发布、举办会议、举办特别活动、发起由第三方举办的具有新闻价值的活动，来引起公众对企业的正面关注。公共关系策略的一个基本要素，就是筹备并发布含有企业、产品和员工的专题报道。企业还可以通过举办体育赛事和其他高端体育活动增加企业的曝光率。

二、服务沟通的作用

通常来说，服务沟通的作用主要表现在以下几个方面：

第一，提供企业服务产品的有关信息。告知消费者企业提供什么服务产品，如何提供以及相关服务产品的信息，这是服务沟通的基本作用。

第二，获得顾客对服务企业的忠诚与支持。有效的服务沟通有助于加强顾客对企业信息的理解和更新，及时消除顾客误解，解决服务争端，使顾客获得良好的服务质量感知。

第三，吸引新顾客。服务沟通能够对服务体验产生深远的影响，将其应用于服务前的选择流程，有助于企业吸引新顾客。

第四，向企业员工及公众传播相关信息。服务企业在经营流程中，不但要考虑企业及顾客的利益，也要考虑可能受到企业活动影响的公众的利益。因此，企业需要针对不同的公众群体制定公关方案，发布信息，进行宣传沟通，以保证公众对企业的良好评价。

第五，吸引潜在员工加入服务企业。服务沟通不仅在向消费者和社会公众传递信息，也在向潜在员工传递信息。企业通过沟通，建立起潜在员工对企业的期望，有助于吸引他们加入企业。

第六，保持或提高服务企业的公众形象。企业在公众心目中的形象不仅会影响企业的声誉和消费者对企业的评价，也会影响到企业的人才资源。服务沟通的一个重要意义就在于保持甚至提高企业的公众形象，获得公众信任。

三、服务沟通的策略

通常来看，企业可以采取五种策略做好服务沟通。这些策略包括应对服务无形性、管理服务承诺、管理顾客期望、管理顾客教育以及管理内部营销沟通。

（一）应对服务无形性

为了有效应对服务的无形性，企业一方面可以将服务特性和好处通过各种沟通方式清晰地传递给顾客,另一方面可以激发顾客对服务的正面口碑传播。如果服务企业能够认识到服务无形性带来的挑战,它们就可以主动选择有效的策略来进行应对。无论采取上面所说的哪种方法,所采取的应对无形性的策略都应该聚焦于让传递的信息变得富有戏剧性和令人难忘。为此,企业可以通过多种方法达到这样的目的。首先,企业可以使用描述性的语言示范服务经历。许多服务都是体验式的,而借助讲故事这样独具吸引力的方式来传播这类服务会非常有效。其次,企业应该让信息加工生动有趣。有效的服务营销传播会使顾客产生强烈的感官刺激或清晰的印象,并形成清晰的心理画面。再次,服务企业的营销传播应该关注有形物品。展示与服务相关的有形物品,有助于增强服务沟通效果。此外,服务营销沟通也需要在传播中突出服务员工。与顾客直接打交道的员工是服务的有形代表,也是服务广告的第二类重要受众。另外,服务企业还可以使用口碑营销。口碑营销也叫病毒营销,指的是顾客宣传产品信息并没有由企业支付费用。口碑营销有助于顾客帮助服务企业进行有效宣传。最后,服务企业需要管理好员工与顾客之间的关系,促进口碑传播。当顾客信任某一个特定的员工时,通常会产生积极的口碑效应。上面所分析的这些方法都有助于企业有效应对服务有形化,促进服务沟通。

(二) 管理服务承诺

生产实物产品时,作出承诺和传递承诺的部门可以相互独立地运营。然而对于服务来说,销售和营销部门承诺的是其他部门的员工能提供何种服务。由于员工的服务很难标准化,因此需要更多的协调和对承诺的管理,这种协调可以通过建立谨慎承诺和协调公司的所有营销传播来实现。

首先,服务企业需要谨慎承诺并力保兑现。企业在沟通中作出的承诺,会使顾客形成与之相对应的期望。企业在前期沟通时,可能为了吸引顾客作出一些超出实际能力的承诺,但却无法兑现,直接导致顾客在消费服务之后感到失望不满。过度的承诺不仅会影响顾客,也会对员工产生负面作用。长期让员工应对不能履行承诺的状况,会降低员工的工作满意度,打击工作积极性。因此企业需要谨慎地对顾客作出承诺。

其次,企业还需要协同外部传播。对企业而言,需要协调所有为顾客提供信息的外部传播工具。近些年来,除了一些传统的交流方式,如广告、企业网站、促销、公共关系、直复营销和人员推销之外,还出现了社交媒体、手机广告、植入广告等很多新的媒体方式可用于服务营销传播。服务企业需要确保通过多种传播方式对顾客所作出的承诺都能够一致化、协同化。

(三) 管理顾客期望

管理顾客期望的最有效的策略包括作出切合实际的服务承诺,为顾客提供服务保证,为顾客提供选择,提供针对服务效果评价的水平和标准等。第一,作出切合实际的服务承诺。对营销和销售部门来讲,在对服务的可靠性作出承诺以前需要了解服务的实际水平。为保证服务质量的传播有效性和恰当性,服务承诺必须精确地反映顾客在服务接触中的实际获得。第二，为顾客提供服务保证。服务保证是提供给顾客的关于服务的正式承诺。顾客如果知道企业提供了可信的服务保证并且相信企业会履行服务保证时，他们会乐意选择该企业的服务。第三，为顾客提供选择。管理顾客期望的一种方法是在服务的各个关键方面为顾客提供选择，比如时间和价格方面的选择。顾客如果作出选择，有助于巩固他们对服务的期望。第四，提供针对服务效果评价的水平和标准。有时候企业可以设立让顾客评估服务的相关标准。服务企业如果以可信的方式教育顾客，就会在帮助顾客建立评估系统的过程中占据优势。

（四）管理顾客教育

顾客必须恰当地扮演他们的角色，才能使服务更有效，如果顾客忘记扮演角色或者扮演角色不恰当，就可能导致失望。因此，服务企业应该积极通过与顾客交流沟通来进行顾客教育。首先，企业应该让顾客了解服务的过程。它们需要经常针对服务的每一个步骤，向顾客传播相关信息以作出提醒。其次，企业可以努力使服务效果符合企业标准和顾客的期望。很多时候，当企业提供服务时，甚至是提供有明确要求的服务时，都未能向顾客传播关于服务绩效的信息。在顾客对服务的质量不能确定时，企业向顾客传播服务质量保证的信息，有助于顾客形成对该企业的良好期望和购买意向。让顾客了解企业的服务标准或服务创新状况，可以提高顾客对该企业服务质量的感知。最后，企业应该在销售之后，让服务运营部门明确顾客期望。当服务销售给顾客之后，交由运营部门来提供服务时，向运营部门阐明顾客期望有助于使服务传递与顾客期望相一致。

（五）管理内部营销沟通

内部营销沟通可以是垂直的和水平的。垂直沟通既包括从管理层到员工的向下沟通，也包括从员工到管理层的向上沟通。而水平沟通是企业中跨职能边界的沟通。其他策略还包括建立有效的垂直沟通，并创建跨职能团队。

首先，建立有效的垂直沟通。企业必须向前端销售员工提供充足的信息、工具和技能，以保证他们成功地进行服务营销。向下沟通的关键是保证员工知晓企业外部营销的全面信息。在外部营销宣传之前，应该先让员工了解外部营销的内容，并让他们熟悉企业通过网络、分销或直接销售的方法。缺少这样的垂直沟通，对于顾客和员工都是伤害。

此外，企业也需要建立有效的向上沟通。向上沟通对于弥合服务承诺与实际服务的差距是必要的。在一线服务的员工比企业中的其他人更了解哪些服务承诺可以实现，而哪些服务承诺不切实际。建立员工与管理层之间的沟通渠道，可以积极地预防服务问题的发生，也可以在问题发生时尽可能地降低不良影响。

其次，建立有效的水平沟通。在企业内部各个职能部门之间的水平沟通，可以促进各个部门之间的工作协调，从而提升服务质量。例如，营销与运营部门之间协调，可以使营销沟通与实际服务相一致，进而减少顾客期望与实际服务之间的差距。建立有效的水平沟通的重要内容是建立服务营销与服务运营部门之间的沟通渠道。营销人员和服务人员之间的协调与沟通，对于为顾客提供满足期望的服务至关重要。

最后，企业需要创建跨职能团队。组建跨职能团队，可以让各个部门的工作相互协调，从而更好地满足顾客需求。团队里来自不同部门的员工可以一起研究顾客需求，从而设定相应的目标，这就是典型的跨职能部门建立直接沟通的方法。

四、服务促销

尽管服务促销与产品促销存在一些差别，但只要在应用中注意根据具体行业、市场目标和消费者群体制定促销计划，那些在产品促销中十分有效的方法也可以应用到服务促销之中。

（一）服务促销方法

服务促销方法可以基本分为价值增长和价值附加两类。价值增长类促销是通过调整数量与价格之间的关系来增加消费者对服务产品的价值感知。比如，打折和优惠券等就属于此类促销。价值附加类促销是指不改变价格或提供的服务产品，而免费给顾客一些赠品。比如，消费即送一些免费小礼品这种促销方式，使用情形相当普遍。具体来说，可以将服务促销方法分为七类。

1. 价格或数量促销

这类促销是非常典型的价值增长型促销，一般作为短期促销行为，在有限的时间段内提供。比如，在服务企业开业的第一个月，顾客可以享受八折优惠。这种促销策略可以在短期内提高企业现金流入。但是采用形象定价方法的服务企业应该注意，消费者会将价格作为判断企业服务质量和水平的依据，因此使用这种促销方式时要谨慎。

2. 优惠券

优惠券是价值增长类促销最常用的方式之一。这种优惠方式不是直接提供价格折扣，而是要求消费者持券方可以享受优惠。优惠券的获得形式可以分为三种。第一种是企业直接提供优惠券。第二种是提供给陪同最初购买者一起来的顾客。第三种是在消费者消费的基础上提供其他服务的优惠。

3. 签约返利

签约返利主要适合用于会员制的服务企业，比如教育机构、健身会所、美容院、电影院等。这些服务企业向那些申请加入企业的顾客收取签约费，为了吸引新顾客，服务企业可以将签约费减免，或者将其抵扣将来的消费费用。

4. 未来折扣

未来折扣通常适用于经常使用企业服务的顾客，比如酒店、航空公司的顾客。服务企业可以用这种手段来刺激顾客保持品牌忠诚度，避免顾客选择竞争品牌。例如，酒店向顾客发放不同等级的会员卡，等级越高享受的折扣越大，顾客累计消费满一定的额度，就可以获得更高等级的会员卡。

5. 样品赠送

样品赠送向顾客提供了试用服务的机会，比如，网上教育机构可以给服务者提供半小时的免费试听，游戏可以给玩家提供三次试玩机会。但是，在产品促销中颇为常用的样品赠送在服务业中的应用是比较少的，这主要是因为：第一，服务供应商很难像产品制造商一样，制造出较小的产品单位提供给消费者试用；第二，对于变动成本较高的服务，服务企业更愿意采用价格折扣或其他促销方式。

6. 礼品赠送

礼品赠送是价值附加类促销最常用的手段，它可以为无形的服务增加有形的要素，也可以促进消费者的购买意愿。比如，银行办信用卡赠送印刷有银行商标的雨伞，信用卡消费满一定数额可以用积分兑换礼品等。

7. 有奖销售

有奖销售是价值附加类促销的典型手段。服务企业可以规定顾客消费即可抽奖，或是按照顾客消费额设定抽奖的次数。有奖销售提高了顾客消费的参与度，增强了兴奋感，同时也为顾客作出购买决策提供了刺激因素。

（二）服务促销实施

为了确保服务促销的有效性，在服务企业选定了促销方法之后，还必须考虑促销执行中的注意事项。作为一种在服务业中尚未被企业熟练掌握并加以应用的营销沟通工具，服务营销人员很可能会在促销中走入误区。一般而言，过多地使用促销或是对促销投入太多精力，很可能分散对其他营销工具的关注，从而影响企业的发展。因此，服务企业在服务促销的实施中必须认识到以下几点。

第一，服务促销可能会提高价格敏感性。尽管服务促销能够刺激消费者，但同时也会提高消费者的价格敏感性。频繁的促销会逐渐使得许多消费者不愿意在非促销价格时购买产品。如果企业的大部分销售都是在促销情况下发生的，那么实际正常的价格在消费者看来就像是涨价了，从而变得毫无意义。第二，服务促销无法取代其他方面的创新。在促销活动中投入太多的人力或是资金，很可能会分散企业在其他方面的创新能力，比如价格差异化、销售渠道的构建等，而这些能力正是大部分企业长期健康发展的基础。第三，服务促销很可能演化成一场零和博弈。当竞争对手能够轻易发起促销活动时，促销大战就可能变成一场零和博弈，最终所有参与的企业都会遭到损失。在促销不能为行业带来额外的需求增长时，更是如此。

因此，服务企业必须精心设计促销活动，并谨慎地加以执行。

第四节 服务渠道管理

一、服务渠道的内涵

服务渠道是指企业为目标顾客提供服务时所选择的位置和传递方式,它包括企业如何把服务交付给顾客以及应该在什么地方进行交付。在服务营销当中,企业为了获得竞争优势,应该寻找适宜的服务交付场所,并制定有效的服务交付方式,开展良好的服务渠道管理,为顾客购买和使用服务产品提供便利。

一般来说,服务交付的场所有三种可能性:一是在服务企业那里进行服务交付;二是在服务需求方,也就是顾客那里进行服务交付;三是在第三方那里进行服务交付,如表4-2所示。

表4-2 服务交付场所的基本特征

基本特征	服务交付场所		
	顾客那里	服务供应商那里	第三方那里
适合的服务类型	●存在着不可移动的外部要素的服务	●存在着不可移动的内部因素的服务 ●高度标准化的服务	●在第三方处存在着不可移动的外部要素的服务 ●由第三方决定地点的服务
服务场所的例子	●家居清洁服务 ●管家服务	●银行服务 ●旅馆服务	●公路维修服务 ●租赁中介服务
关注的核心质量要素	●可靠性 ●及时性 ●员工的仪表 ●员工的可移动性 ●服务的周到性	●服务地点的基础设施 ●服务人员的可获性 ●服务场所的组织 ●服务场所的定位	●到达服务场所的速度 ●到达服务场所的便利性 ●及时性

一方面,有关服务场所的决策会受到服务的类型、市场相关因素和服务定位因素的影响。另一方面,服务场所的决策不可避免地会与其他服务营销决策紧密联系在一起。比如,在许多服务业中,服务质量在很大程度上是由服务场所的适合程度和服务场所的便利性所决定的。有时,选择不同的服务场所也会给企业的利益带来重要影响。比如,如果企

业选择在顾客那里交付,服务企业所要承担的费用可能就是把服务传递到顾客手中所需的费用;而如果在服务企业那里进行交付的话,服务企业可能要承担较高的维护费用。

不同类型的服务适合选择不同的服务交付场所。当服务存在着不可移动的外部要素时,到顾客那里交付服务是一种更好的选择。这种服务的例子包括家居清洁服务和管家服务。此时,服务企业应该关注的核心服务质量要素包括可靠性、及时性、员工的仪表、员工的可移动性以及服务的周到性。当服务存在着不可移动的内部因素或者服务属于高度标准化的服务时,服务的交付场所适合在服务企业那里进行。这类服务包括银行服务和旅馆服务。此时,服务质量的重要影响因素包括服务地点的基础设施、服务人员的可获性、服务场所的组织,以及服务场所的定位。当服务在第三方处存在着不可移动的外部要素或者服务是由第三方决定交付地点时,服务适合在第三方那里进行交付。这类服务包括公路维修服务和租赁中介服务。此时,服务质量的重要影响因素包括到达服务场所的速度、到达服务场所的便利性,以及服务的及时性。

二、服务渠道的形式

服务分销渠道的形式主要有直接渠道和间接渠道两种。不管是直接渠道还是间接渠道,大多是服务生产者选定使用的销售方式,当然有的时候受到服务产品具体特性的限制,服务企业别无选择地必须采取直接渠道或间接渠道。

(一) 直接渠道

1. 直接渠道的含义

当消费者进入服务的地点是由服务生产企业直接管理的销售点,有生产企业的品牌标志,这个地点是服务生产系统的一个组成部分,这类渠道就是服务的直接渠道。在直接渠道下,服务企业要加强与潜在购买者的沟通,应该采用便于消费者感受的方式,着装统一,标志醒目。

直接渠道是服务分销中最有效的渠道,这是由于服务的生产与消费同时进行的性质所决定的,此时通过企业自有渠道分销是最合适的形式。采用直接渠道销售的服务企业,由于其分销区域有限,一般限于一些地方性服务,比如医院、干洗店和理发店等。如果顾客人数多而且很分散,则要求服务企业投入更多,其分销组织会更为复杂。

2. 直接渠道的优点

服务企业采用直接渠道具有以下优点:

第一,有利于服务的生产者与消费者的沟通,实现企业对顾客关系的管理。服务的生产者与消费者的直接接触,有利于彼此沟通,并改善服务效果,甚至能带来其他好处。直接销售服务的企业能获取顾客信息,以此建立信息管理体系,并在此基础上提供恰当的服务,作为改善服务质量的基础。

第二，实现企业对销售渠道的完全控制，避免利用中间商带来的不利。采用直接渠道可以实现在服务供给上的一致性，建立标准，并根据标准来实施。企业还能够对提供服务的行为进行监督和奖励。对于员工的雇佣、解雇和激励的控制，也是企业自有渠道的一个优点。另外，企业可以自行增加或减少服务点，而不受和中间商之间签订的合同协议的约束。对于通过中间商进行销售的行业来说，由于中间商需要投入一定的资源，也要承担失去顾客的风险，为了保证自身能够获利，中间商可能会在分销过程中采取一些短视的行为，这可能会与服务企业的整体规划相违背。

第三，服务的生产者可以独享利润。在某些领域里，直接渠道是一种规则。比如，顾客都不接受通过中间商购买银行服务，而是直接找银行，银行没有其他选择，只有直接销售是可行之道，否则，就会失去顾客或无法发展。

3. 直接渠道的弊端

服务企业采用直接渠道也存在一些弊端。

首先，企业必须承担全部财务风险。当企业需要扩张时，必须由企业自筹全部资金并承担全部财务风险。有时，企业本来应该将资金投入到更能获利的用途中，却不得不将资金用于增加门店数量。直接渠道需要大量投资，消耗大量的管理精力和企业资源，成本比较高。

其次，地域的局限性。在这类因素所占比重较大的服务项目中，如果供需双方之间没有有效的联系办法，服务提供者的不可复制性便会造成服务市场的地域局限性。

最后，企业进入新市场需要付出较大的学习成本。企业虽然对自己的业务了如指掌，但不是在所有地区市场都是专家。因此，当企业向另一种文化地区扩张时，自有渠道的弊端就暴露无遗。在这种情况下，即使习惯采用直接渠道的企业，也会倾向于通过对当地环境更熟悉的中间商进入市场。

（二）间接渠道

1. 间接渠道的含义

服务产品从企业传递到最终消费者手中有不同的途径。企业可以凭借自己的设施和资源直接向消费者出售产品而无需与中间商合作，也可以借助中间商向消费者间接销售服务产品。直接渠道的替代方式就是通过中间商销售服务的间接渠道。中间商是独立于服务生产者的组织机构，可以是代理，也可以是零售商，也有较少的批发商。中间商的责任是间接的，只负责销售。

是否需要中间商和选择谁做中间商，对于服务企业非常重要。服务业的中间商是特殊的。服务分销通常没有中间商。即使有，也不行使中间商的所有职能，其作用有限。但在某些领域，中间商又是不可替代的。

2. 服务中间商的职能

尽管服务中间商的作用有限，但仍承担五种职能：

（1）在最合适的时间和地点将顾客引入服务销售系统。中间商帮助服务企业在顾客方便的时间和地点销售服务,中间商地域分布的广泛性,使服务可以在更长的时间、更多的地点进行销售。

(2) 提供各种信息引导顾客挑选。顾客往往对要购买的服务不是很了解,需要服务生产者和销售者与顾客进行直接沟通。中间商能缓解生产者人手不足的问题,帮助生产者向顾客提供各类信息。

(3) 提供给顾客可以挑选的不同服务品种。服务直销店往往只有单调的一种服务,而中间商可以代理各种服务,其中包括竞争性和互补性的服务,甚至可以将主要服务和附加服务打包销售,从而形成很强的消费吸引力。

(4) 向顾客提供服务承诺。由于服务至少有一部分是不可感知的,而且很难标准化,顾客不可能完全了解服务,是凭信任来购买的。中间商的介入具有很重要的作用,可以作为承诺者保证服务具有良好品质。

(5) 提供售后服务。服务生产者很难分出必要的精力去跟踪顾客,解答疑问,取得反馈信息,而中间商的加入可以改善这些状况。中间商辅助服务企业提供售后服务,有利于保持顾客忠诚。

3. 服务中间商的局限性

通过服务中间商进行分销也存在一些局限性。

首先,中间商很难采取和服务生产者一样的经营原则。中间商与服务生产者经常存在潜在的冲突。有时候中间商愿意为利润高的服务项目大量投入,但对推出的新服务项目则不愿冒风险。

其次,顾客往往会认为中间商提供的服务的质量不如服务生产者直接提供的服务质量高。顾客可能会倾向于认为经过多重传递的服务产品在质量方面会有所损耗。

最后,中间商的服务质量是否稳定的问题。授权中间商完成工作,使生产者丧失了对服务传递过程的部分控制权,又由于中间商提供的服务多种多样,顾客的态度也是多样化的,能否保证服务质量的稳定就成为问题。

4. 服务中间商的常见类别

服务企业最常使用的中间商有三种类别,它们结构各不相同,有些还相当复杂。

(1) 代理商

代理商是依据代理合同的规定受服务提供者的授权委托从事某项服务活动。代理商有权代表服务企业签订顾客和委托人之间的协议,代理商虽然不取得服务的所有权,但有合法的权利代表生产者出售并完成其他一些营销功能。比如,保险代理人接受保险人的委托,代表保险公司依据保险合同的规定招揽业务,代收保险费,接受投保人的投保单,从保险公司获得保险代理手续费。

(2) 经纪人

经纪人在市场上为服务企业和顾客双方提供信息,充当中介并收取佣金。经纪人主要的作用是为买卖双方牵线搭桥,协助双方进行谈判,向雇用他们的一方收取佣金。比如,电影明星聘请经纪人,通过他们去选择剧本、导演和演出场地,并商定出场费。

(3) 经销商

经销商是将服务产品买进后再售出的中间商,利润来自于进销差价,包括批发商和零售商。批发商主要是从事批发业务的服务中介机构,比如旅行社和旅游公司。零售商面向广大顾客从事服务产品的销售。比如旅游零售商,它们熟悉多种旅游产品,可帮助旅游者挑选适合的旅游产品。

三、服务渠道的选择

(一) 选择服务渠道的影响因素

企业在选择销售渠道时会受到许多因素的影响和制约,在作出销售渠道决策之前,必须对下列几方面的因素进行系统的分析和判断,才能作出合理的选择。

1. 产品因素

产品的性质、种类、档次和等级以及所处的生命周期阶段,会直接影响企业分销渠道的构成。高档产品最好采用直接渠道,反之,最好采用间接渠道。另外,产品组合的广度和深度也是影响销售渠道决策的因素。对于产品组合单一的企业,最好通过批发商间接销售;产品组合丰富的企业可采用较短的直接销售渠道。

2. 市场需求因素

销售渠道的设计要受市场规模大小、消费者购买频率高低、市场的地理分布以及对不同营销方式的反应等因素的影响。在市场规模较大时,为了便于消费者购买,需要服务产品在市场上广泛分布,并具有区域延伸性,因此应该选择较长和较宽的销售渠道,以此来覆盖市场,广辟客源。消费者购买服务产品的频率高,就意味着消费需求旺盛,企业的工作量相应增大,可以利用中间商通过间接销售渠道来完成销售工作。此外,如果消费者地理位置相对集中,则企业渠道可短一些,否则,只有采用间接渠道。

3. 企业因素

企业因素是指服务企业的资金能力、销售能力以及可向中间商提供的服务水平等。如果企业资金雄厚,就可以较为自由地选择和建立渠道。如果企业具有较强的销售能力、丰富的销售经验和优秀的销售人员,则适合选择直接销售渠道。此外,中间商也希望服务产品的提供企业能提供广告、交易展示等方面的合作,为销售产品提供良好的条件。如果企业做不到这一点,就最好自己销售。

4. 竞争者因素

竞争者因素对渠道设计的影响巨大,优秀的厂商可以据此建立竞争优势。企业在满足消费者服务需求方面,必须比它们的竞争对手做得更好,尤其面对强大的竞争对手时,才会有生存的可能和突破。

（二）服务渠道设计的原则

服务分销渠道设计需要遵循以下基本原则。

1. 畅通高效原则

合理的销售渠道，首先要符合畅通高效的原则，做到物畅其流，经济高效。尽管服务产品是无形的，但服务的销售渠道要保证信息、资金、使用权等方面的流通顺畅，并通过流通时间、流通速度和流通费用来衡量销售效率。

2. 适度覆盖原则

企业在设计销售渠道时，不能只考虑渠道成本、渠道费用和产品流程，还要考虑销售渠道能否将产品销售出去，并保证一定的市场占有率。因此，单纯追求降低销售渠道成本，可能导致销售量下降，市场覆盖不足，只有在规模效应的基础上追求成本的节约才是可取的做法。

3. 稳定可控原则

企业设计和建立销售渠道需要花费大量的人力、物力和财力，在销售渠道基本建立之后，企业一般不轻易对它作出更改。必须保持销售渠道相对稳定，才能进一步提高销售的经济效益。

4. 协调平衡原则

企业在设计销售渠道时，考虑自身经济利益是理所当然的，但是如果为追求自身利益最大化，而忽视渠道成员的利益可能会适得其反。因此在渠道设计时，应该注意协调和平衡各成员之间的利益。

（三）服务渠道的创新

随着信息技术和经济管理的发展，服务渠道的形式也出现了一定的创新。

1. 特许经营

特许经营是特许者将自己拥有的商标、商号、产品专利和专有技术以及经营模式等以合同形式授予受许者使用，受许者按照合同规定，在特许者统一的业务模式下从事经营活动，并向特许者支付相应的费用。特许经营适用于可以标准化或实际上可以被复制的服务，比如超市、便利店、餐饮等服务。

2. 自动分销渠道

自动分销渠道运用自动机器分销服务产品，比如 ATM、共享单车、航空高铁的自助售票等，都是在应用自助服务技术进行服务的销售和分销。

3. 网络分销渠道

网络分销渠道不需要直接人际互动，而是通过网络来销售服务的服务分销渠道。网络分销渠道所销售的服务通常是那些事先设计好，并能通过网络进行交付的服务。比如信息服务、网络教育服务和在线娱乐服务等。

1. （单选题）根据服务包理论，构成企业在市场上存在的基本理由的服务是（　　）。
   A. 核心服务　　　　　　　　B. 便利性服务
   C. 支持性服务　　　　　　　D. 附加服务
2. （多选题）服务企业可以选择的营销沟通形式包括（　　）。
   A. 广告　　　　　　　　　　B. 直复营销
   C. 销售促进　　　　　　　　D. 人员销售
3. （多选题）服务交付的场所主要包括（　　）。
   A. 在服务企业那里交付　　　B. 在顾客那里交付
   C. 在第三方那里交付　　　　D. 在竞争企业那里交付
4. （判断题）服务的无形性导致了服务的价格难以确定。　　　　　　　　（　　）
5. （判断题）由于服务的生产与消费同时进行，服务分销中最有效的渠道是间接渠道。　　　　　　　　　　　　　　　　　　　　　　　　　　　　　　（　　）

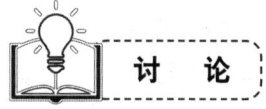

1. "服务之花"对管理者开展服务营销有何启示？
2. 除了成本、需求和竞争，企业服务定价的影响因素还有哪些？
3. 举例说明服务沟通对于企业的意义。
4. 服务的渠道管理与产品渠道管理相比有何区别？

泡泡玛特的潮玩 IP 品牌快速增长之路

泡泡玛特成立于 2010 年，是中国领先的潮流文化娱乐公司。发展十余年来，泡泡玛特围绕全球艺术家挖掘、IP 孵化运营、消费者触达、潮玩文化推广、创新业务孵化与投资五个领域，构建了覆盖潮流玩具全产业链的综合运营平台。2016 年，泡泡玛特推出的

Molly盲盒一夜爆火，助力公司成为盲盒产业的头部品牌，甚至将潮玩从一个小众的文化符号，变成一个全球化的消费现象。2024年，泡泡玛特推出的北欧森林精灵形象Labubu再度成为年轻人的新时尚。年初发售价599元的Labubu联名款，如今二手市场标价已达13999元，再现"千金难求一盒"的盛况。当下，泡泡玛特也被称为"塑料茅台"，某些款式出现了高达几十倍的溢价，被不少人视为新型理财产品。泡泡玛特至今已经成功打造10个过亿IP（即知识产权，指代网络上流行的文化产品），2024年上半年净利10.2亿元，东南亚市场同比增长478.3%。与此同时，公司业绩提升带动了股价的上涨，2024年10月23日，泡泡玛特公司发布三季度业绩之后，股价大涨18.52%，总市值重回千亿港元。把潮玩IP品牌之路走好、走宽、走至海外，泡泡玛特是如何做到延续增长神话，爆款频出？

1. 盲盒+IP，助力泡泡玛特快速成长

从潮玩百货到大牌奢侈品，盲盒如今已经不算是新鲜事。但是短时间内，"泡泡玛特＝盲盒头部"的品牌标签依然存在于消费者的认知中。随着国内潮玩市场不断扩大，泡泡玛特虽然处在市场高速增长期，却依旧能够依靠品类头部品牌的影响力优先吸引潮玩新玩家购买。一个爆火IP虽然能够带来巨额利润，但也必然会迎来消费者兴趣的衰减周期，只有持续稳定地推出新的爆款IP，才能够使品牌维持长久稳定的增长。

泡泡玛特的IP孵化能力也正在走向成熟。IP资源是潮玩品牌竞争的"军火库"，手握更多优质的IP意味着市场地位的稳固。泡泡玛特的自主产品主要分为艺术家IP和授权IP，其中艺术家IP的销量占到了总收入的90%以上。泡泡玛特的艺术家IP资源主要包含三大渠道：一是与知名艺术家达成长期合作。"初代网红Molly""世界明星Labubu"等销量王者IP都是泡泡玛特与知名艺术家长期合作的IP，是整体IP营收中的大头。二是借助展会、高校持续发掘签约全球人才。通过举办设计大赛、走访高校、展会等途径泡泡玛特会发掘签约其中的潜力人才。目前泡泡玛特头部IP"Dimoo"就是在潮玩展中被发掘的。三是内部设计师团队。泡泡玛特同样重视内部团队的组建，由内部设计师团队设计开发的"PINO""小野"等IP也受到市场的欢迎。

优质的IP资源需要配套完善的商业化流程才能最大限度开发出产品的变现潜力。凭借多年累积，泡泡玛特有经验丰富的内部创意设计及工业开发团队，自有IP从二维草图制定到推广方案仅需8个月。非独家IP和跨界合作落地时间也远短于业界平均水平。众所周知，IP潮玩生意的一大危机在于IP的生命周期问题，随着消费者对IP新鲜感的消退，产品的销量也会受到显著的影响。但泡泡玛特依靠快速上新、话题营销等长线运营策略，使公司的IP产品普遍拥有较长的生命周期。二手市场热度长期较高、社交媒体用户生成内容（UGC）也非常丰富。已经8岁的molly，至今销量仍然占到公司整体IP收入的15%以上。

2. 情绪价值+限量发售+全渠道营销，推动用户高黏性和高复购

泡泡玛特产品生命周期远超同行，其中一大重要因素在于用户的超高复购率。数据显

示,泡泡玛特的会员贡献销售额占比达到92%,会员整体复购率为50%。玩具品类天然具有为用户提供情绪价值的能力。相比毛绒玩具,手办玩偶虽然无法在触觉上提供良好的安慰,但其多样的款式和设计,能够容纳更多的情感表达,让用户在其中找到共鸣。在受到消费者喜爱的泡泡玛特爆款IP中,除了高辨识度的外观设计,它们通常也有着自己独特的性格和故事。不同IP、不同系列的产品能满足不同人群的情绪需求,让每个玩家都能从中找到"另一个自己"。

限量发售与饥饿营销更是泡泡玛特打造潮流爆款的重要方式。泡泡玛特推出一系列知名IP限量发售策略,如特殊款式、地区限定、乐园限定、节日限定等,越是难以买到的款式,消费者的抢购就更加狂热。为了抢购某个热门款式,年轻玩家甚至不惜跨市跨国排队购买。现在年轻人的新型投资不是股票也不是黄金,一些塑料玩具的溢价涨幅远超投资产品。泡泡玛特产品的二手市场长期高热,也对品牌有积极的宣传作用。99元的玩偶转手或许就能赚千元,徘徊圈外的兴趣玩家忍不住也想"赌一发试试"。在年轻人聚集的抖音、小红书、B站等,泡泡玛特也布局投放了大量营销内容。新品开箱、二创改娃、穿搭造景,与IP相关的讨论已经成为年轻人兴趣文化的一部分。泡泡玛特90%以上的私域群都是由玩家自主发起的,由于盲盒玩偶款式的随机性,玩家常常有着换娃、拼单等需求,自然而然形成了小型的兴趣聚集体。玩家们会在闲谈中相互种草,炫耀收藏。为了融入社群,核心玩家们也会持续关注、分享品牌的新内容,源源不断地为品牌生产高质量的UGC内容。

如果说泡泡玛特通过玩转"情绪价值"和"社交属性"打造了高黏性的用户社群,那么线上线下协同的全渠道营销模式,则是泡泡玛特完成高复购的关键。泡泡玛特通过将已购买的忠实用户吸引加入品牌社群,进行反复触达,有效提高了这些用户的复购。在线上,泡泡玛特全面覆盖各大电商,官方旗舰店平台合计拥有超千万的粉丝,输出优质内容不断吸引玩家关注。在线下,门店会引导进行免费会员注册、小程序积分。泡泡玛特无人售货机的抽取也需要扫码唤醒小程序才能操作。泡泡玛特通过线上线下360度合力引流,将用户沉淀在私域企业微信群和小程序中。进入线上社群的忠实用户,通过"在线抽盒机"和"成长性会员体系"被激发了二次购买欲望。泡泡玛特建立了分级会员体系,用户通过消费积分成为高级会员,同时完成拉新、互动等活跃任务,就有机会获得显示卡或提示卡,把盲盒变明盒。线上抽盒支持"摇盒""N连不重复"等功能,把开盲盒的刺激从线下完美复制到了线上,线上也能直接体验"不确定性的刺激"。创新性的线上抽盒和用户社群的高黏性相辅相成,为泡泡玛特带来了新的增长,高峰时期收入占比超过40%。

3. 搭建线下互动场景,与用户产生情感共鸣

乐园类IP大行其道之下,泡泡玛特走上了类似迪士尼的路径,成为了一家"售卖情感"的潮玩公司。泡泡玛特创始人王宁曾不仅一次对标迪士尼。近年来最受欢迎的IP——玲娜贝儿,并没有复杂的背景故事,却赢得了大众的喜爱。可见成功的IP并非仅依赖于

故事，而是需要找到与消费者产生共鸣的独特方式。为了这份共鸣，从2023年下半年开始，泡泡玛特有意识地在线下为Labubu创造更多与粉丝互动的场景。特别是2023年9月泡泡玛特城市乐园的开园，与迪士尼、环球影城模式相似，成为公司在线下互动体验上的新尝试。效果非常显而易见，用户们纷纷表示，"我从Labubu出生就喜欢，但完全爱上ta是从泡泡玛特乐园试营业见到天使一般的布姐本布开始""一次线下乐园，彻底在Labubu坑里坐死""从修建乐园，到试营业，再到正式开园，我去过很多次，乐园里角色非常纯粹，性格和背景故事中的一模一样，甚至更加灵动"。这种真实的互动体验，让粉丝们深度感受到了Labubu的魅力。而对于非盲盒玩家，社交媒体的二次传播和乐园视频切片引流破圈，成为不少人爱上Labubu的标准路径。粉丝和官方的创意活动，让Labubu的形象在社交媒体上持续火热，吸引了不少非盲盒玩家去乐园并成为其粉丝。

很多需要治愈的年轻人愿意为线下互动场景提供的"情绪价值"买单。有网友表示："在泡泡玛特城市乐园可以享受迪士尼那种跟玩偶互动的感觉，和Labubu搂搂抱抱转圈圈，打工人的怨气有被净化到""饲养员的语言表达能力一级棒，东西忘在队伍里好几次都是在互动完他们双手帮我们递出来的，真的很真诚！有次在泡泡街拍照，竟然有工作人员递过来一整束气球，还在旁边帮忙打光，之后还送我们贴纸，真的超级感动！"。氛围不仅限于IP本身，而是弥漫在整个乐园之中。不少人将Labubu称为"国产玲娜贝儿"。"一娃难求"的高热度、强情绪价值的乐园互动属性以及同样被粉丝称作"女明星"的相似点，快速辐射到了更广泛的人群。一方面，Labubu吸引了迪士尼和三丽鸥等IP的粉丝。后发制人的泡泡玛特，IP塑造能力十分强势且有效。另一方面，相比三丽鸥，泡泡玛特的版权保护做得更好，三丽鸥的很多盗版产品20块钱就能买到，没有限制；而泡泡玛特与迪士尼相比，多了盲盒这一品类，吸引了一批资深的盲盒玩家，这些人同样也是核心群体。

从潮玩发展趋势看，泡泡玛特正处于一个蓝海赛道，预计未来几年仍将以每年25%的速度增长。通过深刻理解消费者的需求和人性弱点，泡泡玛特成功地站在了市场的风口上，实现了快速的发展和增长。其营销策略不仅满足了消费者对美和玩的追求，更通过限量供应和社交属性，激发了消费者的炫耀心理，打造了一个成功的商业闭环。长久以来，众多国内IP公司都怀揣着打造"中国迪士尼"的梦想，但几乎没有公司看到希望，而泡泡玛特作为一家玩具公司，是否能够率先实现这一目标，继续保持其市场领导地位，引领潮流文化的发展，仍需要时间来验证。

参考资料：

微信公众号. 半年赚10亿，重回千亿市值，泡泡玛特潮玩"爆品打造"指南［EB/OL］.（2024－12－18）［2025－01－12］https：//mp.weixin.qq.com/s/vYKcGkE3lJuO79V_ZB0aUw；

微信公众号. Labubu的顶级运营术，狠狠拿捏年轻人［EB/OL］.（2024－11－29）［2025－01－12］https：//mp.weixin.qq.com/s/tZqhP_VQrSrTXoISvACWHg.

思考题

1. 泡泡玛特的盲盒模式如何利用消费者心理提升产品的吸引力和消费者购买欲望？
2. 泡泡玛特通过哪些营销方法，让用户喜爱盲盒并对 IP 产生高黏性、高复购？
3. 泡泡玛特的营销之路对其他文化娱乐类品牌的发展有何启示？

第五章

服务流程管理

开篇案例

故宫博物院提升游客暑期参观体验的新举措

每年暑期都是故宫博物院旅游的高峰期，大量游客同时入院游览导致游客体验感降低。2024年暑期，故宫博物院为了给游客带来更好的参观体验，采取了一系列措施。这些措施涵盖了入院流程、行李寄存与转运服务、卫生设施、医疗救助与休憩设施以及参观服务等多个方面。

在入院流程方面，故宫博物院开展了大量优化工作。午门安检岗亭增设了8条安检通道和32个检票口，大大提高了游客的通行效率。同时，中甬道开通了轮椅和婴儿车的专用无障碍通道，为有特殊需求的游客提供了便利。东西两侧分别设置了散客和团队通道，让不同类型的游客能更加有序地进入故宫。此外，还增设了研学通道，方便前来研学的青少年游客快速通行。未携带包裹的游客可直接走无包通道，进一步加快了入院速度。为了确保游客安全和参观秩序，故宫实行了安检前置措施，防止违禁品被带入。游客在购票时可提前浏览相关须知和禁带物品目录，以便更好地规划自己的行程。

行李寄存与转运服务也得到了明显改善。符合要求的物品可以免费寄存，这为游客减轻了不少负担。暑期前，故宫博物院更新了三辆运包车，运力大大提升。游客可以在午门寄存行李，然后在东华门或神武门的出口领取。发车频次根据淡旺季而定，淡季间隔1.5小时发车一次，而旺季则是1小时一次。如果游客着急取包，可以随时发车，一般15分钟就可以将行李送达领取地点。

卫生设施方面，故宫博物院在端门广场西侧和协和门以东两个排队集中区域增设了12个女性专用临时厕位，有效缓解了女性游客排队上厕所的问题。当隆宗门卫生间面临女性排队过长的情况时，便临时将其调整为女士专用，并引导男性游客至邻近的内西路卫生间。同时，故宫每天对卫生间进行两次整体消杀，不定时对重点部位单独消杀，确保了卫生环境的清洁和安全。

医疗救助与休憩设施也得到了完善。故宫博物院内一线区域的各个点位都配备了急救包，里面含有常规应急药品，并且分为大小两种，分别供不同区域使用。为了给游客提供更好的休憩环境，故宫结合院内日照特点，将开放区域的1151把路椅搬运至阴凉处，并调整了多个广场和区域路椅的位置。这样不仅可以引导和缓解客流，还能让游客在参观过程中有地方休憩。

在讲解服务方面，故宫博物院提供了具备40种境内外语音的自动讲解器，暑期每天配备不低于8000台，还确保暑期讲解员数量每天不少于70人，以便世界各地的游客都能更好地了解故宫的历史和文化。在参观导览方面，"故宫博物院"小程序能为游客提供多种游览路线及各类服务位置查询功能，方便游客规划行程。在6月18日至8月31日开放日期间，故宫博物院教育中心还推出了暑期公益体验活动，游客可以免费参加多种主题活动。只需关注"故宫宣教"微信公众号，即可获取活动场次信息。

参考资料：

新京报. 优化入院流程、增设临时厕所，暑期故宫提升参观体验［EB/OL］.（2024-07-18）［2025-01-12］https：//m.bjnews.com.cn/detail/1721285995129909.html.

第一节 服务流程的内涵与管理

一、服务流程的内涵

简单来说，流程就是在完成某件事时所遵循的某种顺序或秩序。最初流程这个概念在生产制造行业率先得到应用，比如，在零部件的加工流程中，从原材料开始要经过一系列的锻压和打磨等多道工序，才能完成某项零部件的加工。也就是说，流程是从原材料到成品这一系列要完成的工序。

在服务行业中，所谓服务流程，就是顾客购买和享受某种服务时所要经历的一系列程序。比如，到某家酒店入住时，一般的流程是：首先在网上浏览各类酒店信息，确定选择的酒店，到了入住时间时去前台登记，领取房间钥匙，然后入住，直到要离开时再到前台付费和交回钥匙，才能离开酒店。这一系列要完成的手续就是一般入住酒店的程序，也就是酒店的服务流程。

要想进一步认识流程的概念，懂得如何设计流程，必须以认识服务流程的主要特征为前提。从本质上讲，流程就是一系列的活动。不过服务流程和制造业的流程之间存在较大差异，接下来，本书将结合服务的特殊性来阐述服务流程的特征，这对具体的服务流程管理是非常重要的。

二、服务流程的特征

服务的特殊性决定了服务流程和制造流程相比存在重大差异，这主要体现在以下几个方面。

（一）服务流程的互动性

一方面，由于服务的一个显著特征就是顾客的参与，服务的生产流程离不开顾客的参与。比如，在理发时，顾客本人必须要到场，要参与到服务生产的流程中来，直到服务的流程结束后，顾客本人才能离开。顾客的参与和配合是服务获得成功的关键因素。另一方面，顾客要参与服务的整个流程，对服务流程的了解程度是很高的，所以有些顾客会自己提出一些特别的需求，希望服务企业能够予以满足。而且，顾客对服务流程本身是否合理，都会有自己的看法，并且可能会提出更好的建议。这就意味着顾客的建议是服务企业不断提高和改善绩效的重要源泉。

（二）服务流程的难以控制性

在服务过程中，顾客会参与到服务流程中来，并且服务的生产与消费具有同时性，企业难以对顾客的行为进行有效控制。一旦流程的某一个环节出现了问题，就可能导致顾客的不满意，而且原因可能是企业无法控制的。有些顾客的不满，也可能是顾客自身的原因。

（三）服务流程中员工的重要性

服务的交付都是通过员工进行的，员工的形象、技能和态度等都是服务的重要组成部分。因此员工的服务水平和服务态度都会直接影响服务的成败。在服务管理实践中，由于员工因素所导致的顾客不满往往占据很大的比例。在有关服务利润链的研究中也可以明显地看出，员工满意是顾客满意的基础。所以服务企业需要高度重视对员工的管理。

（四）服务流程的差异性

在当今以顾客为中心的时代，顾客需求的异质化程度越来越高。在服务业中，顾客需求的差异都是非常大的。虽然一般的服务企业都有一定的标准化流程，但还必须具有一定的柔性。只有这样才能满足顾客个性化的需求，实现顾客满意。例如，支付宝提供的理财服务，会根据用户不同的资产情况和风险承受能力，进行相关理财产品推荐，以便顾客选择适合自己的投资组合。

由于服务自身的特征，服务流程也有其自身的特点。对于提供服务的企业来讲，要了解服务的特殊性，有针对性地对服务流程进行管理，提高服务效率和顾客满意度。对顾客来讲，了解服务的特征是必要的，积极参与到服务中来，积极与企业互动，这样才能享受到满意和优质的服务。

三、服务流程的影响因素

服务传递流程会根据三个指标而发生变化，它们分别是：服务持续时间、员工的努力和服务传递的可靠性。

（一）服务持续时间

有些服务的过程大致相似，但服务的速度却不尽相同，技术可以加快服务的传递速度。服务持续时间包括5个关键要素，分别是任务时间、整个过程的时间、顾客接触时间、生产时间和等待时间。因此，许多因素都会影响服务的持续时间，包括服务步骤的数量、预订、设备等要求。

等待会引起顾客的焦虑和不满。服务等待问题的出现，不仅与服务企业的能力有关，而且与企业对顾客行为的预测以及企业的计划活动有关。因为服务无法储存，只能即时生产，所以在服务中，顾客总会等待。从顾客的角度来看，等待时间分为服务前等待、服务中等待和服务后等待。服务前等待包括三种情况，第一种是提前等待，也就是顾客早到了；第二种是服务延迟，也就是服务时间比规定的时间长了；第三种是排队等待，也就是按照先来后到的顺序，顾客排队等候。一般来说，等待时间越长，服务评价就会越低，顾客还会产生不安和生气。因此顾客对等待时间的主观判断也是十分重要的。

（二）员工的努力

员工的努力也会影响服务传递过程。员工的行为会影响服务传递过程，他们在移情性、响应性和保证性方面的能力与动机，既可能帮助强化顾客的体验，也可能会削弱顾客的体验。也就是说，对顾客的关怀以及服务的保证很大程度上都依赖于员工的努力。一些管理决策和管理方法可以影响员工的努力，比如，给予员工适当的资源、恰当的培训、充足的装备等。

（三）服务传递的可靠性

服务传递过程要向顾客提供他们希望获得的结果以及企业能够提供的服务。服务传递的可靠性是指为了达到这些目标，企业表现出来的一致性、可依赖性和真诚性。服务传递过程的可靠性是顾客感知服务质量的主要来源之一，也是衡量员工绩效的主要指标。

第二节　服务流程设计

一、服务流程设计的内涵

服务流程是服务企业向顾客提供的一系列的流程，或者说是顾客消费服务时要经历的一系列的流程，其最终目的是为顾客提供优质、快捷的服务。同时，顾客的需求与偏好以及顾客对服务与服务流程的评价，也会随着时间的推移而发生变化。因此，企业之所以能够持续地交付卓越的服务，往往离不开服务流程的设计。

服务设计被称为"服务系统设计"，服务系统设计由明确服务过程、识别容易失误的环境、经历时间框架、分析成本收益四个基本步骤组成，强调了服务行业的运作流程和工作设计与制造业存在的不同。

服务设计是服务企业根据顾客的需要所进行的对员工的培训、工作分派和组织，以及设施的规划和配置。服务设计主要包括服务系统中的流程设计、工作设计和人员安排以及服务系统规划、设施选址与布局、设备的选用与规划等。它的本质是对服务提供系统的设计。

服务交付系统类似于制造业中的生产系统，为了构建适当的服务交付系统，服务企业必须确定提供什么样的服务、在何处提供服务以及对谁提供服务。因此，在确定目标市场的战略决策过程中，必须明确服务交付系统的设计及运行方式。

在目标市场确定之后，就是确定服务产品。服务是通过服务台进行的，服务台是服务企业与顾客互动的界面。在各个服务台工作的员工好比是制造业第一线的工人，代表服务企业形象。服务企业所设计的成套服务都是经过服务台实现的。因此，服务企业要树立为在服务台工作的员工服务的思想。确定服务内容时，要弄清楚顾客经过服务台后获得了什么。另外，由于服务的无形性，服务企业不能像制造企业那样，通过事先展示自己的产品来了解顾客的需要。只有在为顾客服务之后才能了解所涉及的服务是否满足顾客的需要。

设计一项服务并不是容易的事情，尤其是那些在顾客必须到场的情况下才能提供的服务。为了设计出既令人满意又能为企业带来收益的服务，服务人员和运营专家需要共同合作。

二、服务流程设计的影响因素

考虑到服务流程的特点，企业在设计服务流程时需要重点考虑以下几个关键因素。

（一）差异化的程度

低差异化程度服务的提供，服务企业可以制定严格的服务流程，事先已准备好要提供的服务产品，对员工进行大量的一般的培训，只要求他们按照现有的工作规范进行操作，员工进行判断和选择的机会较少，员工的自主权通常不会很大。在这样的服务流程中，一般只强调质量稳定和快速。在这类服务的流程管理中，对员工规范化的培训和严格的规章制度是最关键的。但在此类服务流程中，员工的劳动强度相对较大，劳动大多是重复性的，员工容易感到厌倦，这就需要加强对员工工作压力的缓解。在高标准化的服务流程中，可以适当考虑顾客的自助服务，因为这种工作的程序变化不大，可以提供给顾客一定的工具和信息，帮助顾客自主完成一定的服务内容。

（二）服务流程的客体

所谓服务流程的客体，就是在提供服务时，服务人员所要处理的事务。服务流程的客体可以是有形的，也可以是无形的。比如，在干洗店中，服务人员所接触的客体是顾客的衣物；而在心理咨询室，咨询师接触的客体则是顾客的内心世界。服务流程的客体可分为三类：第一类是顾客的或者服务企业提供的物品；第二类是信息，包括接收、发送和数据处理等；第三类是顾客高度参与的服务中顾客发生的某些形态或者位置等的变化。因为这三种服务流程的管理重点是不一样的，服务流程的设计一定要考虑各自的特点，不能一概而论。

1. 对顾客或者服务企业提供的物品的服务流程设计

对于第一类客体的服务流程而言，服务的直接对象是顾客或者是服务企业提供的物品。如果服务的对象是顾客的物品，要对这些物品好好处理，千万不能损坏，而且要及时交还顾客。如果是服务企业提供给顾客的物品，则要保证物品高质量，而且准时提供给顾客。在为这类服务进行流程设计时，考虑的重点应该在对这些物品进行很好的管理。服务企业与顾客交接管理也是非常重要的，需要重点控制。比如，一些服务场所的存包处，顾客在进入服务场所之前，需要将随身物品放在这里保管，服务人员首先要做好登记并且发放号码牌，而且要保证物品的安全，最后及时准确地将物品交还给顾客。

2. 对信息的服务流程设计

对于第二类服务客体而言，往往是顾客要求服务企业提供某些信息查询或者信息处理的服务。在顾客提出这样的要求后，大部分的工作都是在后台完成。这样的服务要求服务企业有较高的信息处理技术和高技能的员工。员工需要有一定的处理非常规事件的能力，且员工的自主权比较大。这样的服务流程设计一般只会有一个大概的服务流程，服务人员需要根据顾客需求调整相应的服务流程。比如，苹果公司的售后服务热线的服务，在顾客拨通电话说明自己设备所发生的问题时，服务人员就需要迅速查找相关的解决流程，并且尽快清楚明确地传达给顾客。虽然顾客看不到这个查询流程，但服务人员必须保证提供给顾客准确、及时、有用的信息。

3. 对顾客发生形态或位置变化的服务流程设计

涉及第三类服务客体的服务，有理发、美容、健身、按摩等服务。这些服务使得顾客的某些形态发生变化。接受这类服务，顾客需要高度参与，服务人员不但要有较高的服务技能，还要有人际交往方面的技巧。顾客对这些服务是否满意，很大程度上取决于服务人员与顾客的沟通能力。在这种顾客高度参与的服务中，要给服务人员充分的自由和权利。当然，这类服务对服务人员的要求也是非常高的。因此，进行服务设计时，要充分考虑上述因素，采取有针对性的行动来管理服务流程中的关键步骤。

（三）顾客的参与性

顾客参与服务流程的方式通常有以下几种：第一种是顾客直接参与到服务的流程中，

与服务人员高度接触,比如理发。顾客在享受这种服务时,自己必须参与到服务流程中来,否则是不能完成这样的服务的。第二种是顾客在企业以外通过通信设备或者互联网和服务企业联系,间接地参与到企业中来。第三种是完全没有顾客参与的服务,这种没有顾客参与的例子最常见的就是咖啡自助贩卖机。在有顾客直接参与的服务中又可以分为以下两类:一类是与服务人员没有互动的自助服务,另一类是与服务人员有互动的服务。对于前一种顾客自助服务,这种服务的流程相对比较稳定,服务设计的关键是后台的处理程序和设备的支持。后一种服务中顾客与服务人员存在接触,这时服务人员的人际交往能力比较重要,对顾客满意的作用比较大。

在顾客间接参与和顾客没有参与的服务流程中,服务的流程和质量与顾客的相关度不大。服务质量的关键取决于服务企业内部的生产运作效率,这样的服务流程设计可以参考一般的生产性企业的服务流程设计,从流程的设计到人员的配备都可直接考虑效率因素。

三、服务流程设计的方法

(一)服务蓝图法的内涵

服务流程设计的一种常用方法是服务蓝图法。服务蓝图是一种有效地描述服务提供过程的可视技术。服务蓝图借助流程图,通过逐一描述服务提供过程、服务环节、员工和顾客的角色以及服务的有形证据来直观地展示服务。经过服务蓝图的描绘,不仅服务被合理地分解成服务提供步骤、任务以及完成任务的方法,更为重要的是可以识别出顾客同企业和服务人员的关键接触点,从而可以从这些接触点出发来改进服务质量。

服务蓝图直观上从以下几个方面展示服务,分别是描绘服务实施的过程、接待顾客的地点、顾客与员工的角色,以及服务中的可见要素。它提供了一种把服务合理分块的方法,再逐一描述步骤或任务、执行任务的方法和顾客能够感受到的有形展示。

(二)服务蓝图的构成

服务蓝图的构成如图 5-1 所示,整个蓝图被 3 条线分成 4 个部分,自上而下分别是顾客行为、前台员工行为、后台员工行为以及支持系统。

最上面的一部分是顾客行为,这一部分紧紧围绕着顾客在购买、消费和评价服务过程中所采取的一系列步骤、所做的一系列选择、所表现的一系列行为以及它们之间的相互作用来展开。例如,在出租车预约服务中,顾客的行为可能包括:决定叫车、打电话、等车、告知目的地、结账和下车。和顾客行为相平行的是两种类型的员工接触行为,分别是前台员工行为和后台员工行为。对于员工的行为和步骤,顾客看得见的部分是前台员工行为,例如,驾驶员的行为中顾客看得见的部分是乘客上车后询问地址、选择路线、开计价器,车辆行驶过程中的驾驶,到达下车地点的停车、报价、打印,结算车费时的唱票、找零、给票,乘客下车时的提醒、检查与告别。

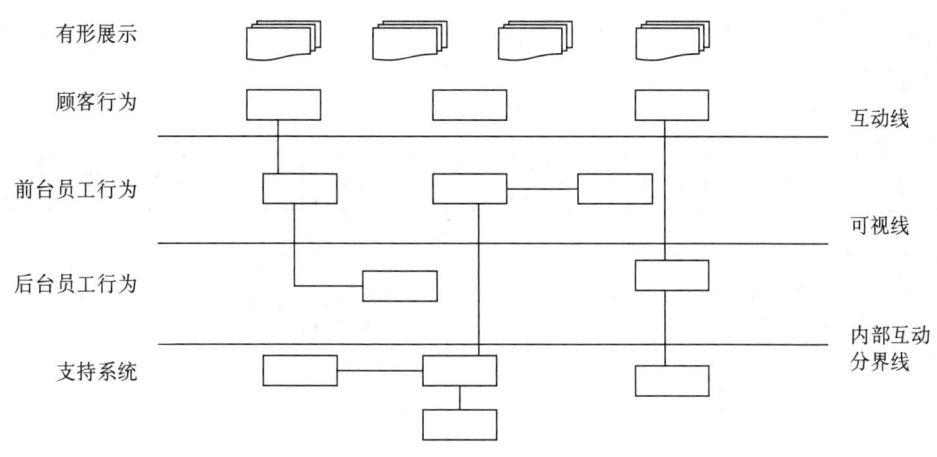

图 5-1 服务蓝图的构成

那些顾客看不见的、支持前台活动的员工接触行为是后台员工行为，在上述例子中，电话接线员接电话、某驾驶员接受调度中心的呼叫及时赶往约定地点，就属于后台员工行为。最下面的一部分是服务的支持系统，这部分涵盖了服务传递过程中所发生的支持员工的各种内部服务过程及其步骤和相互作用。在上述例子中，服务支持活动包括调度中心的呼叫、车辆的清洁、加油等。

以上4个关键的行动领域被3条水平线隔开。最上面的一条线是互动线，它代表顾客和服务企业之间直接相互作用，一旦有垂直线和它相交，就表明顾客和企业之间发生了一次接触。中间的一条线是可视线，它把所有顾客看得见的活动与看不见的活动分隔开来，通过分析有多少服务发生在可视线上下，就可对是否向顾客提供了较多的服务一目了然。可视线也区分了哪些活动是由前台服务人员提供的，哪些活动是在后台进行的。第三条线是内部互动分界线，也称不可视线，它把服务接触员工的活动与服务支持系统分隔开来，如有垂直线和它相交，就意味着发生了内部服务接触。

另外，在服务蓝图的最上部，每个接触点的上面都列出了服务的有形展示，它表示顾客在整个服务体验过程中的各个步骤中所能看到的或所接受到的服务的有形证据，如上述例子中的车、驾驶员的制服、计价器、发票等。

图5-2呈现了X电影院服务蓝图的示例。

（三）服务蓝图的设计步骤

服务蓝图的作用不仅表现在对服务过程的指导，更重要的是开发服务蓝图的过程中，会帮助服务企业识别各种问题。它有助于澄清概念、制定服务规划、识别在服务设计初期无法认识到的复杂性，并确定角色和责任等。服务蓝图的开发不是一个人或一个部门所能单独完成的，它需要诸多职能部门通力合作。开发服务蓝图会经历6个步骤，如图5-3所示。

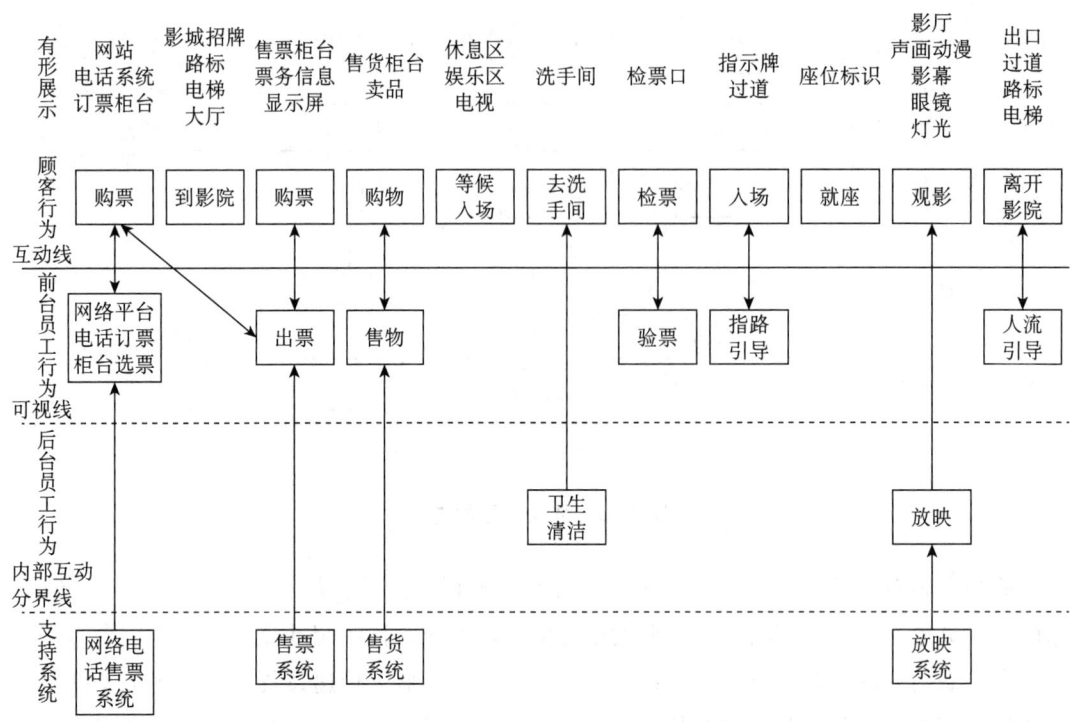

图 5-2 X 电影院服务蓝图示例

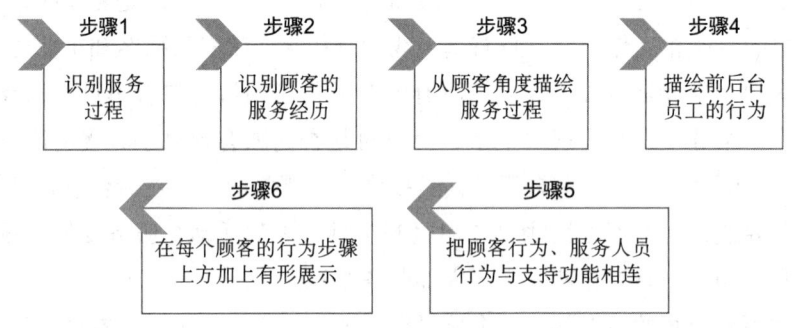

图 5-3 服务蓝图的开发步骤

1. 识别服务过程

首先要对开发服务蓝图的意图进行分析。服务蓝图可以有不同的开发层次，蓝图的复杂程度和深入程度也会迥然不同。如果需要的话，蓝图中的任何步骤都可以进一步细化为更为深入的蓝图，也就是子过程服务蓝图。

2. 识别顾客的服务经历

理论上可以将不同的顾客纳入同一幅蓝图之中，但是如果服务过程因为细分市场而有所不同，就应该为特定的细分市场顾客单独开发蓝图，此时一定要避免设计上含糊不清，要使蓝图效用最大化。

3. 从顾客角度描绘服务过程

该步骤需要描绘顾客在购买、消费和评价服务中经历的选择和行为。从顾客的角度识别服务，可以避免把注意力集中在对顾客没有影响的过程和步骤上。这就要求必须明确顾客是谁，确定顾客如何感知服务过程。如果细分顾客群体以不同的方式感知服务，则要为每个细分顾客群体描绘单独的蓝图。不过，服务企业对顾客感知服务起点的认识，可能与顾客的实际感知不同，为此服务企业需要特别注意。

4. 描绘前后台员工的行为

要从互动线和可视线开始，然后从顾客和员工的视角出发绘制服务过程，区别前台和后台服务。此时，可以向一线员工询问他们的服务行为，分辨出哪些行为是顾客可见的，哪些行为是在幕后进行的。

5. 把顾客行为、服务人员行为与支持功能相连

在蓝图的下端画出内部互动分界线，它可以反映员工行为和支持部门的联系。若干垂直的直线穿过三条分界线，把具有相关关系的顾客行为、员工行为和支持功能联系在一起。

6. 在每个顾客的行为步骤上方加上有形展示

这些有形展示列出顾客可以看到的事物，以及顾客在服务过程中的每一个步骤中所得到的有形物品。有形展示必须有助于服务过程，并且能够与服务企业的整体战略和服务定位相一致。

第三节 服务流程再造

在服务行业，服务流程是用来向顾客交付服务的一种方式。服务流程是否合理，是否能满足顾客的需求，会直接关系到服务的成败。随着顾客需求的不断变化，行业竞争也越来越激烈，企业现有的服务流程可能已不能满足企业发展的需要，这时就需要对现有的服务流程进行再造，以便更好地满足顾客的需求，提高企业竞争力。

一、服务流程再造的内涵

服务流程再造的概念是根据企业流程再造这个概念延伸而来的，是企业流程再造概念在服务企业中的应用。它是指按照需要对服务的流程进行优化或者重新设计，以达到预期的目标和计划。在此过程中，需要进一步思考现有的问题并将其反映在流程再造的过程当中，这样才能更好地满足顾客的需求，提高自身的竞争力。

二、服务流程再造的方法

目前关于服务流程再造方法的文献和案例都有很多,大致可以分为两类,分别是系统化改造法和重新设计法。其中,系统化改造法是现在最常用的服务流程再造的方法。系统化改造法是在现有的流程的基础上,根据顾客的需求或者内部管理的需要对现有的流程局部进行调整和改善,包括流程的增减、流程的简化、流程顺序的调整等,再造后的流程更能适应顾客的需求或者流程效率变得更高。一般在顾客的需求、消费行为发生较小的变化,或者外部的经营环境出现不大的变动时,采取这种流程再造的方法就可以满足顾客的需求和经营的需求。这种方法不涉及企业战略的重大调整,企业只是为了应付市场短期的变化而采取的一种服务流程再造的方法。但顾客的需求或者消费行为发生巨大的改变时,这种在原来流程的基础上进行服务调整和改善,是不能满足顾客的需求的,也不能给企业带来很大的竞争优势,在这种情况下企业就要对企业的服务流程进行重新设计。

服务流程的重新设计法是根据顾客的需求或经营的需要,撇开现有的服务流程,从想要达到的结果出发,完全重新设计服务流程。这种服务流程的设计一定要和企业的战略保持一致,设计好的流程将会是企业服务的基础。这种设计一般花费比较大,持续时间更长,需要企业高层的全力支持。在大多数情况下,很多企业都会采用第一种服务流程再造的方法。只有在企业面临巨大的变化时,如顾客的需求或偏好发生巨大改变,或者某项技术的出现对竞争环境产生很大的冲击,这样的情景下企业才会考虑采用全新的服务流程设计方法。

(一) 系统化改造法

系统化改造法在传统的服务行业运用较多,如餐饮和洗浴等。这些行业相对比较成熟,市场环境较为稳定,企业在遇到顾客需求或者偏好变化时通常采用这种再造方法,以便满足顾客的需求。相较而言,重新设计法往往在新兴服务行业中应用较多,如网上订票、银行业务和信息查询等,因为这些行业受到信息技术的巨大冲击,要彻底改变传统的服务流程,才能满足顾客的需求。

系统化改造法具体包括七个步骤。

1. 发现服务流程再造的需求

服务企业管理人员通过总结平时管理工作中的经验,或者参考和学习国内外的成功企业案例,深入分析企业的服务流程现状和管理体系,发现企业与成功企业的差距,或者在比较中发现有些业务流程确实需要进一步优化,尽管现有的流程还没出现很大的问题,企业的管理层还是发现企业有服务流程再造的需要,决定进行服务流程再造。

2. 成立服务流程再造任务小组

服务流程再造任务小组必须得到企业高层的支持,小组的领导应该由企业高层担任。

小组的成员包括服务流程直接的管理人员和服务流程的一线服务人员。这样的组织人员构成涵盖企业的各个层面，对服务流程的理解也是很全面的，这样最能反映流程的真实情况。服务流程再造任务小组是流程再造项目具体的执行者，小组工作的好坏直接影响着流程再造的效果。

3. 确定服务流程再造的目标

服务流程再造任务小组首先要做的工作就是要根据企业高层的意思以及在对企业分析的基础上确定流程再造的目标和范围。一方面在这一步骤中，任务小组要与企业高层充分沟通，了解他们的准确意见；另一方面也要了解企业内部流程的总体现状和企业的总体战略规划。这一步的主要目的是明确流程再造的目标，指引后续工作。

4. 分析企业现有的服务流程

这一步任务小组的主要任务是要充分了解企业目前的流程现状，包括每个细节。任务小组可以组织各级员工描述服务流程现状，描述员工的岗位职责，绘制现有的服务流程图。在对现有的服务流程进行分析时要有全面的观点，不仅要看到基本的服务步骤和员工的工作程序，还要看到流程背后的支持系统，只有在这样的视角下才能全面地看待服务流程，更加彻底地分析现有的流程。

5. 找出现状和目标之间的差距

在制订了服务流程再造的目标、了解了企业现有的服务流程之后，任务小组最重要的任务就是要找出现有的服务流程与制订的目标的差距，最主要的是找出造成这种差距的原因在哪里，并提出相应的改进措施。在这一阶段的工作中，任务小组应该集思广益，充分调动全企业员工的积极性。因为一线员工与服务流程接触最为紧密，对流程也最为熟悉，对其中存在的问题肯定也会有所考虑，如果能得到他们的支持的话，服务流程再造工作一定可以完成得更加出色。顾客是从他们的视角来看服务流程的，这也反映了顾客的需求和看法，因此他们的建议对于保证再造后的服务流程更加满足顾客需求有非常大的价值。

6. 提出服务流程再造的方案

在对现有的服务流程进行充分分析的基础上，找到与目标的差距，并分析原因所在。这一步的主要工作是在上一步零星的改进意见上，根据企业现有的资源和战略规划，系统地提出可行的服务流程再造方案，并提交给企业高层，进行讨论和修改，最后得到最终的服务流程再造方案。

7. 实施流程再造方案

有了服务流程的再造方案，下面的主要任务就是实施再造方案。好的方案并不等于好的再造结果，好的再造方案如果实施不好，再造的效果会大打折扣。实施流程也要和企业高层充分沟通，必须得到他们的大力支持，并且要动员全企业员工行动起来，了解新的服务流程，这样实施起来会更加到位。

（二）重新设计法

一般而言，利用重新设计法进行服务流程再造依次包括五个步骤。

1. 发现服务流程再造的需求

当企业的管理者察觉到某项技术的变革会极大地影响服务的提供流程，有些竞争对手已经采用这些技术进行服务流程的改造，而且出现很好的效果，顾客的需求也有极大变化，这个时候管理者就有进行服务流程再造的迫切需要。

2. 成立服务流程再造任务小组

对服务流程再造任务小组组员的要求一般比较高，因为在进行服务流程重新设计时，要求小组成员对本行业已经相当熟悉，对本行业的发展有一定的前瞻。再造任务小组组员必须得到企业高层的支持，小组的领导也应该由企业高层来担任。服务流程再造任务小组工作的好坏直接影响流程再造的效果。

3. 确定服务流程再造的目标

服务流程再造任务小组接下来的工作就是要确定服务流程再造的目标。任务小组在分析市场环境和技术变革的基础上，预测未来顾客的需求偏好，从而确定服务流程再造的目标。明确流程再造的目标，有助于指引后续工作的开展。在这一步中也要注意与企业高层加强沟通，确保新的流程符合企业的战略安排。

4. 提出服务流程再造的方案

服务流程再造任务小组根据对市场的了解和判断，而且对新技术采用上的问题已经有了深入的理解，提出初步的想法和企业各级员工进行讨论和修改。这个过程中可以邀请重要的顾客来参加，往往他们能提出较有创造性的建议。

5. 实施流程再造方案

有了服务流程的再造方案，同样下面的主要任务就是实施再造方案。实施的流程也要和企业高层充分沟通，必须得到他们的大力支持。服务流程再造是企业上下共同的事，要求大家齐心协力才能实现最终的目标。

对于服务流程的重新设计而言，在进行实际的再造流程中，重点在于确定顾客的需求和环境的变化，并了解这种变化更需要什么样的流程来适应，再重新设计服务流程。在用这种方法进行流程再造时，要注意企业的内部资源，要在企业资源允许的情况下来设计新的服务流程。离开企业实际情况重新设计流程是不可能成功的。

三、服务流程再造的原则

在进行服务流程再造时一般要遵循以下几项原则。

（一）服务流程再造要以顾客需求为中心

企业一切活动都应该以满足顾客需求为目标，当然服务流程的再造也不例外。任何技术或者产品导向的服务流程再造都是不可能获得成功的，只有真正从顾客需求出发的流程再造才可能获得成功。然而，今天很多企业进行服务流程再造的动机都是出于内部管理的要求，流程再造的目的是加强内部管理，而不是对顾客需求的满足。在这样的流程再造中，顾客的利益要服从企业的需要。企业忽视对顾客的真正关心，这样的服务流程是得不到顾客支持的。

（二）服务流程再造必须具有整体性

服务流程的再造绝不仅仅是与服务流程直接接触的员工的事情，它需要企业全体员工共同的努力。在顾客对某个服务进行评价时，肯定不会只评价服务人员的服务，影响顾客满意的因素有很多，以自助餐服务为例，虽然顾客与服务人员的接触评价固然很重要，但餐厅的环境、店面的装潢、食物和饮料的质量等很多因素都会影响顾客对服务的评价。所以，企业的员工必须知道服务流程再造需要全体员工共同努力才能做好，其成功有赖于大家共同的支持。

（三）设计与再造后的流程目标相一致的考评体系

虽然服务流程再造的目的是满足顾客的需求，为了让企业全体员工的行为都为共同目标而努力，就需要设计以顾客为导向的企业内部的管理体系和考评体系，以保证再造后的服务流程得以真正实施。有些企业在服务流程再造的流程中没有设计相应的考评体系，还是按原来的制度进行考评，结果好的再造方案最后没有得到真正的实施。所以企业内部的考评体系是保证企业员工的行为与再造目标相一致的重要手段。

（四）服务流程再造应强调顾客的参与

服务流程再造的目的是满足顾客的需求，因此进行流程再造的前提就是要了解顾客的需求。现在的企业可以通过多种渠道和方式来了解顾客的需求，但由于各种调查方案本身的缺陷或者是条件所限，不能准确了解顾客的需求。因此他们在流程再造时邀请重要的顾客参加，耐心听取他们的意见和建议；在新的服务流程实施以后再次邀请部分顾客来体验再造后的效果，听取他们的体会，若有问题则进行进一步的调整，直到基本满意为止。顾客本身了解自己的需求，但不一定能说出来，只有在实际的服务中才能体会得到。在进行服务流程再造的流程中要始终不忘顾客的参与这种重要的方法。

第四节　服务互动管理

一、服务互动的分类

在服务生产过程中，顾客不只是简单被动的消费者，还要积极地参与到服务生产过程中。因此，顾客总是要与服务人员、服务系统和服务设备等服务要素发生互动。

服务互动不仅是顾客与服务提供者之间的互动，还包括顾客与服务企业、服务系统和服务设施的互动等一系列活动。大致可以分成四类，分别是顾客与服务提供者的互动、顾客与顾客之间的互动、顾客与服务环境的互动，以及顾客与服务过程和服务系统的互动。这些互动组合在一起，就构成了整个服务经历。

（一）顾客与服务提供者的互动

这是服务当中最直接的互动，顾客与服务提供者通过这种活动共同生产服务。人与人之间的互动可以分为多个层次，除了语言还可以通过穿着仪态等非语言行为与他人进行沟通。

顾客与服务人员的互动可能是面对面的，也可能借助电话、电子邮件、网络、社交媒体等沟通方式得以进行。在服务提供过程中，与顾客接触的服务人员非常关键，系统、技术和有形资源都要依靠服务人员才能发挥作用。在关键时刻他们还能及时观察，并对顾客行为作出反应，从而识别顾客的愿望和需求，然后进一步追踪服务质量，在发现问题时及时采取对策。因此，企业必须通过对服务人员的培训，使服务人员具有高度的服务沟通技巧，有效地驾驭整个互动过程。随着科学技术的发展，越来越多的服务过程已经不再需要与顾客接触的服务人员。此时，当服务出现失误时，整个服务过程就显得很脆弱，甚至瘫痪。

（二）顾客与顾客之间的互动

在中度和高度接触的服务中，顾客与顾客之间存在着互动关系。比如，在娱乐场所，所有人都无法避免和别人的接触。有些服务的自身特性就要求顾客与顾客之间必须有互动。像使用飞机等交通工具的所有乘客之间会有互动，排队买票时每个顾客也都存在着互动关系。这种互动有时会对服务传递产生不良影响，从而破坏服务传递过程。如果其他顾客作出一些不恰当的行为，可能会影响顾客对服务的体验，甚至引发服务失败。在多数情况下，顾客与顾客之间的互动是难以预料的，也不好控制，因此服务人员必须对此做好充分的准备，一旦出现问题，需要立即作出有效的反应。

（三）顾客与服务环境的互动

环境对人的行为有重要的影响。在服务业，特别是顾客与服务环境互动过程中更是如此。这种影响会对服务经历产生直接影响，有时甚至会决定服务的成败。从全球范围来看，企业越来越重视服务环境的设计，以及作为服务要素的环境对顾客服务质量感知的影响。有些企业将服务环境设计作为与竞争对手的服务进行区分的工具。律师事务所用木隔板装饰办公室，在书架上堆积法律专业书籍，这些设计可以表达提供服务的可靠性和严格的职业素养。医院中明亮的灯光和庄重的白色，可以衬托医院的卫生状况和医疗行业的环境特性。

（四）顾客与服务过程和服务系统的互动

服务过程将服务传递过程中的人、产品、环境和科技协调整合在一起。服务过程不仅包括顾客到现场接受服务的过程，还包括服务的预定过程。把服务预订过程纳入管理范畴，可以促使企业有效把握顾客的服务需求，对服务需求作出科学的预测。例如，酒店可以通过顾客的预订服务，对服务资源作出合理的调整和配置。顾客与服务系统、服务人员和顾客之间的互动结果，对于顾客满意和员工满意会产生同样的影响。在良好的服务系统中，顾客感觉不到服务的运营，而且互动过程非常简单、方便，如果顾客难以与服务系统产生互动，就会加大服务人员的工作量。

从上面所描述的四个互动过程中，顾客可以通过与服务提供者之间的相互赏识、建立亲密关系来获取利益，得到定制化的产品、优先照顾、服务折扣、较低的搜寻成本以及更有针对性的沟通。同时，服务企业可以得到顾客忠诚、好的口碑、较高的顾客退出成本、较低的市场营销成本以及交叉销售的机会。

二、服务互动中的资源匹配

服务互动管理还需要重视互动过程中的资源匹配。人员、系统、技术和有形资源以及顾客，必须经过周详的规划和有效的组合，才能使服务过程产出具有竞争力的服务。服务风格与消费风格匹配模型说明了两种服务风格在服务过程中资源平衡的需求，如图 5-4 所示。与顾客接触的服务人员是关键资源，每个与顾客接触的服务人员都有自己独特的工作方式，称为工作风格。工作风格不仅受他们的专业技能的影响，还受对顾客的态度的影响。

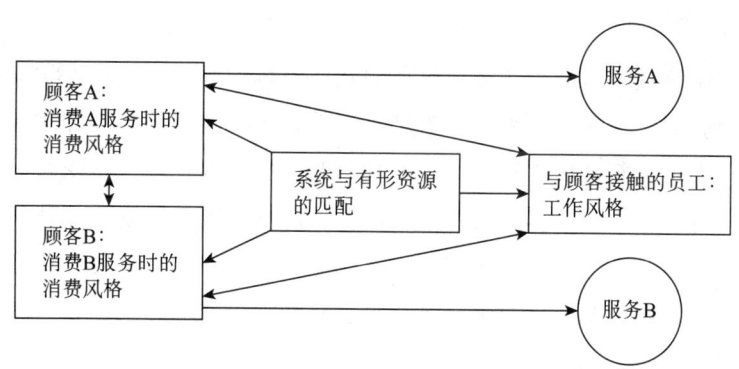

图 5-4　服务风格与消费风格匹配模型

首先，服务人员的工作风格必须与顾客的消费风格相适应。如果这两种风格不匹配，那么顾客就会感到服务质量低下。比如，吸烟顾客和非吸烟顾客、情侣用餐和商务宴请肯定无法在同一个环境中和睦相处。因此，员工的工作风格也要作出相应改变。

其次，系统和有形资源也要和与顾客接触的服务人员的工作风格以及顾客的消费风格相匹配。如果系统和消费风格不匹配，顾客对系统不适应，甚至感到参与服务很可怕，这就再次损害了顾客感知服务质量。比如，医院的排队系统、结账系统、治疗和接待设施必须与一线员工的工作风格以及患者的消费风格相吻合。如图 5-4 所示，不管服务 A 和服务 B 的基本服务组合是否相同，顾客对服务的感知还是会存在差异。因此，设计恰当的资源是前提，而两种资源之间的匹配程度决定了服务互动是否能够成功。

最后，支持人员的工作风格要与服务人员的工作风格相匹配。如果错位，企业内部气氛就会受损，与顾客接触的服务人员就会感到他们没有从职能部门得到足够的支持。

三、服务互动中的顾客参与

在服务过程中，顾客的参与会影响到企业的生产能力、企业相对于竞争对手的位置、企业的服务质量和顾客的满意度。因此，服务企业需要重视在服务传递过程中顾客有效参与的相关策略。顾客参与策略的总目标是提高生产力和顾客满意度，同时降低不可预测的顾客行为产生的不确定性。

（一）定义顾客的角色

服务企业需要确定顾客应该承担的工作是什么。顾客参与过程中可能承担的角色和任务包括以下四种。

1. 帮助自己

在许多情况下，企业会通过顾客的积极参与来提高顾客的参与水平。此时，顾客成为一种生产资源，完成一些在此之前由服务人员或其他人所完成的服务工作。顾客帮助他们自己的结果，不仅提高了企业的生产力，而且提高了服务的价值和质量，增加了顾客满意度。

2. 帮助他人

有时候可以邀请顾客帮助正在接受服务的其他顾客。比如，许多大学特别建立了辅导员项目，让有经验的学生帮助新来的学生进行调整并适应学习环境。许多健康俱乐部非常依赖现有的会员去帮助新会员进行适应，并且使新会员感觉到自己是受欢迎的。社交工具和在线游戏网站也非常依赖顾客之间彼此帮助，从而增强服务体验。这些例子表明，顾客完成帮助他人的角色，会再次为企业实现生产功能，提高顾客满意度和保留率。此外，扮演辅导员和促进者角色的顾客，对于顾客自身也有非常积极的影响，并有助于提高他们对服务企业的忠诚度。

3. 为企业促销

在某些情况下，顾客的工作可能包括销售和促销的成分。顾客在决定试用某一家企业的服务时，非常依赖于口碑。他们更愿意从实际使用过这些服务的顾客那里得到推荐，而不仅仅依赖企业的广告。许多企业都在想办法鼓励顾客成为他们的推销员和促销员。在线评论、在社交媒体分享服务体验，都是顾客推广服务企业的常用方式。

4. 注意个体差异性

不是每一个顾客都想参与，一些顾客喜欢自助服务，而另一些顾客则习惯让别人为他们提供服务。为其他企业提供教育和培训服务的企业，会指导一些顾客参与到培训设计中来，但有些顾客却希望将整个培训设计和传递都转交给咨询公司，自己只投入很少的时间和精力。如今，所有的顾客服务和购买选择都能通过互联网得到，但大量的顾客还是更愿意选择由服务人员进行服务传递，而不是自助服务。由于这些偏好上的差异性，企业应该为不同的顾客提供不同的选择。

（二）吸引、教育和奖励顾客

具体而言，首先，企业需要吸引合适的顾客。企业在教育顾客之前，必须吸引合适的顾客担任相应的角色。服务企业应该在它们的广告、人员推销和其他企业信息资料当中清楚地描述它们所期望的顾客角色及其应该承担的责任。顾客通过预知他们的角色和在服务过程中对他们的要求，可以选择是否进入这种服务关系。自我选择的结果是，提高了顾客对服务质量的感知，为企业降低了不确定性。

其次，企业可以教育和训练顾客有效地完成相应的角色。为了让顾客能有效地完成他们的角色，企业需要教育顾客或者让顾客社会化。通过这个适应过程，顾客会认同服务企业的价值观，培养特定情形下完成角色所必须的能力，理解企业对他们的希望和要求，并获得与服务人员及其他顾客互动的技巧和知识。顾客教育计划可以采取多种形式，比如上门推广、提供印刷材料、服务环境中设置提示等。许多服务企业推出了"顾客入门推广"计划，顾客在接受服务之前，企业帮助顾客理解其角色，以及他们将从服务互动过程中得到什么。如果顾客不能被有效地组织和培训，顾客的不当行为可能会给顾客、服务人员和企业带来消极影响。

最后，对顾客的贡献进行奖励。如果顾客因为有效地完成自己的角色而得到回报，他们将会更喜欢自己的参与角色，并在未来的服务中积极参与。奖励顾客的方式可以是提高顾客对服务传递过程的控制、节约顾客时间、节约金钱以及精神回报等。服务企业需要让给予顾客的奖励清晰明确，这样顾客才能意识到有效参与带来的好处。为此，服务企业需要明确顾客参与所能获得的回报和奖励。另外，企业也需要考虑给不同的顾客提供不同的奖励，一些顾客可能重视获得更多的权利和节约时间，另一些顾客可能更重视金钱上的奖励。

（三）管理顾客组合

在服务的供给和消费过程中，顾客之间常常会相互影响，因此服务传递中另一个重要目标是对同时接受服务的顾客组合进行有效管理。如果一家餐厅同时招待了两类不相兼容的顾客，会发现两类顾客很难共处。为此，企业需要对存在差异并且可能产生冲突的细分顾客群进行兼容管理。通常来说，兼容管理可以通过以下办法得以实施：第一种方法是通过合理的细分化定位战略，最大限度地吸引相似的顾客群。伊思卡尔顿酒店就使用了这种策略，高级旅行者是酒店的主要目标顾客。伊思卡尔顿酒店把这些信息传递给市场，从而吸引目标顾客选择入住该酒店并排除非目标顾客群体。第一种方法是为顾客制定行为准则。比如制定顾客在抽烟和着装方面的相关规定。不同的服务企业所制定的行为规则可能会不一样。提高顾客之间兼容性的第三种方法是训练员工观察顾客之间的相互影响，培养对潜在冲突的敏感性，并在特定的服务环境下促进顾客之间的积极互动。

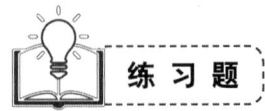

1. （单选题）每个与顾客接触的服务人员都有自己独特的工作方式，这被称为（　　）。
   A. 工作风格　　　　　　　　B. 消费风格
   C. 领导风格　　　　　　　　D. 组织风格
2. （多选题）服务系统设计由（　　）这几个基本步骤组成。
   A. 明确服务过程　　　　　　B. 识别容易失误的环境
   C. 经历时间框架　　　　　　D. 分析成本收益
3. （多选题）服务互动的类别包括（　　）。
   A. 顾客与服务提供者的互动　　B. 顾客与顾客之间的互动
   C. 顾客与服务环境的互动　　　D. 顾客与服务过程和服务系统的互动
4. （判断题）服务流程就是顾客购买和享受某种服务时所要经历的一系列程序。
   （　　）
5. （判断题）目前服务流程再造最常用的方法是重新设计法。（　　）

1. 服务流程及其管理对服务企业有何意义？
2. 管理者开展服务流程设计时应该考虑哪些因素？
3. 企业应如何选择服务流程再造的方法？
4. 管理者应如何针对不同的服务互动进行管理？

顺丰集团："三新"驱动，塑造物流新未来

作为亚洲最大的综合物流服务提供商之一，顺丰2023年配送快件总量119.7亿票，

较 2017 年增长近 3 倍，服务网络覆盖国内 2789 个县级行政区、全球 200 多个国家和地区。亮眼数据背后，是企业紧紧围绕"新模式、新技术、新动能"，不断优化服务流程，持续推进降本增效。

1. 新模式：创新配送方式，提升服务效率

首先，顺丰推出智能配送机器人"小丰"，开启零接触配送新时代。随着科技的飞速发展，人工智能技术在物流领域的应用日益广泛。顺丰集团推出的智能配送机器人"小丰"，犹如一颗璀璨的新星，在物流行业中绽放出耀眼的光芒。"小丰"已在多地投入使用，为物流配送带来了全新的变革。"小丰"具备先进的自主导航系统，能够准确识别周围环境，规划最优路径。无论是在繁华的都市街道，还是在复杂的楼宇内部，"小丰"都能如鱼得水般自由穿梭。其智能避障功能更是令人惊叹，能够及时发现并避开各种障碍物，确保配送过程的安全顺畅。此外，"小丰"还可以自动呼叫电梯，实现多楼层的高效配送。

这一创新模式不仅降低了末端配送成本，还极大地减轻了快递员的劳动强度。在传统的配送模式中，快递员需要花费大量的时间和精力在爬楼梯、找地址等环节上，而"小丰"的出现，将这些烦琐的工作交给了机器，让快递员能够更加专注于其他重要的任务。同时，零接触配送也符合疫情防控期间的要求以及后疫情时代一些客户的习惯，为客户提供了更加安全、便捷的服务体验。

"小丰"的精准配送能力也为客户带来了更高的满意度。凭借其先进的定位技术和智能识别系统，"小丰"能够准确地将包裹送达客户手中，避免了因地址错误、找不到收件人等问题而导致的配送延误。无论是在白天还是夜晚，无论是晴天还是雨天，"小丰"都能坚守岗位，为客户提供可靠的配送服务。

其次，顺丰利用无人接驳车实现人机协同，打造高效末端配送。无人接驳车是顺丰集团在新模式探索中的又一重要举措。这款充满科技感的车辆，以其高效、灵活、便捷的特点，为物流末端配送带来了新的解决方案。在一些大型园区、社区等场景中，无人接驳车可以与快递员协同工作，将包裹从快递站点快速运送到客户手中。它具有强大的运载能力，能够一次性运输多个包裹，大大提高了配送效率。无人接驳车的灵活性也非常突出，可以根据实际需求进行路线规划和调整。在遇到交通拥堵、道路施工等情况时，无人接驳车能够迅速找到替代路线，确保包裹按时送达。

无人接驳车的出现，不仅提高了配送效率，还减少了人力成本和交通拥堵。在传统的配送模式中，快递员需要驾驶车辆在城市中穿梭，不仅耗费时间，还容易造成交通拥堵。而无人接驳车可以在无人操作的情况下完成配送任务，减少了对人力的依赖，同时也降低了交通拥堵的风险。此外，无人接驳车还可以通过智能化的调度系统，实现车辆的高效利用，进一步提高物流配送的效率。

另外，顺丰采用无人机配送，积极突破传统，实现快速配送。顺丰成立丰翼科技，致

力于无人机配送技术的研发和应用。如今,顺丰已开通多条无人机航线,覆盖多方面业务,让快递配送提速。无人机配送具有速度快、不受地形限制、成本低等优势。在一些偏远山区、海岛等交通不便的地区,无人机可以快速将包裹送达客户手中,解决了传统配送方式难以到达的问题。例如,在一些山区,由于道路崎岖、交通不便,快递员往往需要花费很长时间才能将包裹送达客户手中。而无人机可以直接飞越山脉、河流等障碍物,将包裹快速送达目的地,大大缩短了配送时间。

同时,无人机配送还可以减少人力成本和运输时间。在传统的配送模式中,快递员需要驾驶车辆进行配送,不仅时间成本很高,还需要支付燃油费、车辆维护费等成本。而无人机配送只需要消耗少量的电能,成本更低。此外,无人机可以在空中直线飞行,避免了地面交通拥堵,进一步提高了配送效率。顺丰集团在无人机配送领域的不断探索和创新,为物流行业的发展带来了新的思路和方向。未来,随着技术的不断进步,无人机配送有望成为物流行业的主流配送方式之一。

2. 新技术:提升分拣效率,优化物流管理

在利用新技术提升包裹处理方面,顺丰打造了亚洲最大快递包裹处理系统,实现高效精准的智能分拣。在湖北鄂州花湖国际机场,顺丰在此投运其全国最大的中转分拣中心,并打造了目前亚洲规模最大的快递包裹处理系统。该中转分拣中心拥有总长52公里的分拣线,配备了先进的自动分拣设备。这些设备采用了智能化的分拣技术,可以根据包裹的目的地、重量、尺寸等信息进行自动分拣,大大提高了分拣效率。

先进的设备和技术也保证了分拣的准确性。在传统的分拣模式中,快递员需要手动分拣包裹,不仅效率低下,还容易出现错误。自动分拣设备通过扫描包裹上的条形码、二维码等信息,能够准确识别包裹的目的地和属性,然后将包裹自动分配到相应的分拣口。自动分拣设备可以在短时间内处理大量的包裹,并且准确率极高,有效降低了错分率。顺丰工程师表示:以前工人手持终端扫码逐一分拣快递,熟练工1小时最多800件,还难免出错;现在一台自动分拣设备1小时最高可处理6万件,而且快递错分率大幅降低。

顺丰还积极运用数字孪生技术开展虚拟验证,优化分拣计划。2023年,顺丰集团发布了首个物流领域大规模应用的数字孪生实践,在物流降本增效上再迈出一步。数字孪生技术是指通过融合应用大数据、仿真、VA(视觉分析)等技术,在数字虚拟世界中搭建一个从外形、内在机理构成到行为方式都和真实世界高度相似的孪生体,实现虚实融合的复合技术。这种将物理实体与数字模型相结合的创新技术,为物流行业带来了全新的管理模式。

通过对物流中转场进行数字化建模,可以在虚拟环境中模拟各种场景和操作,对分拣计划进行优化和验证。在实际运营中,物流中转场面临各种各样的情况,如包裹数量的波动、设备故障、人员调度等。数字孪生技术可以在虚拟环境中模拟这些情况,提前发现潜在的问题和瓶颈,为实际运营提供优化方案。例如,通过数字孪生技术可以模拟不同的分

拣策略，找出最优的分拣方案，提高物流中转场的运营效率和产能。利用这一技术，顺丰可实现 1 天内在虚拟环境验证并优化上千次分拣计划，实现了低成本、高质量的分拣计划切换，目前已在顺丰全国 70 多个中转场部署应用，实践中场地产能最高可提升 20%。

可见，从次日达、当日达到半日达、小时达，如今的顺丰快递时效一增再增，都与智能分拣、数字孪生等科学技术的发展与应用息息相关。

3. 新动能：赋能实体领域，助力产业发展

加速跑的顺丰快递有效将千行百业串联起来，为实体经济提供助力。

顺丰集团积极响应国家乡村振兴战略，将目光投向了广阔的农村市场，利用其高效的物流业务积极服务现代农业。例如，在四川省甘孜藏族自治州雅江县，顺丰的收派员能将农户刚采摘的新鲜松茸迅速收件、装箱，顺丰的飞手对接飞行信号、校对气象状况之后，无人机会迅速载着松茸从海拔 3500 多米的山上起飞，这些新鲜食材 24 小时内就能出现在城市消费者的餐桌上。为了确保松茸趁鲜出山，顺丰还在当地建立了松茸保鲜预处理中心，有效延长保鲜时长、提升发货时效。同时，顺丰投入多架次全货机，实现全程运输高效衔接，确保松茸及时送达各地。

此外，顺丰还为其他特色农产品提供定制化的物流解决方案，包括冷链运输、包装设计、仓储管理等。针对不同的农产品特点，顺丰制定了个性化的物流方案，确保农产品在运输过程中不受损坏。例如，对于易腐烂的水果，顺丰采用冷链运输，确保水果在低温环境下运输，保持新鲜度；对于易碎的农产品，顺丰采用特殊的包装设计，确保农产品在运输过程中不受挤压和碰撞。

通过与农民合作社、电商平台等合作，顺丰打通了农产品从田间地头到消费者餐桌的全链条物流通道。顺丰不仅为农产品提供物流服务，还积极参与农产品的种植、采摘、加工等环节，为农民提供技术支持和市场信息。通过助力松茸等 5500 多种特色农产品出村进城，顺丰集团为农民增收、农业发展作出了积极贡献。

除了进村助农，顺丰近年还积极推动快递业务服务先进制造业，从曾经产业链末端的"搬运工"到如今更多走进生产线，不断为打通产供销全环节贡献力量。在江苏，顺丰为新能源企业提供专用运输货架，提高了运输效率和安全性；在上海，为汽车公司售后零件中心提供仓储配送、信息协同等一站式供应链服务，使其配送时效比行业平均提升 20%。

通过与先进制造业的深度融合，顺丰集团不仅拓展了服务领域，还提升了自身的核心竞争力。顺丰凭借其高效的物流网络、先进的技术和专业的服务团队，为先进制造业提供了全方位的供应链解决方案。在零部件采购环节，顺丰可以利用其全球采购网络，为企业提供优质的零部件供应商；在仓储管理环节，顺丰采用智能化的仓储管理系统，提高仓储效率和准确性；在配送环节，顺丰可以根据企业的需求，提供定制化的配送方案，确保零部件按时送达生产线。

参考资料：

人民网. 顺丰强化科技研发，推进降本增效［EB/OL］.（2024-11-30）［2025-01-12］http：//finance.people.com.cn/n1/2024/1130/c1004-40372215.html.

思考题

1. 顺丰集团如何应用各种智能技术改善配送服务的模式和效率？

2. 顺丰集团在新技术方面采取了哪些措施提升分拣和转运阶段的效率？

3. 顺丰集团如何通过对接融合其他行业伙伴，赋能现代农业和先进制造业并提升自身价值？

第六章

服务环境管理

> **开篇案例**

西西弗书店的服务环境管理

成立于1993年的西西弗书店,是一家专注于人文、社科、艺术类图书的连锁书店。经过三十多年发展,西西弗书店已从贵州遵义一个不足20平方米的书店,成长为中国收入规模最大、连锁门店数量最多的民营书店。如今的西西弗已入驻全国近80座城市,直营实体连锁书店超过300家,活跃会员超过500万人,同时旗下还拥有Park书店、矢量咖啡等六个子品牌。站在实体书店行业持续变革的路口,西西弗打破了实体书店去图书中心化转型的怪圈,另辟蹊径,坚持以图书零售为主体,立志"打造最好的物理空间,做中国第一的文化企业"。在繁忙的都市生活中,西西弗书店以其独特的服务环境,为顾客营造了一个宁静、舒适的阅读空间。

1. 喧嚣商场中的复古宁静,吸引顾客光顾流连

西西弗书店以复古风格于喧闹商场中打造宁静空间环境,吸引寻求心灵满足的顾客。购物中心能一站式满足物质享乐,却难掩人们对精神满足的渴望与焦虑。于是,当走在看似繁华实则千篇一律的商场,在某个不经意的转角,邂逅的是一家虽身处闹市却无半分车马喧嚣的书店时,这本就是一种奇妙的空间体验。西西弗一改传统书店的单调格局,大胆采用复古式装修风格,外观精致而多元,气质庄重而沉稳,颠覆了人们对传统书店的刻板印象。在红色的门楼旁,左右矗立着饱满而又凸出的弧形橱窗,像极了货郎的"百宝箱"。鹅黄色的暖灯下,常常陈列着摆钟、油画、唱片、打字机、留声机等艺术气息浓厚的物件,既呈现出一种充满岁月感的美,又提升了西西弗在商场里的辨识度。即使西西弗并没有开在商场的中心,也很容易吸引消费者光顾。

2. 艺术殿堂般的第三空间,打造温馨阅读圣地

西西弗书店努力营造人文氛围,为读书人提供心灵栖息地。当放下繁忙的工作或结束疲倦的购物,刚一走进西西弗的"综合文化体验空间"时,便仿佛步入艺术殿堂。从书店

观感来看，西西弗以杏黄为主色调，装点着店内的书架，富有质感和人文气息。暖黄色的灯光令人感觉温馨舒适，灯光在主题区被加强，有助于刺激顾客的读书、购书欲望。舒缓的轻音乐，使精神得到闲适的放松，并营造出安静祥和的阅读氛围。作为工作与居住地之间可供独处的"第三空间"，西西弗给了每位读书人审视自我、深度思考的机会，使其在浓郁的书卷气中找到了心灵的栖息之所，令阅读成为一种精神享受。

3. 创新店型策略，融入城市文化特色

为使其服务体验更加多元，西西弗经过对书店和阅读的深入研究，细分出绿标、黑标、红标等三种标准店型。绿标店面向大众相对常见，且各个城市的书店几乎都是统一的"书店+咖啡+文创产品"布局。西西弗坚持连锁但不复制，每家门店风格都会结合不同城市、商业综合体的环境而作出相应调整，在"大同"与"不同"之间寻找平衡。例如，北京颐堤港店，以"喜阅生活"为概念主题，结合植物生长跨度进行空间构造，隐喻人生从年幼到成熟的各个阶段。西安的西西弗书店，则充分利用门外的橱窗空间，通过彩绘古城墙等方式展示其浓厚的文化底蕴，和西安的城市气息融为一体。

2018年，首家黑标店出现在山西太原，该店型目标市场定位于高端商业体，客群亦为消费潜力较高的阅读人群。在装修风格上，门店采用简单几何设计，主色调为沉稳冷峻的黑色，图书商品的内容广度与深度上也有所延展。同年，西西弗首家主要定位于家庭客群的红标店现身于北京华联常营店。该店型以红色为主基色，目标客群包括青少年或是刚刚组建家庭的年轻人群，主要经营家庭成长教育类书籍，空间风格温暖，阅读空间宽敞明亮。

参考资料：

微信公众号. 黔"驴"有技：西西弗书店的文商相融之道［EB/OL］.（2023-05-25）［2025-01-12］https://mp.weixin.qq.com/s/RARjCC3IofUgu63yxqa10g.

第一节 服务环境的内涵

一、服务环境的含义

服务环境是指服务企业中所有的有形要素，包括外部环境、内部环境和信息空间。

（一）外部环境

外部环境包括建筑物和周边环境。服务企业对建筑物艺术化的设计可以吸引顾客对建筑物的注意，增强顾客联想，这种艺术文化色彩也能起到传播服务信息的作用。服务企业的周边环境能对提供服务的特点和质量起到提示的作用。例如，旅游风景区周围简陋、陈旧的民宅一般不能拆除，因为它们起到向游客传达悠久历史文化信息的作用。再如，位于高档别墅住宅区的服务企业会向顾客传达高档服务的信息。

（二）内部环境

服务企业内部环境是影响顾客感知服务质量最重要的因素，在服务质量管理中被称作"有形证据"的，主要就是指服务企业的内部环境。服务现场的内部装修、灯光，甚至空气质量、湿度等都会对顾客服务质量感知产生影响。内部环境包括内部装修和布局、服务氛围、指示牌和告示。

1. 内部装修和布局

服务场所的内部装修和布局会对服务的特点及质量起到提示作用。服务内部环境的装修及布局是为了特殊的服务目的建立的。例如医院，不需要太华丽，但要能实现职能、完成任务，因此，办公室、咨询室、实验室和药房的有形展示同病人等候区、盥洗室和服务台一样重要。机场、学校等其他许多公共建筑也是如此。不同的家具，传统或现代，就可以实现环境的保守可靠或活泼热情的风格。例如，许多传统的中国饭店内，陈列着古色古香的红木家具和餐桌，向人们显示了其服务的特点，表明将向顾客提供传统的中餐；大堂的墙上也经常挂着黑白色调的老照片，向人们展示了饭店的历史渊源和重要地位。

2. 服务氛围

氛围是指环境的背景条件，如灯光、温度、光线、声音和气味，这些因素既影响服务的气氛，也影响顾客对服务环境的接受程度。宜人的温度、柔和的灯光和舒缓的音乐能传递浪漫、温暖而细腻的服务，强烈的灯光和欢快的音乐则能表示热情、豪爽的服务，不同的服务环境可以满足不同顾客的需求。氛围会影响人的感官，使人有所感觉。好的氛围会使顾客逗留更长的时间，进行更多的消费。在营销领域，主要集中于对音乐的研究。音乐的选择、节奏、长短等因素会对制造部门的工作产生影响。如果氛围因素一致，这种影响会变强。

3. 指示牌和告示

服务场所内设立的指示牌和告示是向顾客提供重要服务信息的有效手段。各种指示牌对于一些大型服务企业来说是必需的。例如大型购物中心，内部通常设置路牌或路线图告知消费者出入口的位置和商品所在的楼层。这样做不仅为消费者购物提供了方便，也加快了服务流通，提高了服务效率。

（三）信息空间

信息空间也是服务环境的一个重要分类。对于某些服务而言，互联网是唯一的"服务环境"。易于使用是网站成功和顾客使用互联网的主要原因，所以网站必须鼓励、吸引使用者浏览网页，这就要求网页的设计将各个职能要素与非职能要素联系起来，突出娱乐性，刺激顾客的视觉，延长他们的浏览时间。颜色和网站给人的感觉必须与网站传递的信息一致，向成熟的顾客提供高档服务，网页就应该避免浮标、flash和动画效果，因为这些更适合年轻的顾客。作为一种极具吸引力的服务环境,越来越多的企业正将它们的服务全部或部分放在网上提供。在网络环境下会使各种设计要比在现实中容易得多,而且能根据使用者的各种要求随时随地进行改变。

二、服务场景扩展模型

服务场景不仅包括上述服务环境,还包括顾客和提供服务的员工。也就是说,顾客和服务员工的行为在受到服务有形环境影响的同时,本身也构成了有形环境。

(一)服务场景扩展模型的内容

服务场景扩展模型如图6-1所示,它不仅包括顾客、员工与有形环境之间的互动,还引入了个人经历和空间环境两个因素,并且明确指出有形环境中顾客和员工的积极或消极行为,以及社会互动或有形互动的最终目的是使顾客产生良好的感知服务质量。

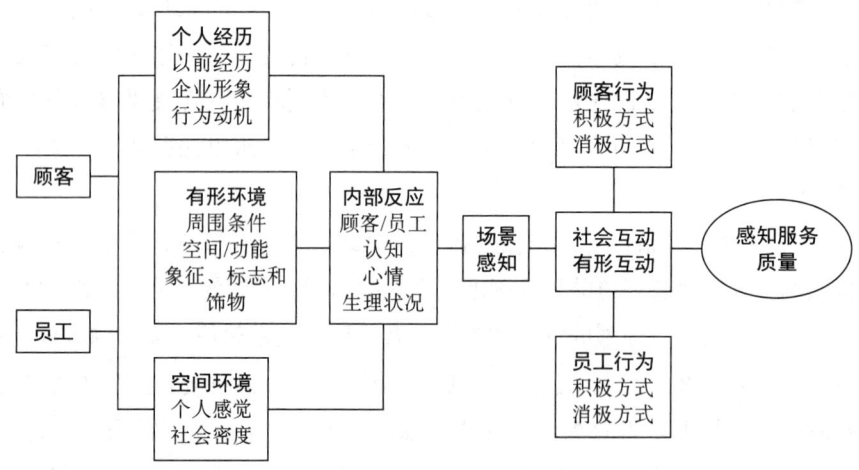

图6-1 服务场景扩展模型

该模型在服务环境的有形维度基础上增加了个人经历和空间环境两个因素。这表明,顾客和员工会将他们以往的消费经历、服务提供者在他们心目中的印象和他们自己的行为意向带入服务过程中,从而影响顾客对服务场景的感知,进而影响他们在服务场景中的行为。有形环境中的空间环境因素、环境中的人员数量、涉及的顾客及员工因素也影响着顾客和员工对服务场景的感知。此外,顾客与员工之间的社会互动、顾客与服务场景中有形要素的互动以及他们的行为最终形成了顾客感知服务质量。

(二)服务场景与环境的功能

服务场景与环境大致具有五种功能。

1. 服务场景与环境是服务的一部分

由于顾客要参与服务的生产,服务生产过程与服务消费过程同时进行,因此,服务场景本身就是服务的一部分。不同类型、不同层次的服务，会有不同类型的服务场景，两者必须实现有机的匹配。例如，不同星级酒店的装修、员工的着装等会有很大差异；不同级别的医院，其医疗设施、病房、候诊区域设计等也会有很大差别，这些都构成了顾客总体服务质量感知的一个有机组成部分。

2. 服务场景与环境是企业的包装

服务场景与环境的各种要素可以看作服务企业的"包装"，并以其外在形象向顾客传递各种"内在"信息，从而强化服务在顾客脑海中的印象，并促进服务企业形象的建立。许多企业都会花费大量时间和金钱布置服务环境，使其与品牌相联系，向顾客传递企业的品牌定位。例如，女士服装店内浪漫豪华的装饰和青春靓丽的导购员，使顾客一走进店内就有公主般的享受和体验，有的服装品牌还通过照片、图示、宣传册等来讲述品牌故事，以此进一步强化品牌的特色，给顾客留下深刻的印象。

3. 服务场景与环境便于服务的使用

服务场景与环境可以方便消费者的使用，这是由服务生产和消费的同时性以及服务过程顾客的参与性导致的。因为它们要求顾客必须身处服务环境之中，使用服务场景与环境，并在使用中感知服务质量。例如，超市中的商品陈列、促销信息、购物车和收银台都具有明显的使用功能。

4. 服务场景与环境有利于建立企业同顾客之间的关系

服务场景与环境有助于员工同顾客的双向交流，通过观察服务组织的周围环境、室内装潢和设计等，顾客可以形成对服务质量水平的期望。例如，高档西餐厅内典雅的装潢和彬彬有礼的服务人员就向顾客表明，他们可以在这里享受到一流的贵宾服务，而不是简单地品尝地道的西餐。

5. 服务场景与环境能展示服务特色

服务场景与环境可以传递服务特色，许多服务特色就是通过服务场景与环境的各要素来体现的。例如，身着旗袍的迎宾员和以宫殿名称命名的会客包间就向顾客展示了饭店的宫廷服务特色。

第二节　顾客对服务环境的反应

顾客对服务环境的反应是环境心理学在服务营销领域的新应用。本节将介绍与此相关的四个模型，分别是梅赫拉宾-罗素刺激反应模型、罗素情感模型、服务场景模型，以及服务场景的美学价值框架。

一、梅赫拉宾－罗素刺激反应模型

感觉是顾客对服务环境作出反应的主要动因。梅赫拉宾－罗素刺激反应模型如图 6－2 所示，它是个简单、基础的模型，清楚地解释了人们如何对环境作出反应。该模型来自于环境心理学，它阐述了环境以及人们对环境有意识或无意识的感知和解释如何影响人们在该环境下的感觉。人们的感觉会驱动人们对环境产生反应。感觉是这一模型的核心要素，正是感觉使人们产生后续的行为。例如，人们想离开某一环境是因为周围有很多人，产生了令人不快的拥挤的感觉，并且感觉被干扰。但是如果人们正在闲逛，或者正在节日中，那么面对同样多的人流人们会产生快乐和兴奋的感觉，这会使人们愿意待在这种环境中，并不断挖掘这种环境的妙处所在。

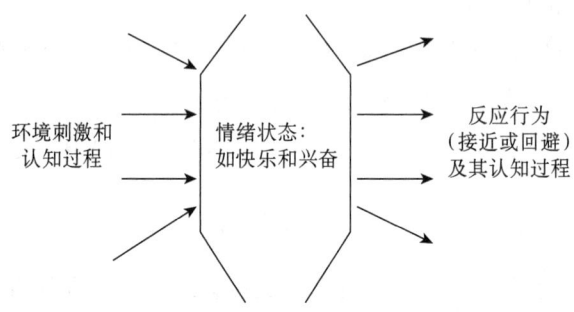

图 6－2　梅赫拉宾－罗素刺激反应模型

在环境心理学中，典型的结果变量有两个：对环境的接近或对环境的回避。当然，在服务营销中，营销人员可以补充一系列企业关注的结果变量，比如顾客在服务现场会花多少钱，以及在他们离开服务现场后对服务体验的满意度如何等。

二、罗素情感模型

罗素情感模型认为，由于感觉是人们对环境作出反应的核心要素，因此需要进一步研究人们的感觉。罗素情感模型广泛用于人们理解对服务环境的感觉。如图 6－3 所示，人们对环境产生的情感反应可以用两个维度来描述，即愉悦或不快和唤醒或沉睡。愉悦或不快是人们对环境直接、主观的反应，取决于个体对环境喜爱或厌恶的程度。唤醒或沉睡是指个体感觉被刺激的程度，其范围是从沉睡（内在活动很低的水平）到人体内分泌的最高水平，如当人们玩蹦极时，其内在活动达到很高的水平。与愉悦或不快相比，唤醒或沉睡缺乏主观性。唤醒或沉睡更多地取决于信息量及环境中的压力。例如，复杂的环境具有很高的刺激性，因为此时环境提供的信息量很大，环境中包含情感或变化、新奇或令人吃惊等因素，而信息量少且令人轻松的环境则具有相反的特点。

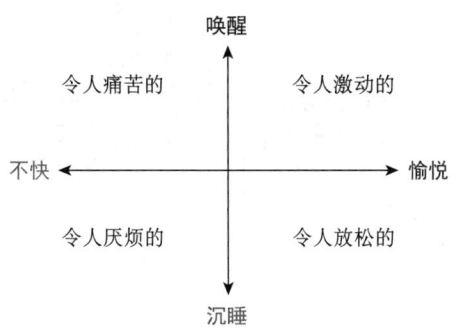

图 6-3　罗素情感模型

个体全部的感觉和情感怎么能够只用两个维度加以解释呢？罗素将情感中的认知部分从这两种基本的情感中分离出来，这样，某种服务失误给顾客带来生气的感觉可被解释为高度唤醒和不快，即在模型中定位于"令人痛苦的"区域。因此，该模型也整合了人们的认知过程。顾客把服务失误的原因归咎于企业，认为是企业的失误导致了目前的状况，而企业没有采取必要的措施防止失误再次发生，这种强烈的认知直接激发顾客的不满。同样，大多数其他类型的情感也可归类为认知的、有影响的部分。

罗素情感模型的优点是简单，它对顾客在服务环境中的感觉作出直接评价。企业可以预先设定情感目标。例如，经营蹦极或过山车等娱乐项目的公司希望顾客感到情感被唤醒，因为顾客在起跳前要鼓足勇气；舞厅或主题公园的经营者希望顾客感到很开心；银行则希望顾客感觉安全、有信心等。

三、服务场景模型

学者们从多个角度对服务场景进行了研究，主要涉及两种服务模型框架：一是探讨服务场景对行为的影响，即环境-使用者关系框架；二是服务场景的美学价值框架。

环境-使用者关系框架是由玛丽·乔·比特纳在环境心理学理论模型的基础上提出的，如图6-4所示。比特纳的模型框架的重要贡献在于她把员工反应添加到服务场景的考虑因素中。毕竟员工在服务场景中度过的时间要比顾客多很多。对于环境设计者而言，意识到具体的环境能够提高一线员工的服务产出和服务质量是至关重要的。

服务场景的环境要素可大致分为三类。一是周边条件，包括温度、照明、音乐、气味和颜色等，这些因素会影响人们对特定服务场景的感觉和反应。例如，有音乐相比于没有音乐，购物者会觉得购物环境更好，令人愉快的香味会增加顾客的停留时间。二是空间布局和功能。空间布局是指设施、设备和家具陈设的摆放方式，以及大小、形状和空间关系；功能是指相同的设施有辅助顾客或员工完成服务活动的能力。在零售业中，布局的灵

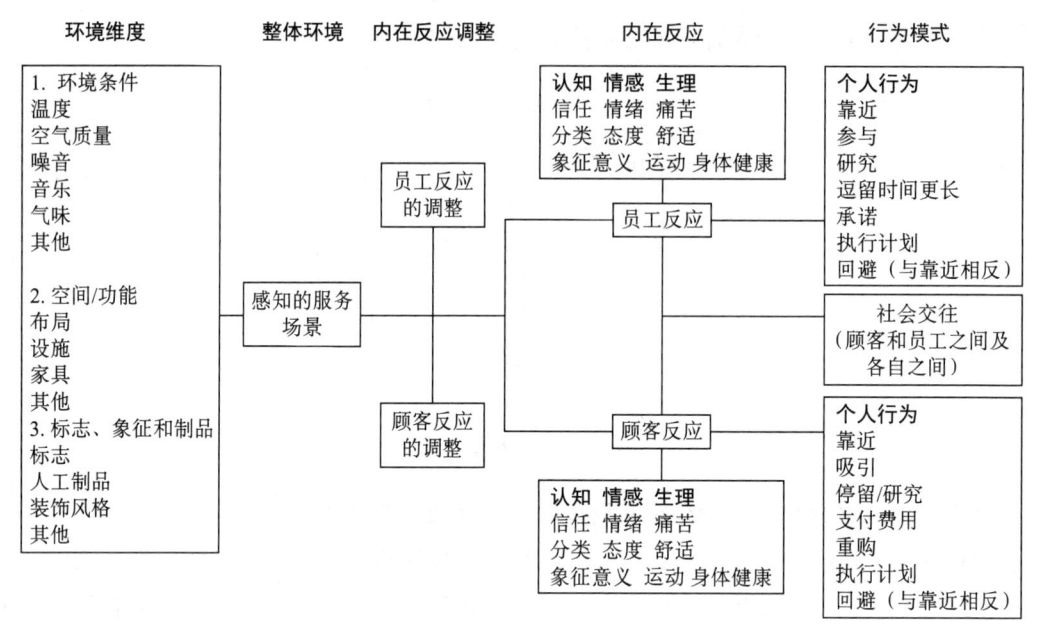

图 6-4　服务场景模型

活性和可接近性能够影响顾客的搜寻行为、顾客满意度及商店的业绩。三是标志、象征和制品，它们可以暗示某种含义，在顾客的头脑中形成第二印象，并能够帮助传递新的服务概念。当顾客对新的服务设施不熟悉时，会寻求环境中的提示来帮助自己进行判断和分析，从标志和象征上往往可以方便地获得有用信息，从而形成他们的期望。

内在反应是指顾客和员工对所处的服务场景在认知、情感和生理上产生的反应。人们感知到的服务场景并不能直接引起他们的某些行为，行为往往是在各种内在反应的相互作用和联系下产生的，人们对某个环境在认知方面的反应会影响其情感反应，反之亦然。内在反应的因素是指那些引起不同个体对同一个服务场景产生不同反应的因素，包括人们的个性差异和临时性状态，如当时的情绪和目的。

个人行为是指个人对一个地点或环境的反应，接近和回避是两种基本的个人行为。前者包括愿意参与、停留、研究和执行计划等，后者则恰好采取与之相反的行为。服务场景不仅影响顾客和员工的个人行为，而且影响顾客与员工之间的互动和交往。如身体的接近程度、座位的安排、空间的大小和环境要素的灵活性等，限定了顾客与员工之间、员工之间、顾客之间交流的可能性和限度。

四、服务场景的美学价值框架

随着服务企业间的竞争日益加剧，实施品牌差异也更具挑战性，于是服务场景的美学价值逐渐成为影响定位战略和沟通战略最主要的因素。美学价值是心理学、视学艺术和建筑学中的重要概念，近年来这个术语在商业领域流行开来，用于广告设计、企业标识和运营环境等，当然也包括服务场景。

瓦格纳整合了心理学、设计和营销方面的概念，提出了服务场景的美学价值框架，有兴趣的学者进一步提出了假设、识别概念和确定研究方法。这个模型框架结合了有关美学价值的客观概念和主观概念，如图6-5所示。客观概念来源于视觉艺术和建筑艺术，而主观概念则来自于心理学和营销学。之所以要把有关设计的客观概念整合到美学价值框架当中，是因为它们是形成人们主观心理的源泉，并且人们的行为是对美学客体的反应。

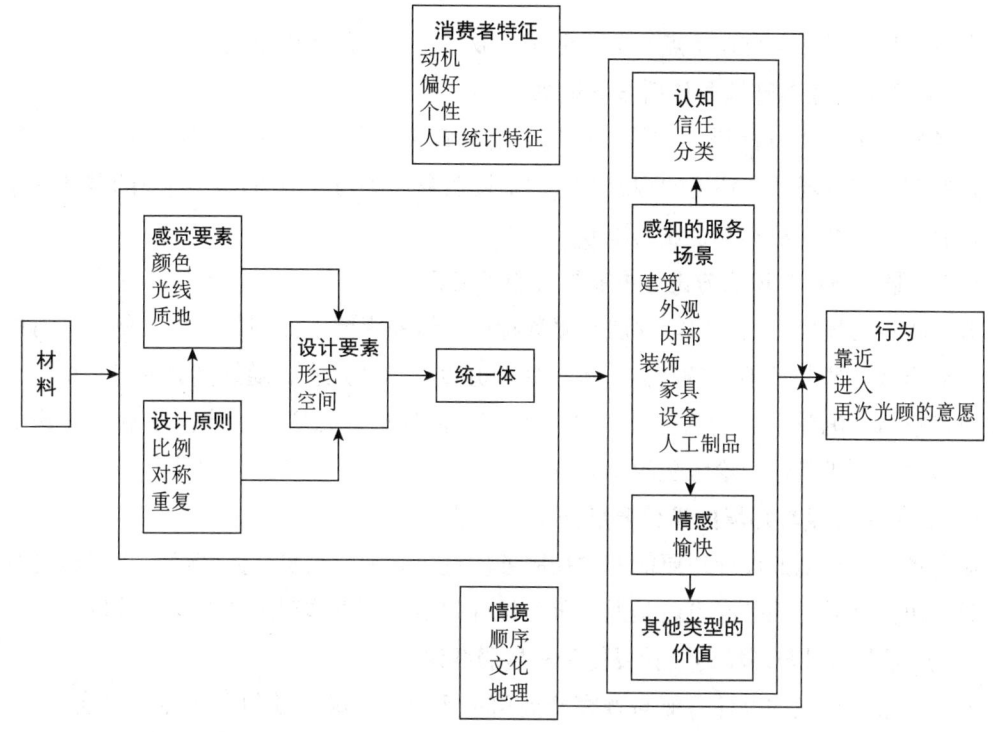

图6-5 服务场景美学价值框架

服务场景中有形的客体要素包括设计要素、感觉要素和设计原则，前两类要素在设计原则的作用下，结合成为一个统一体，进而形成顾客对服务场景的感知，并影响顾客的认知反应和情感反应。感知的服务场景影响认知反应和情感反应，这三者又在消费者特征和情境因素的调节下，共同形成顾客的行为反应。这个模型可以看作一个通用的美学价值模型，其中的概念可以应用于对任何客体的设计。营销人员也把它运用于对服务场景的设计。

第三节　服务环境的设计

一、服务环境设计的原则

服务环境的设计与行业特点有关，但是一般都遵循一些通用原则。

（一）服务场景与环境要传播服务理念

服务理念可以通过标语、口号、广告、公关宣传、公司内刊和领导人的言行进行传播，这些都是服务场景与环境的构成要素。借助服务场景与环境可以将抽象的服务理念具体化，有助于顾客理解不同企业的服务。

（二）服务场景与环境的设计要能展现服务特色

服务场景与环境的设计要能够展现服务特色，给顾客留下深刻的印象。例如，有的医院为了突出其"康复圣地"的特点，不仅在中庭设置了休息室，随处摆放着各类植物，而且设有信息台、咖啡台、病人接待处和礼品店，使病患放松心情，产生平和、安逸的感觉。这些都区别于其他门诊医院的设计。

（三）服务场景与环境的设计要烘托服务质量

服务场景与环境的设计还要能够烘托服务质量。通常，高贵、豪华的服务场景与环境可以显示出高品质的服务，也就是说，服务硬件的质量可以体现服务本身的质量。

（四）服务场景与环境的设计要便于开展服务沟通

服务场景与环境的设计要能与顾客开展信息沟通，使顾客获得关于企业的各种信息。例如，玩具吧这个企业通过各种益智玩具的摆放和活动设置，营造休闲、放松的氛围，使玩具不再是儿童的专利，成功地吸引了很多成年人，改变了玩具可爱幼稚的传统形象，成为成年人放松、沟通的场所。

（五）服务场景与环境的设计要能调节服务供求

服务场景与环境本身就是生产能力的一部分，因此，其设计要同服务供求的调节联系起来。例如，服务组织可以通过播放快节奏的音乐加快顾客消费的速度，而在没有需求或者需求很少的情况下，通过播放舒缓的音乐来增加消费者的逗留时间。

（六）服务场景与环境的设计要便于服务人员的管理

服务场景与环境的设计还要有利于服务人员的管理。服务场景与环境不仅能向顾客提供服务信息，也能向员工展示服务理念和服务标准。工作环境的设计会向服务人员传达企业的服务理念。优良的工作环境可以对服务人员起到激励作用。

（七）服务场景与环境的设计要与服务定价相一致

服务场景与环境的设计还要与服务定价相联系，支持服务的价格策略。顾客会通过有形要素判断服务价格的高低，从而判断服务水平的优劣。因此，不同的价格档次要有不同的环境标准。快捷酒店、商务酒店和假日酒店的环境标准是截然不同的。

（八）服务场景与环境的设计需要定期更新

服务场景与环境的设计需要根据外部环境和顾客需求的变化进行周期性的更新。随着时间的推移，服务场景与环境可能会变得不合时宜，顾客也会对颜色、设计、款式、速度等提出新的要求。所以，企业要想保持竞争优势，必须考虑到这一点。

二、服务环境设计的关键因素

一家服务企业要塑造良好的形象，受很多因素影响。营销组合的所有构成要素，如价格、服务本身、广告、促销和公关活动等，既影响顾客的观感，也是服务的实物要素。影响服务环境设计的关键因素主要有两点，分别是实物属性和气氛。

（一）实物属性

服务企业的外观会影响其服务形象。一栋建筑物的具体结构，包括大小、造型、使用的材料、所在位置以及与邻近建筑物的比较，都是影响顾客感受的因素。至于相关因素，诸如停车的便利性、可及性、橱窗门面、门窗设计以及招牌标志也很重要。外在的观瞻往往能让顾客产生牢靠、永固、保守、进步等印象。服务企业内部的陈设布局、装饰、家具、装修、照明、色调搭配、材料、空气调节、标记以及视觉呈现如图像和照片等，往往会创造出印象和形象。从更精细的层面讲，内部属性还包括记事簿、文具、说明小册子、展示空间和货架等。将所有这些构成要素合并在一起成为一家服务企业有特色的整体个性，需要相当的技巧和创造性。有形展示可以使一家公司或机构显示出个性，而个性在高度竞争和无差异化的服务市场中是一个关键特色。

（二）气氛

除了服务环境的实物因素以外，服务设施的气氛也会影响企业形象。气氛原本是指有意的空间设计，能用来影响买主。气氛对于员工以及前来企业接洽的其他人员，也都有重要影响。以商店为例，每家商店都有各自的有形产品布局、陈设方式，有些显得局促，有些宽敞。每家店都会给人留下不同的感觉，有的很有魅力，有的豪华，有的朴实无华。商店必须保持一种气氛，适合目标市场顾客，并能诱导购买。气氛由具有创造性的人设计，他们知道如何将视觉、听觉、嗅觉与触觉上的刺激合并利用来取得预期效果。

随着许多服务企业都开始重视气氛对服务场景设计的作用。那么影响气氛的因素有哪些呢？服务营销理论认为有以下5个因素：视觉、嗅觉、听觉、触觉、味觉。

1. 视觉

视觉向消费者传达的信息比其他任何感觉都要多，因此在设计公司服务场景，烘托服务氛围的时候，应该将视觉看作对服务企业最重要的因素。视觉吸引可以定义为理解刺激物的过程，它引起了感知的视觉关系。基本上，吸引消费者的三种主要视觉刺激是大小、形状、颜色。消费者从视觉关系方面来解释视觉刺激，它由协调、对比和冲突构成。协调感知涉及视觉认同，与较为安静、正式的商业环境有关。比较而言，对比和冲突则与令人兴奋、令人快活的非正式的商业环境有关。

2. 嗅觉

气味会影响形象。零售商店，如咖啡店、面包店、花店和香水店，都可以利用香味来推销产品。面包店可以巧妙地使用风扇将刚出炉的面包香味吹散到街道上；餐馆也可以利用香味达到良好的推销效果。

3. 听觉

听觉吸引可以充当三种角色，分别是情绪煽动者、注意力捕捉者和告知者。有意将声音加入到服务接触中的前摄方法可以通过音乐或通知来实现。音乐可以帮助设定消费者体验的情绪，同时可以吸引消费者的注意力或者向他们宣传企业的产品。声音也可以转移消费者的注意力，因为声音往往是气氛营造的背景，所以在服务场景中需要考虑听觉产生的效应。研究表明，背景音乐至少可以通过两种方式影响销售：首先，背景音乐可以提升消费者对服务场所氛围的感知，还可以影响消费者的情绪；其次，音乐常常影响消费者在服务场景中的消费体验。研究表明，消费者更关注那些在服务场所内播放背景音乐的企业。相关研究发现，饭店里提供服务的节奏和消费者的节奏都会受到音乐节拍的影响。当播放舒缓的音乐时，消费者消费的时间较久，饭店毛利要高，但是饭店还需要考虑播放快节奏的音乐以提高翻台率。

4. 触觉

当消费者触摸一个产品时，该产品销售的机会就会大大增加，但人们如何触摸无形的服务呢？如邮购销售商之类的服务企业如何才能拥有一个能够运送到消费者那里的服务有形部分呢？厚重质料座椅的厚实感、地毯的厚度、壁纸的手感、咖啡店桌子的木材和大理石地板的冰凉感，都会给顾客带来不同的感觉，并营造出独特的气氛。某些零售店以样品展示的方式激发顾客的感觉，但有些商店，如玻璃店、陶瓷店、古董店、书廊或博物馆，就禁止利用触感。不论何种情况，产品使用的材料和陈设展示的技巧都是重要因素。

5. 味觉

味觉吸引相当于向消费者提供一些样品。在服务行业中，营造服务氛围时，味觉吸引的运用取决于服务的有形程度。例如，饭店可以运用味觉吸引顾客。在试用企业的服务样品时，顾客就会有机会去观察企业的有形展示并形成对该企业及其工作能力的感知，因此，运用样品的企业应该将试用过程看成一个机遇而不应去迎合一群想要免费东西的顾客。科特勒认为，气氛可以变成一种适当的竞争手段，尤其在竞争者越来越多、产品与价格的差异较小以及产品针对特殊服务阶层或特殊生活方式的顾客时。

三、服务环境设计的步骤

服务环境设计可遵循以下四个步骤，依次为调查服务环境、确定服务环境的设计目标、画出服务环境蓝图、协调各个职能部门。

（一）调查服务环境

设计服务场景的前提是进行服务环境调查，通过调查了解顾客对不同类型的环境的偏好和反应。常见的调查方法有问卷调查法、观察法和实验法。顾客导向是任何服务营销决策必须坚持的观点，只有在顾客认知基础上设计的服务环境才能发挥服务环境的作用，达到预期的效果。

（二）确定服务环境的设计目标

在设计服务环境之前，明确服务环境的设计目标十分必要。服务环境的设计目标一定要与服务产品的概念和企业的总体目标或愿景相一致，否则容易导致服务信息之间的不一致甚至冲突。因此，设计者一定要明确基本的服务概念、目标市场，企业对未来的构思要明确，要知道目标是什么，然后决定展示策略如何提供支持。很多展示的决定和实施与费用相关，因此，必须进行专门的计划和执行。

（三）画出服务环境蓝图

服务环境蓝图是一种有效描述服务展示的方法，它有多种用途，要从视觉上抓住有形展示的机会时它们特别有用，人、过程和有形展示在服务蓝图上都可以明确地表示出来。从图上可以看出服务传递所涉及的行为、过程和复杂性，人员交互的点，这些点提供了展示的机会和每一步的方法。服务环境蓝图给出了在顾客行动时所提供的每一步服务。服务环境蓝图非常有用，它清晰、条理性地提供了一个文档，记录了某一特定服务情形中存在的有形展示。

（四）协调各个职能部门

服务有形展示的设计过程可能需要企业不同部门的参与。例如，有关员工制服的决定由人力资源部门作出，服务环境设计的决定由设备管理部门作出，加工设计决定由业务经理作出，广告和定价决定由营销部门作出等。各职能部门之间的协调工作至关重要，有必要组成一个服务环境设计的多功能小组，以对各职能部门进行协调，并对服务环境的战略和设计等作出一致的决策。

四、服务环境设计的工具

管理者、监督者、分店经理及基层员工对消费者的行为和消费者对服务环境的反应需要具备敏锐的观察。通过使用意见箱、焦点小组访谈和其他调查工具，从基层员工以及顾客处收集反馈意见和各类创意。现场观察可以用来加强服务环境设计中的某些方面。例如，营销人员可以将许多类型的音乐与气味搭配，然后关注消费者在不同环境中的消费金额、停留的时间和他们的满意度。

成功的市场营销活动的关键是管理与无形服务相关的有形因素。顾客总是在服务环境、信息沟通和价格中寻找服务的代理展示物，用来指导其购买选择。加强对有形展示的管理，努力借助有形元素来改善服务质量，树立独特的服务企业形象，对企业成功开展市场营销活动非常重要。

1. （单选题）设计服务场景的前提是（　　）。
   A. 调查服务环境　　　　　　B. 画出服务蓝图
   C. 协调各个职能部门　　　　D. 开展服务场景设计
2. （多选题）服务环境包括（　　）。
   A. 外部环境　　　　　　　　B. 内部环境
   C. 信息空间　　　　　　　　D. 宇宙空间
3. （多选题）服务场景与环境的设计需要满足（　　）的原则。
   A. 展现服务特色　　　　　　B. 烘托服务质量
   C. 便于开展服务沟通　　　　D. 便于服务人员的管理
4. （判断题）梅赫拉宾-罗素刺激反应模型解释了人们如何对服务环境作出反应。
   （　　）
5. （判断题）罗素情感模型的优点是简单，它对顾客在服务环境中的感觉作出直接评价。
   （　　）

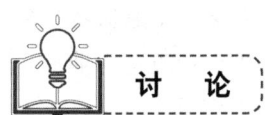

1. 举例说明服务环境会对企业哪些方面产生影响？
2. 企业为什么要关注顾客对服务环境的反应？
3. 企业在设计服务环境时，应该考虑哪些因素？

绿茶餐厅何以在"美食荒漠"中突围

2008年,第一家绿茶餐厅于杭州西子湖畔开业。凭借其独特的品牌定位、传统中式的环境风格以及有辨识度的菜品服务,绿茶餐厅在我国餐饮市场迅速崛起,吸引了大量年轻消费者,如今已在全国130多个城市开设400多个门店。绿茶餐厅通过精心营造独特的用餐环境,为顾客提供了全方位的优质服务体验,不仅满足了顾客的味蕾,更在情感和心理层面与顾客建立了紧密联系,实现了餐厅与顾客的深度互动与价值共鸣。

1. 文化融入设计,塑造江南风情用餐空间

绿茶餐厅通过融合江南文化,营造特色用餐氛围。绿茶餐厅以其独到的设计理念,巧妙地将江南水乡的文化精髓融入餐厅的主题定位,精心营造了一个充满特色的用餐氛围。在这里,顾客不仅能品尝到美味佳肴,更能体验到一种别具一格的江南风情。餐厅的整体装修风格深得江南文化的精髓,木质的桌椅散发着自然的气息,古色古香的门窗仿佛诉说着古老的故事,柔和的灯光映衬出温馨的氛围,而那些点缀其间的江南水乡元素装饰,如船桨、水墨画、荷花灯等,每一处细节都像是精心雕琢的艺术品,让顾客仿佛置身于烟雨蒙蒙的江南水乡之中。

这种深入骨髓的文化融合,不仅为绿茶餐厅塑造了一个独特的视觉形象,更是在无声中传递着江南文化的深厚底蕴。顾客在这里用餐,不仅仅是味蕾的享受,更是一场心灵的旅行。餐厅的每一个角落,都充满了江南的韵味,无论是墙壁上的诗词歌赋,还是角落里的盆栽小品,都让人在繁忙的生活中找到一丝宁静与悠闲。特别是餐厅内的隔断设计,采用了江南传统的雕花屏风样式,这些屏风不仅起到了划分空间的作用,更像是穿越时空的窗口,让顾客在就餐的同时,仿佛漫步于江南园林的曲径通幽,体验着一种古典与现代交融的用餐情境。这种精心营造的文化氛围,让顾客在享受美食的同时,也得到了精神上的满足和情感上的共鸣。

通过这种精准的主题定位和深厚的文化内涵营造,绿茶餐厅成功地吸引了众多追求独特用餐体验、注重文化氛围的顾客。绿茶餐厅不仅仅是一个用餐的地方,它更是一个传承和弘扬江南文化的窗口,让顾客能感受到那份独特的精致与韵味。

2. 空间巧妙布局,助力多元化用餐体验

绿茶餐厅通过对空间设计进行科学布局,满足多样用餐需求。在空间布局与功能分区方面,绿茶餐厅充分考虑了顾客的用餐需求与行为习惯,进行了科学合理的设计。餐厅内

部空间宽敞明亮,桌椅摆放疏密得当,既保证了顾客用餐的舒适性与私密性,又营造出热闹而不嘈杂的用餐氛围。不同类型的座位区域满足了多样化的顾客需求。例如,适合情侣约会的双人雅座布置在相对安静、温馨的角落,配备柔和的灯光和精致的餐具,为情侣们提供了浪漫的用餐环境;适合家庭聚餐或朋友聚会的大圆桌区域则空间开阔,方便顾客交流互动;还设计了靠窗的观景座位,顾客可以一边品尝美食,一边欣赏窗外的街景,增添用餐的乐趣。

餐厅还巧妙地设置了吧台区域,为单独用餐或喜欢在轻松氛围中用餐的顾客提供了选择。吧台的设计简洁时尚,与餐厅整体风格相得益彰,顾客可以在这里与调酒师或服务员进行互动交流,感受更加个性化的服务体验。同时,餐厅的服务台、厨房等功能区域布局合理,与用餐区域紧密相连又相对独立,确保了服务流程的高效顺畅,服务员能够迅速响应顾客的需求,及时提供上菜、加水、清理桌面等服务,大大提高了顾客的满意度。

3. 光影与旋律交织,打造沉浸式用餐体验

绿茶餐厅通过多层次灯光设计,营造舒适用餐氛围。灯光与音乐作为服务环境管理中的重要元素,在绿茶餐厅中得到了精心设计与巧妙运用。在灯光方面,餐厅采用了多层次的照明设计,根据不同的用餐时段和区域功能营造出恰到好处的光线氛围。白天,自然光线透过窗户洒满餐厅,使整个空间明亮通透,顾客可以清晰地欣赏到餐厅装修细节与美食色泽。到了晚上,柔和的暖黄色灯光成为主角,灯光亮度适中,既能够营造出温馨浪漫的用餐氛围,又不会过于刺眼影响顾客用餐。例如,在餐桌上方安装了可调节亮度的吊灯,聚焦在菜品上,突出美食的精致与诱人;而在餐厅的走廊、角落等区域则设置了辅助照明灯具,如壁灯、地灯等,这些灯光光线柔和,起到了引导顾客行走和营造空间层次感的作用。

在音乐氛围营造上,绿茶餐厅根据自身的品牌定位与目标客户群体的喜好,选择了轻柔舒缓的江南风格音乐作为背景音乐。这种音乐旋律优美、节奏轻快,与餐厅的江南水乡主题相契合,能够让顾客在就餐过程中放松身心、缓解压力。音乐的音量控制也恰到好处,不会过于响亮而干扰顾客之间的交流,而是如涓涓细流般在餐厅内流淌,为顾客营造出一种宁静愉悦的用餐心境。通过灯光与音乐的完美结合,绿茶餐厅成功地为顾客打造了一个多感官的用餐体验环境,使顾客在品尝美食的同时,能够在视觉、听觉等方面得到全方位的享受与满足。

4. 用心呈现,营造精美菜单设计与菜品展示

绿茶餐厅深知菜品展示与陈列对于激发顾客食欲和提升用餐体验的重要性,因此在这方面下足了功夫。在菜单设计上,餐厅采用了图文并茂的形式,每道菜品都配有精美的高清图片以及详细的菜品介绍,包括食材、口味特点、烹饪方法等信息。这些图片不仅展示了菜品的外观造型,更通过巧妙的拍摄角度与灯光效果,将菜品的色泽、质感等细节完美呈现,让顾客在点餐时能够直观地感受到菜品的魅力,从而激发顾客的点餐欲望。

在餐厅的菜品陈列展示区域，如明档厨房或展示台，厨师们精心摆放着即将上桌的菜品或一些特色食材。这些菜品陈列注重造型与色彩的搭配，犹如一件件精美的艺术品。例如，新鲜的海鲜放在铺满冰块的盘子上，海鲜的鲜嫩与冰块的晶莹相互映衬，给人以新鲜、纯净的视觉感受；制作精美的点心摆放在精美的蒸笼或瓷盘中，点心的精致造型与盘子的花纹相得益彰，能吸引顾客的目光。此外，餐厅还会根据不同的季节或节日推出特色菜品展示活动，在餐厅入口或显眼位置设置专门的展示架或展板，展示当季的新鲜食材或节日特色菜品，并配以相关的文化介绍或促销信息。通过这种方式，不仅能让顾客及时了解餐厅的菜品特色与创新，还能够增加顾客对餐厅的新鲜感与期待感，提升顾客的用餐体验与消费意愿。

5. 专业与风情相融，提供江南韵味的精致服务体验

员工形象与服务态度是服务环境管理的重要组成部分，绿茶餐厅在这方面也有着严格的标准。餐厅员工的着装统一且具有江南水乡特色，男生身着简洁的中式服装，女生则穿着淡雅的旗袍式连衣裙，服装的颜色以素净的蓝、绿、白等为主色调，与餐厅的整体风格相呼应，既展现出员工的专业形象，又给顾客带来清新、舒适的视觉感受。

在服务态度上，绿茶餐厅注重员工的培训与管理，要求员工始终以热情、友好、耐心的态度对待每一位顾客。从顾客进门的那一刻起，服务员就会面带微笑，主动迎接并引导顾客就座，及时递上菜单和茶水。在顾客点餐过程中，服务员能够耐心解答顾客的各种问题，根据顾客的口味偏好和用餐人数提供合理的点餐建议。在用餐过程中，服务员会时刻关注顾客的需求，及时为顾客添加茶水、清理桌面、更换骨碟等，确保顾客能够享受周到细致的服务。

此外，餐厅还鼓励员工与顾客进行积极的互动交流，了解顾客的用餐感受和意见建议，以便不断改进服务质量。例如，服务员会在适当的时候与顾客聊聊江南水乡的文化特色、餐厅的菜品故事等，增进与顾客之间的情感联系，让顾客感受到餐厅不仅仅是一个用餐的地方，更是一个充满人情味的社交场所。通过员工形象的精心塑造与优质服务态度的培养，绿茶餐厅为顾客营造了一个温馨、舒适、宾至如归的服务环境，使顾客在享受美食的同时，也能够享受到贴心的服务关怀。

参考资料：

微信公众号. 绿茶餐厅，"美食荒漠"中的网红餐厅［EB/OL］.（2024-07-02）［2025-01-12］https：//mp. weixin. qq. com/s/sHWPIt_ WdRWOYuspPyqVMA.

微信公众号. 绿茶餐厅的故事你知道多少？一次全揭晓！［EB/OL］.（2024-09-13）［2025-01-12］https：//mp. weixin. qq. com/s/CRpqE_ S30Ge_ClIbApFpeg.

思考题

1. 绿茶餐厅将江南文化融入设计对其在餐饮行业中突围起到了怎样的关键作用？在服务环境管理中，如何借鉴这种文化融入的方式来打造独特的餐厅形象并吸引目标客户群体？

2. 绿茶餐厅在空间布局与灯光音乐设计方面能让顾客产生什么样的体验？在服务环境管理中，怎样通过感官元素的综合设计来打造沉浸式的用餐体验？

3. 绿茶餐厅的员工形象与服务态度对其服务效果产生了何种影响？对于服务企业而言，应如何让员工的有形特征与内在服务态度融合，产生良好的协同效应？

第七章

服务人员管理

开篇案例

胖东来：以员工幸福为核心，打造零售业传奇

胖东来，这个由于东来在 1995 年于河南许昌创立的零售品牌，以其独特的员工关怀和人性化管理在零售业中独树一帜。它地处中原小城，却让大城市的人心生向往；它体量不大，却是众多商家的效仿对象；它出身"草根"，却有成为中国零售业标杆的雄心。当前，传统商超行业经历下行周期，部分零售巨头陷入亏损、闭店的困境，胖东来却客流如织、好评如潮。究其原因，除了货真价实、做优服务、开诚布公等胖东来多年积累下一系列"独门秘诀"，更在于其对员工的爱和尊重。

胖东来深知，员工是企业最宝贵的资产。因此，胖东来将员工的幸福放在首位，通过提供高于行业平均水平的薪酬、丰富的福利和充足的休息时间，确保员工能够在工作中保持积极和热情。胖东来的员工管理策略，从招聘、培训到晋升，每一个环节都体现了对员工的尊重和关怀。

胖东来的员工培训体系是其成功的核心。新员工入职时，会接受系统的岗位实操培训和人生规划指导，确保每位员工都能在胖东来找到自己的定位和发展方向。胖东来还投资建立了员工专属的书店，鼓励员工在工作之余提升自我，丰富精神生活。这些举措不仅提升了员工的工作技能，也增强了员工对企业的归属感和忠诚度。

胖东来的员工福利政策也是其吸引和留住人才的关键。胖东来实行"三三三"的分配机制，即每年的利润中 30%用于社会捐献，30%用于下一年的垫付成本，剩下的 30%按照级别分给所有员工。这种利润共享的模式，让员工感受到自己是企业成功的一部分，从而更积极地投入到工作中。

与市场上其他品牌采用高压管理不同，胖东来采用宽松的管理方式取得差异化优势。市场上，许多零售企业的员工面临着高强度的工作压力，而胖东来则机智地填补了员工关怀的市场空白，主打高福利和高尊严，以平均高于同行业的薪酬成功地牢牢抓住了员工的

心,成为员工的幸福源泉。胖东来的员工管理不仅体现在物质层面,更体现在精神层面。胖东来鼓励员工在工作中保持个性,尊重员工的意见和建议。胖东来的管理层经常与员工进行沟通,了解员工的需求和困扰,及时调整管理策略,确保员工在工作中感到被尊重和被重视。

胖东来的员工关怀政策,如每周二的全员休息日、带薪年假延长至40天等,都是其对员工幸福的重视的体现。这些政策不仅让员工在忙碌的工作中得到休息和放松,也提高了员工的工作满意度和工作效率。据了解,胖东来的员工待遇还包括带薪休假、"委屈奖""不开心假"等,也因此成为了许多打工人向往的"梦中情司",大众眼中的幸福企业。业内人士指出:"胖东来的管理理念与发展模式受到推崇,主要在于其以人为本的核心价值观,体现在对员工的高度关怀上,极大地提升了员工的工作满意度和忠诚度。"

参考资料:

腾讯网. 胖东来的经营哲学:只有员工幸福,顾客才会幸福 [EB/OL]. (2024-07-02) [2025-01-12] https://news.qq.com/rain/a/20230720A09LK900.

新浪财经. 零售界"顶流"胖东来如何打造幸福企业?[EB/OL]. (2025-01-04) [2025-01-12] https://finance.sina.com.cn/roll/2025-01-04/doc-inecuumu7791054.shtml.

第一节 服务人员的作用、角色及管理

服务人员包括一线员工和提供支持的幕后人员,他们对于任何服务组织都至关重要。如果将服务组织和顾客看作两个独立的个体,他们相互影响的地方叫作"边界",那么对顾客产生影响的服务人员,也就是与顾客进行接触的员工就是"边界跨越者",他们在服务传递过程中起着十分重要的作用,是他们实践了服务品牌价值和服务营销活动;是他们代表了组织并进行产品和服务的推销;也是他们与顾客进行互动,传递优异的服务质量和价值。

一、服务人员的作用

(一)服务人员发挥的具体作用

服务人员在服务传递中发挥了诸多作用。

1. 服务人员是服务的重要组成部分

在许多个性化的服务中,服务人员几乎承担了整个服务过程,此时可以说服务人员就是服务。

2. 服务人员是企业的形象代表

在服务传递的过程中,顾客接触最多的就是一线服务人员,在顾客心中,他们就是服

务组织的代表，象征着服务组织。服务人员的语言、动作、态度都会影响顾客对企业的感知，甚至歇班的人员，如正在休息的飞机服务员或饭店员工，也代表着他们所在组织的形象。

3. 服务人员是营销者

服务人员直接与顾客接触，能直接影响顾客对服务的满意程度。因此，服务人员也扮演了营销人员的角色，服务人员的一言一行就是服务组织的广告。

4. 服务人员决定顾客感知服务质量

顾客接受和感知的服务是在服务传递过程中顾客与服务人员通过互动而获得的，服务人员的状态和工作状况会直接影响顾客对服务质量和价值的感知。

（二）服务人员对服务质量的重要影响

服务人员对顾客感知服务质量具有重要影响。服务组织中员工的态度和行为是影响顾客感知服务质量的决定性因素。在评价服务质量的五个维度中，服务人员对每个维度都会产生影响，有时甚至决定了该维度的水平高低。这主要出于五种原因：

1. 服务人员本身就是服务质量有形性的一部分

由于服务所具有的无形性特征，顾客需要通过自己在接受服务过程中的一些有形要素进行质量判断，服务人员是有形要素中的重要内容，因而顾客会根据这种显而易见的有形要素进行质量判断。

2. 服务人员的态度和行为影响服务质量的可靠性

服务的传递依赖于服务人员与顾客的互动而得以实现，服务人员的服务态度和服务提供行为将会决定服务能否得以快速有效地进行传递，并影响顾客对服务质量的感知。

3. 服务人员的态度决定服务质量的响应性

服务人员如果重视顾客的需求，并以谦恭有礼的方式积极为顾客提供服务，努力满足顾客需求，有助于提升服务质量中的响应性。

4. 服务人员的能力决定服务质量的保证性

服务人员在服务提供方面所具备的能力，会影响服务传递是否能成功有效地进行，进而影响服务质量中的保证性。

5. 服务人员的态度和行为与服务质量的移情性密切相关

服务人员的态度和行为还会决定他们能否从顾客的角度看待自己所要提供的服务，积极努力满足顾客需求，从而会影响服务质量的移情性。

二、服务人员的角色

从服务角色角度看，服务人员主要扮演以下几种角色。

（一）服务人员是服务的直接提供者

对于服务企业来说，产品的价值组成中，服务劳务价值占了比较大的比重，起着主体作用。服务的特点就是服务人员的劳务服务作为一种使用价值直接提供给顾客。

（二）服务人员是企业的内部顾客

营销理论认为，内部营销就是把员工视为企业的内部顾客，把工作视为内部产品，从而努力满足内部顾客需要的一系列活动。内部营销的目的是向内部顾客即员工提供满足需要的产品（工作），与员工建立并保持良好的关系。企业如果把员工当成企业的内部顾客，满足员工的职业需要，让员工认识到岗位以及员工个人对企业的重要性，无疑会促使员工更加努力工作，实现自身价值，更加积极地为组织作出更大的贡献。

（三）服务人员是企业的对外媒介

服务人员是企业的直接对外媒介，是企业信息宣传的重要载体，是沟通企业与公众的桥梁。媒介是宣传企业的根本途径，尤其是在人与人直接接触的服务过程中，企业文化和服务质量能够通过服务人员直接表现出来。

（四）服务人员就是企业

在很多情况下，服务人员，特别是一线服务人员，在为顾客提供服务过程中，代表的就是企业。外部顾客在对服务质量进行评价时，会通过服务人员，而不是企业对服务质量进行评价。

三、服务人员的管理

鉴于服务人员在服务传递过程中的重要作用，服务管理者有必要对服务人员进行管理。对服务人员的管理主要涉及以下几方面的内容。

（一）服务人员的招聘

管理人员必须认真筛选服务人员，招聘到适合服务岗位的人。对服务人员招聘的投资并不是成本，而是一项必需的投资，任务测试和角色扮演等方法都可以用来寻求称职的服务人员。此外，除了需要考虑服务人员的技术和专业知识，还应该测评他们的服务价值导向。一线服务工作需要员工的情感付出，挑选员工时应尽量选择能够应对情感压力的应聘者。

（二）服务人员的培训

服务人员需要进行必要的技术、技能与知识培训才能提供优质服务。同时，加强培训，可以增强服务人员的服务意识，帮助员工掌握沟通技巧、营销技能和服务技能。

（三）服务人员授权

企业要想对顾客需求作出快速反应并作出及时的服务补救，就必须授权给服务人员。授权增加了服务人员的决策自由权，从而提升了服务人员对工作的热爱和热情，并使之将热情融入到为顾客服务中。

（四）服务人员绩效考核

科学客观的绩效考核依据是服务人员绩效评估的前提。例如，以顾客满意为依据，员工就会努力使顾客满意；反之，如果以服务的顾客数量为依据，员工就只会关注操作过程和量化指标。

（五）服务人员激励

对一线服务人员要进行合理的激励，恰当的激励会强化员工正面行为的重复。激励可以是货币形式，也可以是非货币形式，还可以征求服务人员的意见，询问他们希望获得哪些奖励，从而使员工更加忠诚于组织。

第二节 服务利润链

服务企业只有以自己的员工为"顾客"，以挑选和培训素质一流、服务质量优异的员工为基础，建立员工对企业的忠诚，才可能提供高质量的服务，进而才能实现通过较高的服务质量赢得顾客对企业的忠诚，并获取最大利润，由此就形成了服务组织获取利润的价值链。服务利润链理论认为，服务组织内部服务质量影响着员工的满意度，进而影响者员工的忠诚度和生产力，从而直接决定组织外部服务质量的好坏，而外部服务质量的好坏则会进一步影响顾客的满意度和忠诚度，其整个过程的内在逻辑如图7-1所示。

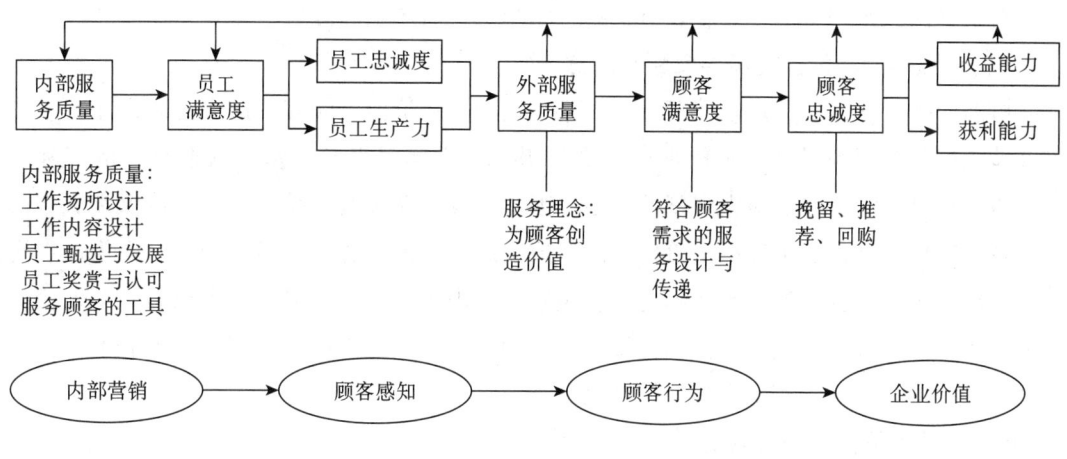

图7-1 服务利润链模型

一、服务利润链的内容

服务利润链各个节点之间具有紧密的联系，它们相互作用，构成一个有机的整体。具体来说，有以下几个方面的内容。

(一) 企业内部服务质量导致员工满意

内部服务质量的好坏一般是以员工对工作、对同事和对企业的感受来衡量的。影响员工满意度的因素一般有两个方面，分别是外在服务质量和内部质量。外在服务质量包括薪水、福利、舒适的工作环境等；内部质量包括员工的培训和开发、奖励和认可、信息与沟通、技术和工作设计等。如果员工获得了良好的外在服务质量与内部质量，满足了员工的相关需求，员工就会有更高的满意度。

(二) 员工满意导致员工忠诚和效率提升

员工满意意味着员工对于企业对自身所提供的利益感到满意，并对企业未来发展有信心，从而更愿意留在企业工作，导致员工忠诚度得到提高。一般而言，如果员工愿意留在企业工作，是因为他们为顾客创造了价值而自豪，而心满意足，这样的员工在工作时就会更加积极主动，效率也会更高。有经验且忠诚的员工往往更懂得如何去识别和招揽最有价值的顾客并留住他们。因此，在整个服务利润链中，员工满意是至关重要的一环。

(三) 员工忠诚和效率提升导致顾客所获价值提高

员工忠诚意味着员工为能成为企业一员而感到骄傲，对企业未来发展更有信心，把个人的命运与企业的命运连在一起，具备了主人翁精神，并将尽心竭力地为企业长期效力。员工工作效率提升意味着他们在为顾客传递服务的过程中有更积极主动的工作状态，并能以更快捷有效的方式为顾客提供优质的服务，这会导致员工为顾客提供和创造更多的价值。价值是由人来创造的，而企业员工的工作则是价值产生的源泉。

(四) 顾客所获价值提高导致顾客满意

顾客所获价值，也称顾客让渡价值，它是指顾客总价值与顾客总成本之间的差额。顾客在购买产品和服务时，总希望把成本降至最低，而同时又希望从中获取最大的实际利益，以便自己的需要得到最大限度的满足。因此，顾客在选购产品时往往从价值和成本两方面进行对比分析，从中选择出价值最高、成本最低，即顾客价值最大的产品作为优先选购的对象。可见，企业如果想要赢得顾客满意，必须提供比竞争对手具有更高顾客价值的产品和服务。顾客从企业所提供的优质服务当中获得了更多价值，顾客实际收获的价值高于预期的价值，有助于产生更高的顾客满意度。

(五) 顾客满意导致顾客忠诚

顾客满意度是顾客通过对某项产品和服务的感知效果与他的期望值相比较后所形成的感觉状态。顾客购买企业的某项产品和服务后，如果感到满意和高度满意就会重复购买和推荐他人购买，并表现出对企业产品或服务的忠诚，视其为最佳和唯一的选择。在经历几次这样的满意之后，顾客的忠诚度就会随之提高。可见，顾客满意与否及满意度的高低，直接决定了顾客对企业是否忠诚以及忠诚度的高低。

(六) 顾客忠诚促进企业获利能力增强

顾客忠诚就是顾客重复购买某一企业的服务，只考虑这家企业的服务并且不再进行其他企业服务信息的收集。顾客忠诚还意味着顾客愿意向身边的亲朋好友推荐该企业的服务,这有助于企业降低获得新顾客所花费的成本。企业的一切努力就是要不断提高顾客忠诚度,促使顾客重复购买。顾客忠诚度的提高,意味着企业能以较低的成本从老顾客和新顾客那里获得更多的销售收入,从而极大地促进企业获利能力的增强。

二、服务利润链的管理启示

服务利润链建立了企业、员工与外部顾客之间的联系,是一种先进的管理框架,能使企业看到利润的真正来源,给管理者带来了以下启示。

(一) 培育服务文化

企业宣传并实施"服务导向",形成服务文化,一切以顾客为中心,所有政策流程都以提供优质服务、提升顾客价值为皈依,这是获得持续竞争力的根本所在。

(二) 重视企业员工

在服务企业中,员工是服务的生产者和服务的传递者,员工满意对顾客感知服务质量和顾客满意有重要的影响。核心员工的流失甚至会导致企业损失与某些忠诚顾客的合作关系。因此,管理者要像对待顾客一样对待员工,最大限度对员工授权,为员工提供需要的各种培训;同时,在企业内树立优质服务的典范,建立合理的绩效考核机制,奖励优秀的服务行为。

(三) 与顾客建立并保持长久关系

培育新顾客的成本是维系老顾客的5倍,顾客带来的利润是随着年限增加递增的。因此,要致力于同现有的顾客保持良好、持久的关系,在发展新顾客和维系老顾客上进行平衡,合理分配资源。

第三节 内部营销

一、内部营销的内涵

内部营销是在服务意识驱动下,通过一种积极的、目标导向的方法为创造顾客导向的业绩做准备,并在组织内部开展各种积极的、具有营销特征的、协作方式的活动及其过程。在这种过程中,处于不同部门和过程中的员工的内部关系得以巩固,并共同以高度的服务导向为外部顾客和利益相关者提供最优质的服务。内部营销是一种将员工视为顾客的管理哲学。员工要对企业雇主、工作环境和同事关系感到满意。

人力资源管理和内部营销是有区别的：人力资源管理为内部营销提供使用工具，例如培训、聘用和职业发展规划；内部营销为人力资源管理提供指导，例如，通过具有顾客导向的员工实现营销业绩的改善。内部营销的成功实施要求营销和人力资源管理予以配合。

二、内部营销的管理过程

内部营销涉及两个具体管理过程，分别是态度管理和沟通管理。

一方面，对员工的态度、顾客意识和服务意识进行管理是企业实施内部营销的先决条件；另一方面，企业内各层次的员工和支持人员都需要各种信息完成工作，这些信息包括工作规定、产品和服务特征以及对顾客的承诺等，这需要内部营销的沟通管理。

态度管理和沟通管理相互影响，员工是否可以共享信息对员工态度有重要影响。例如，如果一线服务员工提前知道推广活动通知，就会积极兑现企业在广告中的承诺。

三、内部营销的目的

内部营销的目的在于：创造、维护和强化组织中员工的内部关系，更好地促使员工以顾客导向和服务意识为内部顾客和外部顾客提供服务。实现上述目标的前提是员工要拥有必要的知识技能，并能获得各层管理人员、系统和技术的支持。

具体来讲，内部营销有五个目标：第一，确保员工顾客导向和服务意识的行为能够得到激励，使员工成功地履行兼职营销人员的职责。第二，吸引留住优秀员工。第三，在组织内部和网络组织中的合作伙伴之间提供顾客导向的内部服务。第四，为提供内部服务和外部服务的人员提供充足的管理和技术支持，使他们顺利履行兼职营销员的职责。第五，创造内部环境和实施内部活动，使员工乐于进行兼职营销工作。

四、内部营销的活动管理

内部营销是一个持续的过程，需要组织管理层的持续关注。下面列举出几种必须进行的内部营销活动，以供企业在多种情境中应用。

（一）员工培训

不管是内部还是外部培训，都是内部营销计划中最重要的构成部分。培训任务的类型包括：建立服务战略与服务营销观，识别每个员工在内部营销、外部营销中的地位和作用；培育、强化有利于服务战略和提高兼职营销绩效的态度；在员工中培养和强化沟通、销售与服务技巧。培训和内部沟通支持是内部营销沟通管理方面的主要工具，它们属于态度管理过程。

（二）管理支持和内部对话

内部营销过程中仅有培训项目是远远不够的。为了实现过程的持续性，各层级管理者的作用非常重要，管理者必须具有自己的领导风格，而不单单是管理和控制。管理支持可以包括：通过日常的管理活动延续正式的培训项目；将鼓励员工视为日常管理任务的一部分；让员工参与规划和决策过程；在正式或非正式的信息交流中与员工实现双向沟通；建立公开和积极的内部文化。

（三）人力资源管理

成功的内部营销从招聘开始。这就要求有恰当的工作描述，并将一线服务员工和支持人员视为企业的兼职营销员。组织可以用工作描述、招聘程序、职业生涯规划、工资与红利系统、激励计划以及其他人力资源管理工具实现内部营销的目标。

（四）外部沟通

企业的广告和各种推广活动进行之前，必须先将其介绍给员工，并在员工的协助下开展这些活动，这样可以使员工更加积极地兑现企业作出的承诺。

（五）开发系统和技术支持

企业通过开发顾客信息数据库和有效的服务系统、技术为与顾客接触的员工提供优质服务是内部营销的重要目标。信息技术和内联网的开发为内部营销提供了有效支持系统。通过数据库、网址或电子邮件，员工和内部过程可以快速地联系起来，在组织内部会由于彼此间的相互依赖产生归属感，从而对内部关系有积极的影响。

（六）内部服务补救

服务补救是指企业在服务出现失败和错误的情况下，对顾客的不满和抱怨作出的补救性反应。其目的是通过这种反应，重新建立顾客满意和忠诚。服务补救是一种管理过程，首先要发现服务失误，分析失误原因，然后在定量分析的基础上，对服务失误进行评估并采取恰当的管理措施予以解决。对于与顾客直接接触的员工来说，充满怨气的顾客可能会使员工感到气愤甚至是羞辱。顾客的不安、感受到的愤怒，内部员工也同样会感受到，再加上强大的工作压力，员工有时会不堪重负。因此，企业必须主动帮助员工解决此类问题，也就是实施内部服务补救。管理人员在内部服务补救中具有决定性的作用。

五、内部营销的实施要点

在企业内部营销的实施过程中，第一，要明确内部营销实施的前提条件，在战略、策略上做好充分准备；第二，培育服务文化是实施内部营销的重要保障，优秀的企业文化不仅能够提升企业内部效率，还能减小管理的阻力。

成功进行内部营销有三个前提。首先，内部营销应视为战略管理的组成部分；其次，内部营销过程不能与组织结构相冲突,也不能缺少管理部门的支持;最后,高层管理者必须持续地为内部营销过程提供积极的支持。

要想建立完善的内部营销机制,培育服务文化是关键,缺乏服务文化,企业的内部营销将会成为一句空话,很难持久。如果一个企业认为顾客关系管理只是高层管理者的事,而不是将顾客服务视作各方的职责,那么服务营销战略的实施将会非常困难。不具备服务文化的企业将无法意识到隐形服务的重要性,甚至对一些显而易见的服务要素都视而不见。人们关注的是其他活动,而不是服务。因此,管理内外部顾客关系需要服务导向的文化,这是毋庸置疑的。

采用服务导向、实施服务战略要得到组织中所有员工的支持。中高层管理者、与顾客接触的员工,以及从事支持性工作的员工都应该包括在内。管理者和员工热爱服务是非常重要的,这就是一种服务文化,本书将其界定为:对良好服务的热爱,孜孜以求地为内外部顾客提供良好的服务,是具有服务导向的组织所应具备的,也是组织中最重要的价值观。

第四节 员工授权

大多数服务产品都具有生产和消费同步性的特征,因此应当给予服务企业中的接触性员工较大的自主权,做好员工授权。员工授权是指企业给予员工在工作角色中拥有更多的自主权和控制权。员工授权在服务管理当中十分常见。

一、员工授权的原因

服务企业热衷于员工授权主要是由于以下原因。

第一,员工可以对顾客需求更快速、更直接地予以回应。顾客会感到员工是在自发自愿地提供帮助,这有助于改善感知服务质量,有利于服务失败的补救。

第二,提高授权程度会减少角色冲突和角色模糊。提高授权程度,接触性员工对自己工作的安排会有更大的自由度。作为一线员工,他们清楚地知道哪些工作任务不能同时执行,哪些任务执行时可以相互协调,这样必然会减少角色冲突的发生概率。授权程度的提高还意味着员工可以获得更多与工作任务有关的信息,这自然会减少工作任务的模糊性。

第三,提高授权程度会增强员工的工作满意、自信心和适应能力,同时,也会减少缺勤和跳槽现象。

第四,被授权的员工是创新思想的宝贵源泉。一线服务人员直接与顾客接触,在服务过程中可以观察到各种顾客的需求和愿望。被授权员工更乐于关注问题和机会，并与管理人员分享他们的发现。

第五，适当授权有利于创造企业的正面口碑，因为被授权员工以服务为导向的方式快速、纯熟地提供服务，这会让顾客感到惊喜，重复消费和传播有利于企业的口碑。

二、员工授权的内容

（一）工作自主权

对员工授权可能会包含很多内容，但是"给员工一定的工作自主权"是授权的核心要素。工作自主权是指员工能够自主决定完成工作任务所需方式的权力，有学者将它区分为三种类型：常规自主权、创造性的自主权和超常的自主权。常规自主权是指员工可以在组织列出的一系列清单中选择一种工作方式；创造性的自主权是指员工可以自行创造一种执行工作任务的方式，这一方式并没有被组织事前列出，但是会得到组织的认可；超常的自主权则是指员工自行创造的工作方式可能被组织反对，至少从表现上看可能会伤害组织的既得利益，而且员工的行为也超出了正常的授权范围。除了"自主权"这一核心要素之外，授权还包含：与组织业绩相关的信息分享权以及在组织业绩基础上的获奖励权。

（二）员工责任

另有学者定义的授权不仅包括员工的权力，而且包含员工的责任。根据该观点，授权是一种精神状态。一个被授权的员工可能会有以下感觉：第一，能够决定如何完成工作任务；第二，了解应完成的工作任务的背景信息；第三，对自己的工作结果负有责任；第四，对部门和组织的业绩负有一定的责任；第五，能够在个人和组织业绩的基础上获得公平的回报。

（三）权、责、利

一般来讲，对员工授权的内容涉及员工的权、责、利三个方面。"权"主要指的是工作自主权，它是授权的核心要素；"责"包括对自己的工作业绩负责和对组织的工作绩效负责两个层面；"利"则涉及信息分享权，包括与组织业绩相关的信息和与工作任务相关的背景信息，以及业绩分享权，即由于个人业绩的提高而增加报酬和从组织利润的增加中获得一定的份额。

三、员工授权的类型

在服务企业的授权决策中考虑的不是该不该授权的问题，而是授权的程度问题。可以按照授权程度由小到大的顺序，将服务业的员工授权分为四种类型。

（一）生产线方法

第一种类型是"生产线方法"，它是控制导向的典型代表，此时员工严格按照操作规程提供服务，管理者对员工几乎没有授权。

（二）建议参与

第二种类型是"建议参与"，它与生产线方法的区别是允许员工提出对服务和服务过程加以改进的建议，但是建议是否被采纳完全由管理者决定。这一程度的授权活动强调了员工的信息分享权，管理者与员工进行双向的信息沟通，除了通过员工调查了解员工的建议之外，还可能使用一些如企业内部刊物、工作小组简报等其他形式来向员工传递信息，以激励员工更好地工作。

（三）工作参与

第三种类型是"工作参与"。授权达到这一程度的显著标志是管理者会给员工多方面的工作自主权，在一定程度上让他们自行安排自己的工作。这些自主权可能是给员工个人的，也可能是给一个员工小组的，进而形成一个自我管理的团队。与此同时，还会根据自主权程度的高低要求员工对自己的工作业绩乃至对组织的工作业绩承担一定的责任，并在此基础上享有一定的业绩分享权。

（四）高度参与

第四种类型是"高度参与"。此时，员工不仅参与对自己工作的管理，而且参与对组织整体工作的管理，他们在参与组织的管理决策的同时分享组织的利润。

四、员工授权的成本

因为授权而引起的消极作用都可以被看作授权的成本。授权的一个直接后果是它扩大了员工的工作范围，这就要求员工必须接受适当的培训，才能达到工作任务对他们的要求，这可能会增加企业的培训成本。同时，授权导致的工作责任的增加以及对技能要求的增加会使企业需要招收更有能力的员工，从而也会增加工资成本。

尽管具有较大自主权的员工在工作中有更多的自信，但是过于繁重的责任也会使员工遭遇更多的挫折。授权在一些情况下也可能放慢服务传递的速度，因为当员工提供更多的个性化服务时，整体生产率可能会受到影响，从而增加顾客的等待时间。而当一个有较大自主权的员工在进行服务补救时，对公司来说也可能有作出过大让步的风险。

此外，过多的授权导致的过多的个性化服务从某种意义上说对顾客也可能是不公平的，员工可能会不恰当地为和他们类似的顾客提供更多或更好的服务，例如，当顾客在年龄、性别、种族以及其他个人特征方面更符合员工的偏好时，员工可能会为他们提供更好的服务。

授权对工作成果的影响既有积极的一面，又有消极的一面。因此，在服务企业中对接触顾客的员工进行授权时应当慎重行事，管理者应该根据具体的服务特征来确定授权的类型和授权的程度。

五、员工授权的影响因素

企业决定进行员工授权受到哪些因素的影响呢？通常来看，主要有以下几种因素。

第一，经营战略。当企业采取差异化的经营战略时就需要提供更多的定制化和个性化的服务，此时应当对员工进行更多的授权；而当企业采取低成本、大批量战略时则应当使用标准化程度更高的"生产线方法"来管理员工。

第二，与顾客的关系。当需要与企业的顾客建立长期的关系而不只是进行简单交易时，应当增加授权程度。例如，在对产业市场的顾客提供服务时，应给予一线人员较高的授权，因为在产业市场中，不仅顾客关系非常重要，每个顾客的价值也往往较高。

第三，技术。如果提供服务时所用到的技术比较单一，而且服务人员的工作任务变化不大，使用生产线方法比授权方法更为合适。而当技术复杂、工作任务变化较大时，则宜使用更多的授权方法。

第四，经营环境。经营环境的可预测性越大，变化性越小时，顾客需求变化可能会越小，此时的授权程度不需太高，如快餐业。反之，如果经营环境较为复杂，顾客的需求也可能更复杂多变，则需要更多的授权，如航空服务业。

第五，员工的类型。个人成长的需求越高以及能力越强的员工往往更愿意接受更多的授权，授权还需要员工有更多的团队精神和更强的处理人际关系的能力。在需要较高授权程度的企业中，管理者应该是 Y 理论的支持者；在需要更多标准化方法的企业中，管理者则应该是 X 理论的支持者。

第六，服务类型。有些服务标准化程度很高，授权的必要程度相对会较低；相反，有些服务标准化程度很低，定制化程度很高，那么，接触顾客的员工可能要处理很多按照原有的服务标准和政策所无法解决的问题，这无疑需要企业给予员工更多的权力来处理这些问题。

六、授权决策的理论模型

授权决策的目的是使员工能够更好地完成服务任务，从而更好地满足顾客需求，所以恰当的授权类型和授权程度取决于顾客需求的复杂程度以及在传递服务时工作任务的复杂程度。顾客需求的复杂性和工作任务的复杂性是建立授权决策模型的两个基本维度，根据这两个维度构筑的 2×2 矩阵，分析了顾客需求的复杂性、工作任务的复杂性和服务企业员工授权程度之间的关系，如图 7-2 所示。

在 A 区域中，顾客需求和工作任务的复杂程度都较低，例如，超市中的收银员就处在这种工作环境中。此时可采用"建议参与"这一授权程度，员工没有工作自主权或有很少

	顾客需求的复杂性	
	低	高
工作任务的复杂性 低	A 建议参与 没有常规自主权或有较少的常规自主权 如：收银员	B 工作参与 有较高的常规自主权；少量的创造性自主权 如：销售员
工作任务的复杂性 高	C 工作参与 中等或较高的常规自主权 较低的创造性自主权 如：服务工程师	D 高度参与 高度的常规自主权 高度的创造性自主权 如：医生、律师

图 7-2 员工授权决策的理论模型

的常规自主权，但是可以有一定程度的信息知晓权以便更好地回答顾客的问题，企业同时还应该从一线员工处收集建议以改善服务效果。

在 B 区域中，工作任务相对简单，但是顾客的需求更加复杂多变，例如销售员经常会碰到这种状况。此时可以采用"工作参与"这一授权程度，给予员工较高程度的常规自主权以迎合顾客的不同需求。在有些情况下，管理者还可以允许员工拥有少量的创造性自主权，例如，一线的推销员有时可以按照自己的时间表去拜访顾客而不是按照公司规定的时间表，他们有时也能在一定范围内批准价格折扣。

在 C 区域中，顾客需求相对简单但任务相对复杂，此时也应当采用"工作参与"这一授权程度。例如，负责售后维修的服务工程师就会碰到这种情况。由于可能碰到各种不同类型的机器故障，服务工程师一般有较高程度的常规自主权以决定如何完成任务，但是由于顾客需求相对简单，他们只需要将机器修好就行了，所以这种情况下一般不需要过多的创造性的自主权来提供个性化的服务。比较区域 C 和区域 B 这两种情况下的授权程度，区域 B 中的授权程度应适当高一些，因为顾客需求的变化比工作任务的复杂多变要更难处理。

在 D 区域中，顾客需求和任务都相对复杂。顾客需求的复杂多变使得更需要一些定制化的服务，而工作任务的复杂多变则会使完成任务的工作方式增加，企业甚至无法一一列出。此时应该采用"高度参与"的授权程度，除了给予员工高度的常规自主权和高度的创造性自主权之外，员工的责任和利益也会和个人绩效乃至组织紧密相连。例如，医生、律师以及执业会计师等都属于此类员工。

一般情况下，"超常的自主权"在服务企业中是不提倡的，当员工超越了他们被授予的自主权行事时，往往对组织是有害的，而且也被很多组织作为违纪事件来处理。在运用这一模型时，判断企业提供的服务属于哪一个区域是授权决策的关键，因此必须对模型中的两个维度作深入的分析，以了解衡量这两个维度的主要因素。

 练习题

1. （单选题）服务利润链的第一环是（　　）。
A. 企业内部服务质量　　　　B. 员工满意
C. 员工忠诚　　　　　　　　D. 顾客满意

2. （单选题）人力资源管理与内部营销的关系不包括（　　）。
A. 人力资源管理为内部营销提供使用工具
B. 内部营销为人力资源管理提供指导
C. 内部营销的成功实施要求人力资源管理予以配合
D. 内部营销与人力资源管理毫无联系

3. （多选题）服务人员在服务中的作用包括（　　）。
A. 是服务的重要组成部分　　B. 是企业的形象代表
C. 是服务的营销者　　　　　D. 决定顾客感知服务质量

4. （判断题）服务人员也扮演了营销人员的角色，服务人员的一言一行就是服务组织的广告。（　　）

5. （判断题）内部营销是一种将顾客视为员工的管理哲学。（　　）

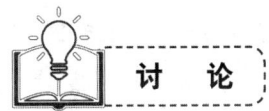 讨论

1. 举例说明管理者对对服务人员进行管理时应采取哪些措施？
2. 结合例子分析服务利润链会给企业和消费者分别带来哪些好处？
3. 企业应如何促进内部营销产生良好效果？

 综合案例

华住集团的人力资源管理

华住集团于 2005 年创立于中国，经过 20 年的快速发展，已成长为全球知名的酒店集团。该集团目前在全球拥有 31 个酒店及公寓品牌，经营着 1 万多家酒店，旗下拥有汉庭、

全季、桔子、美仑、花间堂、宋品等酒店品牌，覆盖了从豪华到经济型酒店市场。"华住，成就美好生活"——这是华住集团为自己定下的使命。华住是这样阐述自己对住客的使命的：当人们在旅途中、在路上，华住的酒店就是他们休息、工作、会客、交友、吃饭、洗澡、睡觉的场所，是他们的家外之家。如今，智能化已经成为社会发展的重要趋势，融入人类生活的方方面面，也深刻改变着酒店业的服务方式。酒店业是服务业，服务链接着消费者，人传递的服务才有温度。今天现代化、智能化的酒店，应该需要怎样的人呢？

1. 组织和人事的数字化管理

今天，中国的数字化技术已经走在了全球前列，酒店管理亦是如此，这就要求酒店管理人才具备数字化运营的思维和技能。作为行业领军者，华住集团已具备数字化相关的诸多特质与标签：30 秒入住、0 秒退房、智能机器人服务，以及用一些"hello 华住"口令来实现许多酒店业务和活动的日常操作……这些领先于国际同行的数字化操作为华住的精细化管理、标准化服务以及快速的复制扩张提供了保障。

科技以人为本、为人所用，才能产生服务的"温度"。这就要求现代酒店的从业人员能够驾驭科技。华住集团认为，酒店管理人才需求一方面强调专业性，另一方面强调技能性。在专业性培养方面，高校目前已很好地做到了酒店管理理论知识的传授。然而，在技能性的培养上，高校使用的教材更多基于国外教材序列编写，使用的系统也以国外的应用为主。因此，华住结合自身的实践，将酒店管理数字化运营的经验总结归纳，构建了《现代酒店管理与数字化运营》一书的主要内容，从而填补了行业的空白。

华住集团认为，现代酒店不仅要通过数字化的运营管理来提升顾客入住的体验与效率，还要让数字化渗透到企业的管理基因之中，人力资源的管理亦是如此。华住于 2022 年启动了一轮组织升级，围绕品牌组建、省区主战和平台赋能进行升级，以更好地贴合一线、快速响应，让组织与人才管理更加敏捷和灵动。华住在打造平台赋能型组织的过程中，数字化扮演着非常重要的角色，通过系统可以帮助组织实现管理者跨职能、多职能、矩阵式汇报关系的在线审批和管理。华住希望未来的组织人事数字化升级项目，可以更好地赋能相关业务部门，能够实现对于组织的管理更加快速敏捷，对于人事的服务可以更加贴心贴近，对于业务的支持可以更加精准高效。

2. 人才储备管理

人才是实现战略、保障落地的重要环节。除了组织人事的数字化管理外，华住在人才储备上也有自己的一套打法，使华住能够从容地应对旅游出行需求的迅速增长。华住将其总结为"两手抓"，一手是对人才的增量管理，海纳百川，更快地吸引人才加入，使得人才济济；另一手是更好地盘活存量，提升现有人才的培训和培育水准，保证人才辈出。

具体来看，在人才增量管理上，目前华住和 120 多院校建立了不同层次的合作与交流。这能够保证从学校吸纳到优秀的毕业生，补充至门店基础岗位，通过体系化的学习、选拔和认证机制，打通了门店店员到店长的发展通道，使学校优秀学生通过一到两年的培养,成为一名优秀的店长。此外,针对酒店用工高峰期,华住集团也推出了灵活用工机制。针对不同的岗位、劳务机构、企业客户以及社会闲置用工,华住分别定制了 to B(面向企业客户)、to C(面向个体消费者用户)和 to G(面向政府客户)的多元用工策略,实现高峰期以及闲时用工之间的供给平衡。

在人才的存量管理上,华住集团始终关注核心岗位人才的发展。为此,华住推出了华柱班、华青班等特定的人才培训发展项目,针对青年干部、中层干部以及高层干部的储备人才也做了不同的发展计划,构建了完善的人才梯队,提升组织人才密度。

另外,在雇佣管理方面,华住坚持以人为本,切实保障员工权益,提供健康安全、平等尊重、友爱互助的工作环境。针对不同岗位的人才需求,华住特别推出"领航计划""岭秀生""科技新军"等一系列具有集团特色的招聘项目,不断提升人才技能和企业吸引力。同时,华住十分注重员工的培养和发展,建立了管理序列、专业序列、酒店序列三条通道,并明确不同层级的职能要求,为员工建设畅通的职业发展路径。

3. 员工培训管理

华住旗下酒店品牌众多且遍布全球,拥有庞大的一线员工群体。因此华住的业务培训会专注于如何夯实最基础的一线员工的技能。一线员工的培训内容来自于集团的标准化课程,此外,一线员工的金点子、实战的经验也很宝贵,因此培训平台会对这些经验和实际技能进行萃取和提炼,优化到培训内容之中,通过云学堂的平台制作成相关电子化课件,最终赋能到一线员工。

针对专业技能方面的培养,华住集团的培训部门也会请业务团队负责人及专家做专题分享,以提升在某些业务领域的专长。华住旗下品牌覆盖从经济型到豪华型,酒店品牌的特色不一,为顾客创造的服务和体验也有差异。如何在培训中既能贯彻集团统一的标准,也能兼顾保留各品牌之间的特色?对此,华住集团对于服务有自己的定义,那就是希望打造有中国特色有温度的服务。

华住集团通过制定标准课件,落地共用标准和服务规范,以数字化的方式实现全集团的培训和发展,保证在规范和培训过程中的一致性。对于差异化的品牌要求,华住的子品牌会有自己提炼出的运营要求和标准。对于每一个子品牌知识的沉淀,会请每个子品牌根据差异化特点,以及对于住客服务的要求等进行提炼,从而整合成数字化课程,直接赋能子品牌一线门店,保证操作的一致性和标准性。

华住集团还为员工提供可持续发展平台,与瑞士酒店管理大学、复旦大学、上海师范大学旅游学院等合作,开启员工学历提升计划,让员工满足终身学习需要,充分展示自我价值及能力。

华住的员工培训与人才培养采用线下线上相结合的模式。在线下,通过师徒带教的方式,让员工在带教的过程中得到前辈的经验传授,保证为客户提供优质的中国服务;在线上,围绕干净、高效以及安心360的服务宗旨,制定了一套线上培训课程体系,赋能到每一位一线员工，做到每一个岗位都可以自主学习。完成线上学习后，再到线下做体验和认证，保证每一位上岗员工都清楚了解华住的服务标准和服务特色。

数字化平台对于华住集团而言是非常重要的核心竞争力之一。华住集团提出品牌、技术和流量"三位一体"，其中数字化是技术平台的重要支撑。据悉，华住也与云学堂合作，对其线上学习系统进行了升级，通过属地化、差异化和精准化的培训，将培训从过去的大而全模式转变为小而美模式，更加注重培训的质量和深度，而不仅仅追求培训的数量和广度，通过精心设计的培训课程和教学资源，帮助学习者更好地掌握知识和技能，提高工作表现和业绩。数字化平台也使华住的内部学习变得快捷高效，保证了培训的规范化和标准化。

华住集团的战略之一是继续下沉到更广阔的三四线市场。华住希望人才可以加速被吸纳、流动到各个品牌，实现"海豚式"的成长、"之"字形的发展，让不同的人才凝聚在华住，拥有更长远、更美好的发展，共同成就美好生活。

参考资料：

百家号. 科技赋能服务，"海豚式"成长支撑华住人才培养海纳百川行稳致远［EB/OL］.（2023 - 11 - 01）［2025 - 01 - 12］https：//baijiahao. baidu. com/s?id = 1781330529433661658&wfr = spider&for = pc.

思考题

1. 数字化大趋势对华住集团的组织管理和人事管理带来了哪些挑战？华住集团为此采取了哪些变革措施？变革措施的效果如何？

2. 华住集团的人才增量管理、人才存量管理、雇佣管理各有哪些值得其他酒店企业借鉴的做法？

3. 华住集团的员工培训管理受到哪些因素的影响？针对这些因素，华住集团采取了哪些有效的策略？

第八章

顾客关系管理

开篇案例

招商银行的客户管理策略

自1987年在深圳成立以来,招商银行凭借其卓越的客户关系管理和创新的金融服务,迅速崛起为中国领先的商业银行之一。

1. 客户分户管户管理模式

招商银行采取客户等级分层策略。自2002年起,针对个人账户资产总额达50万元的客户,招商银行推出"金葵花"服务;随后,招商银行陆续推出"钻石金葵花"(个人资产总额500万元以上的客户)、"私人银行"(个人资产总额1000万元以上的客户)等服务,以此针对不同资产规模的客户提供存在等级差异的服务。为了打造更完善的客户分层和成长体系,招商银行于2020年推出了M+会员体系,通过任务、等级、权益三个体系的循环链陪伴客户的财富成长,努力为客户提供更优质的服务。该体系将客户分为9个等级,每个等级都有相应的权益服务。例如,M1级客户享有包括黄金红包、信用卡还款金等9项权益,而最高等级M9客户除了上述9项权益外,还有就医绿通、洽谈室、生日礼等共19项权益。

系统在对客户进行分层后,招商银行对中高端客户进行分户管理,指派专门的理财经理对中高端客户进行一对一服务。理财经理通过电话、短信、微信群等多种方式与客户保持密切联系,了解客户的资产组合需求,提供个性化的投资建议和服务。招商银行要求理财经理每日与客户进行沟通,确保客户的金融需求得到及时满足,努力实现客户投资收益的合理化、最大化,也便于理财经理进一步开展营销。

2. 客户维护策略

招商银行打造了客户维护的组合策略,以此增强客户的黏性,维系长期稳定的客户关系。首先,招商银行根据客户等级和客户属性的差异配置不同的产品。例如,针对年轻客群推出"商圈快闪",为年长客户提供"丰润人生",为女性客群则设计了"她享"等。

通过这些细分产品，招商银行能够更好地满足不同客户群体的需求，提升客户体验。

其次，TREE 资产配置服务体系。为了让更多客户享受到专业的资产配置服务，招商银行在 2021 年推出了"TREE 资产配置"服务体系。该体系关注客户的长期性和个性化需求，引入风险偏好、财富阶段及市场研判等因子，通过模型算法和专家规则，为客户提供明确的资产配置指引。

此外，招商银行在 2007 年推出了"五星之选"产品优选体系。该体系从上万只公募基金中优选五星产品 200 余只，以白盒化选择基金的形式展示给客户。从客户体验端来说，该体系配套了基金筛选器，客户可以通过"分类导航＋标签筛选"的方式，对所需基金进行个性化筛选和排序。客户通过输入关键词，在标签里筛选不超过 3 个标签就可以得到目标产品，大大提高了客户的产品匹配度，优化了客户的产品体验。

3. 客户服务策略

招商银行还通过一系列具体策略做好客户服务。

一是电话关怀。当客户资产达到一定额度，招商银行会为其分配相应的客户经理。在客户等级升级时，理财经理会主动通过电话联系客户，告知新的服务权益，并提供个性化的理财建议。此外，客户的资产发生变动（如到期、资金流入、资金流出等），理财经理都会打电话与客户沟通，为客户提供有效建议。

二是礼品赠送。凡是升级的客户，都可以享受在招商银行 App 的客户升级有礼活动，客户可以在相应的页面抽取奖品并 100% 中奖。除了由总行提供的礼品，招商银行每个分行自己也提供相应的礼品在传统三大节日向客户发放。理财经理会一一电话告知客户现场领取礼品，并且在理财经理的电脑工作页面进行扫码签到，理财经理会同时对客户的金融资产进行分析，面对面地沟通客户的需求以及解答理财困惑。以礼品为纽带，拉近与客户的关系，不仅让客户体验到招商银行的专业服务，而且可以感受到人文关怀。

三是活动体验。招商银行还建立了企业微信群，根据客户的不同等级建立不同的群组，定期举办线上活动和线下答谢活动，提升客户的参与感和仪式感。这些活动不仅让客户获得实用的金融知识，还能与其他客户建立联系，增强对招商银行的认同感。

参考资料：

搜狐网．"零售之王"招行的客户管理之路［EB/OL］．（2024－03－23）［2025－01－12］https：//www.sohu.com/a/766213407_121123808．

第一节　顾客关系

一、顾客关系的本质

顾客关系作为各种关系中的一种，具有自身的特性，它是企业获取经营绩效和竞争优势的出发点和最终归宿，对企业的生存和发展起着举足轻重的作用。企业若想建立和维持良好的顾客关系，就必须对顾客关系的本质及表现类型有深刻的了解和认识。

在服务消费过程中，顾客或多或少会与服务提供者发生接触。在一系列服务接触中，如果顾客觉得服务有价值，感觉非常满意，就会产生与服务提供者建立长期关系的愿望，这种愿望是建立顾客忠诚最重要的一步，也是服务企业获利的重要保证。

由此可见，关系属性是服务的内在属性，服务营销的核心目标就是与顾客建立和保持长期互惠的关系。有学者认为，可以从顾客的重复购买行为和正面态度两方面来判断服务组织与顾客之间关系的存在。

（一）重复购买

衡量顾客与企业关系是否建立的一种方法是看一个特定的顾客从同一家企业购买产品的频率。如果一个顾客对这家公司产品的购买具有连续性，而且与企业的接触也是积极有效的，那么可以说，这家企业与顾客已经建立起相互关系。重复购买是服务提供商与顾客建立起关系的标志之一，但是必须注意还存在其他可能导致重复购买的原因，如价格比较低廉、位置比较方便等。

在顾客与服务提供商的关系链条上有许多约束条件，包括技术约束、地理约束、时间约束、信息约束以及替代者约束等。这些约束使顾客尽管对服务提供商并不满意，也不情愿向服务提供商重复购买，但是无法脱离这种服务关系。一旦这些约束条件消失，顾客的流失率和流失速度就会相当惊人。

（二）正面态度

从态度来界定关系有利于深化对关系内涵的理解，当顾客感到与服务提供商之间相互理解时，关系就建立起来了。从顾客的角度，可以对关系的定义重新进行描述："供应商需要我，我也需要供应商。"双方理解意味着相互承诺，企业应当真正了解顾客并用实际行动来证明这一点；忠诚是双向的，顾客和企业之间应当相互忠诚。

关系在很大程度上就是一种态度。顾客如果感到与服务提供商之间有一种相互联系的纽带，不管这种纽带是什么，都会产生一种"分不开"的感觉。这种"分不开"的感觉并非凭空产生,而是顾客与服务提供商长期接触和努力的结果。

有学者认为,顾客关系所固有的双向性特征要求服务提供商选择与顾客双赢的竞争策略。顾客与服务提供商之间这种双赢的关系会一直持续下去,直到其中一方从这种关系中获取的利益超过另一方,关系的平衡被打破为止。双赢需要双方都将彼此视为合作伙伴,珍视与对方的合作关系。对于顾客关系的理解,应包含以下几个方面:第一,顾客关系是参与双方的交流和沟通过程;第二,这一过程的内容为一系列的经济交换活动;第三,顾客关系能够实现价值增值,是一个双赢乃至多赢的过程;第四,关系以企业和顾客的彼此信任和相互尊重为前提和基础。

二、顾客关系的核心要素

(一)信任

顾客关系的核心要素之一是信任。信任是指在特定条件下一方对另一方行为的期望。如果一方的行为不符合另一方的期望,那么怀有信任的一方就会对另一方失望或者表示不满。信任也可以理解为顾客对一个值得信赖的服务提供商所寄予的期望。信任这一概念可以分为以下四个层次,每一个层次的信任的产生原因及表现形式不同。

第一,一般性信任。这种信任来自社会通行准则。例如,顾客如果了解到一家大型投资银行有良好的资信和强大的资金基础,那么他会乐意与该银行签订长期的投资理财协议,并放心让对方运作自己的资金。

第二,系统性信任。这种信任基于法律、行业规则、协议和不成文的惯例,也取决于对方的职业化程度。例如,与投资银行签订了长期投资理财协议的顾客,会期待对方按照合同约定的条件定期派发红利。如果投资理财顾问在与顾客互动中表现出良好的职业道德和谦恭的态度,也会加强顾客的信任。

第三,基于个人品德的信任。是指合作双方对对方的个人品德给予充分的信任,并在此基础上展开合作。例如,民事委托人只有充分信任律师的人品,确认对方不会泄露个人隐私,才会向对方提供所有必要的信息。

第四,经验性信任。由双方所具有的行业经验或过去合作的经历所决定。如果一家企业曾经与某个咨询机构合作多年,而且对双方的合作感到满意,就必然会对这家咨询机构产生信任感。

上述各种信任都是降低服务消费风险和企业经营风险的重要因素。

(二)承诺

承诺是指合作关系中的一方在某种程度上有与另一方合作的积极性,是一种珍视并愿意保持双方关系的长期愿望。服务组织对顾客作出承诺,吸引新的顾客并建立新的关系,如果承诺无法兑现,这种新发展的顾客关系就无法维持和巩固。一旦作出承诺,就应兑现,这是至关重要的。企业还必须保证有足够的资源、知识、技巧和激励措施来确保承诺得以兑现。如果服务提供商能够成功地证明自己的可信任性和解决顾客问题的能力,顾客也可能对服务提供商作出承诺。

(三) 吸引

吸引的含义是合作双方都具有吸引对方进行合作的某些要素。吸引建立在一方能够提供给另一方某种利益的基础上,这种利益可能是财务利益、技术利益或者社会利益等。如果双方的合作存在相互受益的可能,就产生了相互的吸引力,顾客关系的建立和发展就有了前提和基础。

三、顾客关系的层次

依据企业与顾客建立关系的方式不同,以及关系密切程度的差异,顾客关系包含不同的层次与类型,而不同层次与类型的顾客关系对企业的营销活动与市场地位具有不同影响。了解顾客关系的层次与类型,对理解服务营销中顾客关系的本质,以及对顾客关系建立和维持策略的选择与实施都具有积极作用。

企业与顾客在服务价值交换过程中所建立的关系,根据双方的价值依赖程度和关系的紧密程度不同,主要可以分为三个层次,如图 8-1 所示。

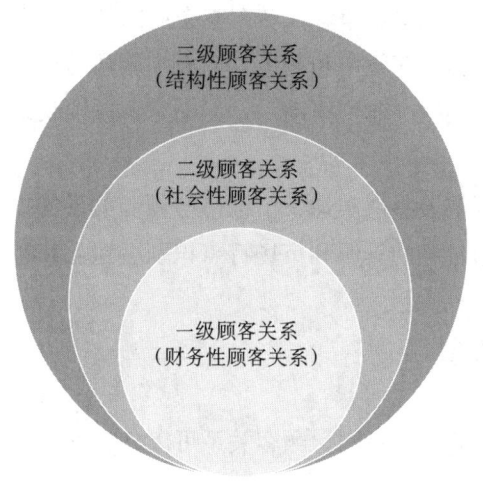

图 8-1 顾客关系层次

(一) 一级顾客关系

一级顾客关系又称为财务性顾客关系,它是指营销人员主要使用价格刺激来鼓励顾客与企业进行更多的交易而建立起来的顾客关系。随着企业营销观念从交易导向转变为以发展客户关系为中心,一些促使顾客重复购买并保持顾客忠诚的战略计划应运而生,频繁市场营销计划就是其中的一例。一级顾客关系的短期性比较明显,而且价格因素起主要作用,很容易被对手模仿,因而,一级顾客关系并不能形成企业在服务市场上的长期竞争优势,只能为服务企业带来短期的、波动的业务增长和市场份额扩张。

(二) 二级顾客关系

二级顾客关系主要强调个性化服务和把潜在顾客、新顾客变成关系顾客。它并不是放弃价格因素,而是在财务性联系基础上寻求与顾客建立社会性联系,因而,企业为此类顾客提供的不仅是财务利益,还有社会利益,公司会将这类顾客当作"贵宾",这类顾客往往会享受到企业的独特服务。二级顾客关系强调企业的营销人员了解顾客的想法和需要,注意顾客的细节,比如,记住顾客的名字或将顾客资料存入顾客信息数据库,以备随时调用,从而建立与顾客之间的互动关系。企业应该支持服务人员与顾客建立良好的社会关系,虽然这种社会关系通常不能克服高价或劣质服务,但是它能在顾客缺少转换交易伙伴的强烈动因的情况下,与顾客保持关系。

(三) 三级顾客关系

三级顾客关系比上述两者在关系的质量和相互涉入度上提高了一个层次,它不但有社会性和财务性联系,而且通过结构性、系统性联系来巩固与顾客的关系。结构性、系统性是指服务经常被设计成一个服务价值的传递系统,而不仅仅依靠个人与顾客建立关系。结构性联系会为顾客带来特有的顾客价值,这种价值往往不容易从其他来源获得。如果服务企业与顾客建立三级顾客关系,将会增加顾客转向竞争者的机会成本,因为他们将放弃很多东西,同时也将增加顾客脱离竞争者而转向本企业的利益。三级顾客关系的服务经常以技术为基础,并且能为顾客提高效率和产出。当面临激烈的价格竞争时,结构性联系能为扩大现有的社会性联系提供一个非价格动力,无论是财务性联系还是社会性联系都只能支撑价格的微小涨幅。

总之,三个层次的顾客关系依次加大了维持与顾客关系的投入。三者之间不是互相排斥的,服务企业可以根据自身的资源和市场特点识别、建立和拓展顾客关系。

四、顾客关系的类型

按照企业与顾客关系的水平不同,顾客关系可以分为五种类型。

(一) 基本关系

基本关系是指企业与顾客之间发生的起码的交易关系。在顾客接触企业的服务后,企业不再作出任何努力去联系顾客,不做售后调查和咨询等工作。一般来讲,这种关系适用于企业的顾客数量较多且单位产品或服务的边际利润很低,再做过多营销关系努力就会增加很大的成本,得不偿失。

(二) 被动式关系

被动式关系主要是指当企业售出产品或服务之后,一旦有顾客找上门来咨询或提出不满意见时,企业有专门负责接待和处理此事的相关部门。

(三)负责式关系

负责式关系是指企业对售出的产品或服务对顾客方面的感受表现出负责的态度。企业会通过各种途径了解产品或服务是否达到顾客的预期,并且收集顾客有关改进产品或服务的意见,把这些信息及时反馈给企业各相关部门。

(四)主动式关系

主动式关系指企业的服务营销人员经常主动地与顾客联系,询问顾客对产品或服务的感受,并征询顾客对企业的各方面意见,或者提供新服务和新产品的信息,促进新产品和新服务的销售。

(五)伙伴式关系

伙伴式关系指企业与顾客之间高度亲密和平等的关系,一项服务或产品从设计、生产到最后销售出去,都需要企业和顾客共同参与。这种营销关系适用于顾客很少,但产品和服务的边际利润很高的企业。

企业可以根据不同的顾客数量与产品边际利润,与顾客建立不同类型和层次的相互关系。企业的顾客关系类型不是一成不变的,一般来说,企业对顾客关系的改进应该朝着为每个顾客提供满意服务,并提高产品的边际利润水平的方向转变。

第二节 关系营销

一、关系营销的内涵

(一)关系营销的含义

在现实生活中,服务与产品存在诸多差异,服务营销流程中也存在很多特殊问题,如服务质量问题、顾客参与问题和供需问题等。而且,在服务流程中,还存在一个努力把服务消费者与组织紧密联系起来并变成回头客的流程,企业这么做是因为争取回头客往往比获取新顾客的成本要低得多。要想解决这些不同于产品市场营销的问题,关系营销是企业的最佳选择。

关系营销是识别、建立、维护和巩固企业与顾客及其他利益相关者之间的关系的一系列活动。通过企业的努力,以诚实交换和履行承诺的方式,使双方的利益和目标在关系营销活动中得以实现。关系营销的理论基础是维持一位老顾客的费用要远远低于获取一位新顾客的费用。对于企业来说,挽留老顾客有助于降低成本、提高利润。

(二) 关系营销与交易营销的差异

关系营销与传统的交易营销之间存在着很多差异,主要表现在六个方面(见表8-1)。

表 8-1　　　　　　　　　　　　交易营销与关系营销的区别

不同点	交易营销	关系营销
理论基础	4Ps,以生产者为中心的交易行为	系统论,重视顾客需求,整合营销传播,全方位营销
核心	短期交易,看重每一笔交易实现利润最大,强调企业利益最大化	长期合作关系,建立关系营销网络,追求网络成员关系利益最大化
关注的焦点	注重一次交易,希望获得更多新顾客,看重市场占有率	强调充分利用现有资源,挽留现有顾客,建立长期合作关系,看重顾客保留率和顾客份额
着眼点	市场,顾客群体	利益相关者,顾客、供应商、分销商、内部员工等
市场风险	竞争激烈、新产品涌现时,顾客容易转换到其他产品或企业	顾客品牌忠诚,风险较小
注重内容	不注重为顾客提供服务、承诺和信任	提供顾客服务,维持长期关系和承诺

1. 理论基础不同

传统的交易营销以 4Ps 理论为基础,强调的是以生产者为中心的交易行为;而关系营销主张以系统论为基本的指导思想,以市场反应、顾客关联、顾客关系和利益回报为基础,重视顾客的需求和欲望,并以整合营销传播为手段开展全面的市场营销活动。

2. 核心不同

交易营销的核心是交易,看重的是在每一笔交易中实现利润最大化,强调企业利益的最大满足。因此,交易营销的理念是以生产者为导向的;而关系营销将与利益相关者建立长期合作关系看作市场营销的核心,通过各方的互动来建立关系营销网络。在这个网络中,企业的市场营销目标不是追求每次交易的利润最大化,而是追求网络成员利益关系的最大化,最后形成网络成员共同发展的局面。

3. 关注的焦点不同

交易营销关心如何生产,注重一次交易,希望获得更多的新顾客,企业管理人员更看重市场占有率;而关系营销强调充分利用现有资源,尽最大努力挽留现有顾客,注重与顾客建立长期的合作关系,以使企业获得长期利益,企业管理人员更看重的是顾客的保持率与顾客份额。

4. 着眼点不同

交易营销关注的目标主要是市场,面向的是各种顾客群体;而关系营销的范围包括各个利益相关者,包括顾客、竞争者、供应商、分销商、政府、银行、社会团体及股东、合伙人和内部员工等。

5. 市场风险不同

在市场风险方面，由于交易营销只强调交易行为，在市场竞争十分激烈、新产品不断涌现的情况下，顾客很容易转而购买其他产品，从而使企业随时有失去顾客的可能，导致较大的市场风险；而在关系营销的指导下，企业通过重视顾客需求和以之为起点的市场营销活动，使顾客建立起品牌忠诚，市场的不确定性减小，因而风险也相对变小。

6. 注重内容不同

交易营销不太注重为顾客提供服务、承诺和信任，而关系营销则恰恰相反。关系营销高度重视顾客服务及对满足顾客服务的大量投入，维持并发展与顾客的长期关系和承诺是关系营销的重要内容。

二、关系营销实施的关键流程

服务营销的最大特点之一是服务消费。它是一种流程消费，而不仅仅是结果消费，消费者或使用者往往把服务生产流程看成服务消费的一个组成部分。在服务供应商与顾客的接触中，企业和顾客进行交流，以了解各自的特点和对自己有利的信息，从而有助于关系的建立和维持。换句话说，优质的顾客服务往往有助于提高关系营销的效果，最终提高顾客满意和顾客忠诚。同时，关系营销也有助于企业加深对目标顾客及其需求的理解，从而让企业更好地提供优质服务成为可能。因此，顾客服务与关系营销往往是交织在一起的，是相互作用、相互强化的。无论是在顾客服务过程中，还是关系营销过程中，企业与顾客的互动流程，都构成了顾客服务感知和行为驱动的关键因素。

从本质上来看，企业与顾客的互动流程也是企业和顾客的沟通流程，所以也称为对话流程。从市场营销学的观点看，在多数情况下，持续的交易可以产生竞争优势。因此，如定制设计、送货和准时制后勤、设备安装、顾客培训、有关如何使用和安装产品的文件、维修和零部件服务、处理询问、服务的补救和抱怨管理等，成为企业创造竞争优势的武器。长期的顾客关系，常常是企业获利的基础，也是顾客能够得到附加价值的流程。由此不难发现，服务中实施关系营销主要包括三个关键流程，分别是：作为关系营销起点和结果的价值流程、作为关系营销核心的互动流程，以及支持关系建立和发展的对话流程。

（一）价值流程

关系营销的理论基础是：双方关系的存在能够为顾客提供产品或服务、能够提供价值和创造附加价值。因此，关系营销往往要比交易营销付出更多的努力，以便为顾客和其他关系方创造出比在单一情境中发生的纯粹交易更大的顾客价值。在服务营销中所说的价值常常界定为顾客感知价值。由于关系是一个长期流程，因此顾客价值的创造、交付与评价也往往是在一段较长的时间内发生的，可将其称为价值流程。企业的关系营销实践要获得成功并得到顾客的认可，就必须设计和实施与顾客的对话和互动，从而得到顾客认可和支持的价值流程。

（二）互动流程

成功的市场营销，往往需要为顾客提供足够好的解决方案。在基于产品的交易营销中，这个方案就是实体产品。比较而言，在服务营销中，好的方案就是"解决顾客的难题并使顾客的心理需求与社会需求得到满足"。关系包括实体产品或服务产出的交换或转移，同时也包括一系列服务要素。如果没有这些服务要素，实体产品的服务产出可能只存在有限的价值，或对顾客根本就没有什么价值可言。顾客在与实体产品、服务流程、服务系统和技术、电子商务流程、管理和财务流程等接触后，才能够满足需求，这就是互动流程。关系一旦建立，便会在互动流程中得以延续。由于具体的服务和营销情境不同，企业与顾客之间发生的接触也存在不同的类型，其中有些接触是人与人之间的接触，有些则是顾客与机器或系统之间的接触。但是，不管是哪种接触，都必须能够对维系顾客和企业的关系作出贡献。

（三）对话流程

持续的关系能够为顾客提供安全感、信任感并降低交易风险。要想能够为顾客带来收益，供应商与顾客之间必须进行信息共享，相互沟通能够满足需求的解决方案。一般而言，沟通可以发生在关系互动的各个环节，如产品交付、抱怨处理、发送货物和了解个人情况等。尤其是电子商务大行其道的时代，线上的对话和交流更是必不可少。例如，在网购时，购买前可以通过客服了解产品的具体性能，收到货后可以向客服反映出现的问题。在关系营销中，市场营销沟通的特点是努力创造双向的，有时甚至是多维的沟通流程。与互动流程相似，对话沟通流程也必须能够维护和促进同顾客的关系。在实践中，企业与顾客的对话沟通形式多种多样，如销售活动、大众沟通活动、直接沟通和公共关系等。其中，大众沟通包括传统的广告、宣传手册和销售信函等不寻求直接回应的活动；直接沟通包括含有特殊提供物和信息以及确认已经发生互动的个性化联系或信函等，要求企业已经掌握具体的顾客信息。在这一流程中，企业应该努力寻求从以往的互动中得到某种形式的反馈，获得更多的信息和顾客相关的数据，以及顾客可能作出的反应。

在关系营销流程中，价值流程、互动流程和对话流程是三个十分重要的关键环节。其中，互动流程是关系营销的核心，对话流程是关系营销的沟通方面，而价值流程则是关系营销的结果，一般而言，关系营销在服务管理中的实施效果，取决于以上三种流程的有机结合。

第三节　顾客关系管理概述

一、顾客关系管理的内涵

在强大的信息技术的支撑下,在强烈的企业内部需求的驱动下,顾客关系管理已经取得了长足的发展,尤其是最近几年中,顾客关系管理不仅得到了社会各界的认可,而且已经被很多企业应用到日常的企业管理之中,在物联网和大数据技术的催化下,企业建立顾客数据库成本逐渐降低,并且通过多个顾客数据库的比对和处理,能够得到更加完善的"用户画像"。

顾客关系管理可以定义为企业的一种经营哲学和总体战略,它采用先进的信息与通信技术来获取顾客数据,运用发达的数据分析工具来分析顾客数据,挖掘顾客的需求特征、偏好变化趋势和行为模式,积累、运用和共享顾客知识,并进而通过有针对性地为不同顾客提供具有优异价值的定制化产品或服务,来管理处于不同生命周期的顾客关系及其组合,通过有效的顾客互动来强化顾客忠诚,并最终实现顾客价值最大化和企业价值最大化之间的合理平衡的动态流程。在这个定义中,包括以下五个层面的含义。

(1) 顾客关系管理不是一种简单的概念或方案,而是企业的一种哲学与战略,贯穿于企业的每个经营环节和经营部门,其目的是以有利可图的方式管理企业现有的和潜在的顾客。为了使企业围绕顾客有效地展开自己的经营活动,顾客关系管理涉及战略远景、战略制定与实施,以及流程、组织、人员和技术等各方面的变革。

(2) 顾客关系管理的目的是实现顾客价值最大化与企业价值最大化的合理平衡,即顾客与企业之间的双赢。无疑,坚持以顾客为中心,为顾客创造优异价值是任何顾客关系管理的基石,这是实现顾客保留和顾客获取的关键所在。此外,企业是以营利为中心的组织,实现利润最大化是企业生存和发展的宗旨。但二者之间不可避免地会存在一定的"冲突"。不过,二者之间又存在一定的统一关系。为顾客创造的价值越优异,就越有可能提高顾客的满意度和忠诚度,越有可能实现顾客挽留与顾客获取的目的,从而有利于实现企业价值的最大化。

(3) 对顾客互动的有效管理是切实保证顾客关系管理的有效性的关键所在。无论是创造优异的顾客价值,还是实现企业价值的最大化,一个至关重要的前提就是企业必须有效地管理与顾客接触的每个界面,在与顾客的互动中实现全情境价值的最优化,创造一种完美的顾客体验和最大限度地捕捉有关顾客的任何信息,既包括有关顾客需求与偏好及其变动的信息,也包括顾客特征及其建议的信息。

(4) 以互联网和数据挖掘工具等为代表的信息技术是顾客关系管理的技术支撑。在如今的"互联网+"时代,顾客关系管理与传统方式相比也出现了新的变化,数据的收集和挖掘必不可少。通过数据挖掘,可以从交易数据中获取顾客信息,以便于实现有效的顾客互动、创造优异的顾客价值。其还可以通过消费额多少和消费偏好等进行顾客细分,帮助推行最适合的顾客关系管理战略。这些对于顾客信息的整合、收集、传播、运用和共享,都需要强有力的技术支撑。

(5) 在不同顾客表现差异性的偏好与需求的同时,他们也往往具有不同的价值,企业必须把主要精力集中在最有价值的顾客身上。一般而言,那些低价值的顾客在数量上往往占有绝大部分比重,但对企业的贡献可能却很小。顾客关系管理并不是主张放弃那些低价值的顾客,而是主张在顾客细分和深入剖析的基础上加以区别对待。

二、顾客关系管理的本质

可以说,以顾客为中心、为顾客创造价值,是任何顾客关系管理战略的理论基石。企业必须突破局限于营销部门和顾客服务部门的传统模式,实施跨部门的、贯穿于整个组织的顾客关系管理战略,把顾客中心型战略与强化顾客忠诚和增加利润的流程整合在一起。

就顾客关系管理的本质而言,主要表现在以下三个方面。

(一) 顾客关系管理的终极目标是顾客资源价值的最大化

企业发展需要对自己的资源进行有效的组织与配置。企业实施顾客关系管理,就是要对企业与顾客发生的各种关系进行全面管理,以实现顾客资源价值的最大化。企业与顾客之间的关系,不仅包括单纯的销售流程所发生的业务关系,而且还包括企业在营销、售后、市场调查、客户服务等服务接触全流程所发生的多对多的关系。对企业与顾客之间可能发生的各种关系进行全面管理,将会显著提升企业的营销能力和关系管理能力,降低营销成本、控制营销流程中可能导致顾客抱怨的各种行为,提升顾客忠诚和顾客的终身价值,提高顾客挽留率和顾客的利润贡献率,实现顾客资源价值的最大化。

(二) 顾客关系管理在本质上是企业与顾客的一种竞合型博弈

一方面,企业要稳步发展就必须盈利。因此,企业便会想方设法地获取更多的利润。为此,首先需要创造和交付让顾客满意的产品或服务,然后才能获取顾客荷包中的一定份额,否则只会被竞争对手一抢而空。另一方面,为了在剧烈变化的环境中获得利润,企业必须寻求投入与收益的平衡点;而顾客为实现高层次需求,也必须寻找需求满足与支出的平衡点。同时,还存在一种全局平衡,即在信息完全与信息不完全的条件下,企业与顾客之间的需求平衡。在这种既竞争又合作的大背景下,企业与顾客之间实质上是一种竞合型博弈。顾客关系管理的管理理念也指出:顾客与企业之间不再是供需矛盾的对立关系,而是一种竞争条件下的合作型博弈，是一种持续型的学习关系。它把"双赢"作为关系存在和发展的基础，供方提供优良的服务、优质的产品，需方回报以合适的价格，供需双方是长期稳定互惠互利的关系。

（三）顾客关系管理以企业与顾客的双向资源投入与管理为特征

顾客关系管理的一项关键任务就是明确顾客投入企业中的资源类型及其希望从企业那里得到的资源回报类型。研究表明，顾客和企业之间进行着三个层次的资源交换，分别是情感层面、知识层面和行为层面，而且这三个层面的资源交换还存在密切的联系并相互影响。实际上，如果从顾客的角度看，顾客行动方面的投入可以包括购买行为、口碑沟通、产品与服务咨询、提高购买量与频度、交叉购买与追加购买等；从企业的角度看，企业的资源投入的行动可以包括定价、促销决策、实施忠诚项目、改进质量和交付优异顾客价值等，从而对顾客的资源投入产生影响。也就是说，通过有效地管理顾客关系，企业可以成功地影响顾客投资于企业的资源组合，从而激发出彼此双方营造一种"双赢"局面而持续投资的欲望。

三、顾客关系管理的误区

尽管有关顾客关系管理的研究与实践已经取得了突飞猛进的发展，但还存在许多不足和问题，并把不少企业导入顾客关系管理的误区或陷阱。概括起来，当前有关顾客关系管理的研究与实践所存在的问题主要表现在以下几个方面。

（一）对顾客关系管理的狭隘理解与片面认识

有些企业将顾客关系管理看成一个庞大的数据仓库，也有人认为顾客关系管理就是"营销、销售和服务"的自动化，更有些企业认为只要用相关技术建成顾客服务中心就是顾客关系管理。其实，这些观点都只看到了顾客关系管理的一部分。顾名思义，顾客关系管理包括顾客、关系和管理，而不仅仅是数据库、顾客服务或销售。

企业在实施顾客关系管理的流程中，首先，应该把顾客关系管理看作一种经营理念，第一步，先制定好顾客关系管理远景与战略；第二步，通过对员工的培训和对业务流程的再造等途径实施上述战略。其次，再在此基础上实施顾客关系管理技术和软件系统，从而妥善处理好"人、流程和技术"三者之间的关系。

（二）缺乏明确的顾客关系管理远景与战略

目前，大多数顾客关系管理项目并不是因为技术问题而失败，更多的情况是由于与企业的目标不一致或根本就没有明确的目标与战略。许多企业在没有形成清晰的顾客战略之前，就已经开始实施顾客关系管理。有些企业虽然制定了顾客战略，却太宽泛了，没有形成明确的顾客关系管理远景和目标。也有的企业虽然确定了高度具体的目标，但却脱离了企业的全局战略，从而为其后来的失败埋下了隐患。实际上，顾客关系管理能够用作多种目的，企业应该先确定自己的目标，而不能不分青红皂白就开始购买和实施顾客关系管理。

（三）缺乏必要的准备和支持

关于顾客关系管理，存在一种常见错误认识：由于顾客关系管理的特征是面向顾客的，所以只解决表面业务流程问题就可以了。这样做的结果就是忽视了顾客关系管理所要求的企业内部的深层次调整。同时，企业内部业务流程方面的深层次调整，往往要求有高层的支持。但由于认识和准备方面的不足，不少顾客关系管理实践都缺乏高层的支持。有人认为，顾客关系管理的头号杀手就是缺少高层管理人员的支持和参与。事实上，只有高层人员才有权力来确定顾客关系管理的战略远景和方向并将之有效地传达给员工。

（四）缺乏有效的测量指标

许多企业仍然沿用传统方式来测量顾客关系管理的效果，如顾客满意与顾客忠诚等指标。但这些指标不仅无法实现顾客价值与企业价值的统一，而且也无法准确、客观地表现出来。同时，投资回报和市场份额等传统指标主要是事后反映，结果往往会对顾客关系管理的实践产生误导。即使那些认识到顾客获取的战略价值的企业，也往往由于缺乏有效理论的指导，从而无法在顾客挽留与顾客获取方面求得最佳平衡。更为甚者，有些企业虽然使用了测量标准，但却没有恰当使用。

（五）忘记了顾客关系管理中"C"的真实含义

十分具有讽刺意味的是，在实施顾客关系管理的流程中，许多企业有时竟然忘记了其中的"C"代表顾客。令人吃惊的是，许多公司在不收集、也不评估顾客信息的前提下就制定了企业的顾客关系管理战略。虽然企业把一系列的流程都自动化了，但它所创建的系统却无法让顾客满意。许多企业错误地认为解决顾客问题的最佳答案永远是技术。然而，相比于技术，关注管理中的顾客才是解决问题的关键。

练习题

1. （多选题）实施关系营销涉及的三个关键流程包括（　　）。
   A. 价值流程　　　　　　　　B. 互动流程
   C. 对话流程　　　　　　　　D. 服务流程
2. （多选题）顾客关系管理的实践所存在的问题包括（　　）。
   A. 对顾客关系管理的认识较为片面　　B. 缺乏明确的顾客关系管理战略
   C. 缺乏必要的准备和支持　　　　　　D. 重视技术，忽略顾客
3. （判断题）一级顾客关系、二级顾客关系和三级顾客关系之间是互相排斥的。
（　　）

4. （判断题）实施关系营销时，价值流程是关系营销的起点和结果。　　（　　）
5. （判断题）顾客关系管理只是一种简单的概念或方案，不涉及企业的战略。（　　）

1. 建立并维护良好的顾客关系会对企业起到哪些作用？
2. 举例说明企业针对不同的利益相关者应如何分别开展关系营销？
3. 举例分析 AI 智能客服对企业的顾客关系管理有何影响？

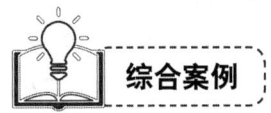

阿里巴巴利用人工智能技术创新顾客关系管理

作为中国电商平台的代表企业之一，阿里巴巴是最早引入顾客关系管理系统的电商企业之一。经过多年的发展，顾客关系管理成为阿里巴巴庞大电商生态体系中的核心组成部分，在智能化管理顾客关系、促进集团业务增长和提升顾客满意度等方面发挥了积极作用。

随着人工智能（AI）技术的不断成熟，其在顾客关系管理领域的应用前景愈发广阔。通过数据分析、预测模型、智能客服等手段，AI 技术能够为企业提供更加精准的顾客画像，优化顾客服务流程，提升决策效率，从而实现顾客关系管理的智能化升级。这不仅有助于企业降低成本、提高效率，还能增强顾客体验，提升品牌竞争力。

阿里巴巴积极利用 AI 技术对其顾客关系管理系统进行创新升级。此举旨在通过高度集成和智能化的方式管理顾客关系，促进业务增长和顾客满意度的提升。阿里巴巴的新型顾客关系管理系统采用了先进的云计算和大数据技术，构建了包括顾客信息管理、顾客服务、市场营销、销售管理等在内的全方位功能模块。

1. 系统架构与功能

阿里巴巴顾客关系管理系统的架构高度模块化，支持快速迭代和扩展。它主要包括前端交互层、业务逻辑层、数据处理层以及底层存储层。前端交互层负责与用户进行直接交互，提供友好的用户界面；业务逻辑层则处理各种业务逻辑，如订单处理、顾客咨询、营销推广等；数据处理层利用大数据技术进行数据清洗、挖掘和分析，为业务决策提供支持；底层存储层则负责海量数据的存储和管理。

在功能方面，阿里巴巴顾客关系管理系统不仅涵盖了传统的顾客信息管理、顾客服务等功能，还融入了智能客服、智能推荐、预测性分析等前沿技术，实现了顾客关系管理的智能化升级。

阿里巴巴的顾客关系管理系统随着公司业务的不断扩展而逐步完善。早期，阿里巴巴主要依赖人工方式处理顾客咨询和订单，随着业务量的激增，这种方式逐渐显得力不从心。为了提升服务效率和顾客体验，阿里巴巴开始引入自动化和智能化的顾客关系管理系统。经过多年的发展，该系统已经成为阿里巴巴电商生态中不可或缺的一部分，为公司的快速发展提供了强有力的支撑。

2. 智能客服系统

一是阿里巴巴智能客服"小蜜"。阿里巴巴智能客服"小蜜"是基于自然语言处理（NLP）和机器学习技术开发的智能客服系统。它能够理解用户输入的文本或语音信息，并根据预设的知识库和算法模型，自动给出相应的回答或解决方案。在实现原理上，"小蜜"采用了深度学习等先进技术，通过不断学习和优化，提高了对自然语言的理解能力和回答的准确性。

二是NLP与语音识别技术的应用。在阿里巴巴智能客服系统中，NLP技术被广泛应用于文本理解和生成。系统能够识别用户输入的关键词、短语和句子，并理解其背后的意图和需求。同时，通过语音识别技术，"小蜜"还能够将用户的语音信息转化为文本信息进行处理，进一步提升了用户交互的便捷性和自然性。

阿里巴巴对智能客服系统的效果进行了持续的分析和优化。通过收集用户反馈和数据分析结果，系统能够不断优化回答模板和算法模型，提高回答的准确性和满意度。同时，系统还采用了多轮对话技术，能够根据用户的上下文信息进行更加深入的交互和解答。

3. 智能推荐系统

一是基于用户行为的个性化推荐算法。阿里巴巴的智能推荐系统采用了基于用户行为的个性化推荐算法。系统通过收集用户的浏览、购买、收藏等行为数据，构建用户画像和兴趣模型，并根据这些信息为用户推荐个性化的商品和服务。这种算法能够精准捕捉用户的兴趣和需求，提高推荐的准确性和点击率。

二是实时动态调整与精准广告投放。阿里巴巴的智能推荐系统还具备实时动态调整的能力。系统能够根据用户的实时行为和市场变化，动态调整推荐策略和广告投放方案，确保推荐的时效性和精准性。同时，系统还采用了多种广告投放方式，如搜索广告、展示广告等，为商家提供更加灵活和有效的营销手段。

三是对销售与转化的影响。阿里巴巴的智能推荐系统对销售和转化产生了显著的影响。通过精准的推荐和个性化的服务，系统能够引导用户浏览和购买更多商品，提高销售额和转化率。同时，系统还能够根据用户的反馈和行为数据，不断优化推荐算法和服务流程，提升用户满意度和忠诚度。

4. 预测性分析与决策支持

一是顾客流失预测与挽留策略。阿里巴巴的顾客关系管理系统还具备顾客流失预测的能力。系统通过收集和分析顾客的交易历史、行为数据等信息，构建顾客流失预测模型，并预测未来一段时间内可能流失的顾客。针对这些顾客，系统可以自动触发挽留策略，如发送优惠券、推送个性化推荐等，以降低顾客流失率。

二是销售趋势预测与库存管理。系统还能够对销售趋势进行预测和分析。通过收集和分析历史销售数据、市场趋势等信息，系统可以预测未来一段时间内商品的销售量和销售额，并据此制定相应的库存管理和销售策略。这种预测性分析有助于企业更好地掌握市场动态和顾客需求变化，提高库存周转率和销售效率。

三是数据驱动的决策制定。阿里巴巴的顾客关系管理系统强调数据驱动的决策制定。系统通过收集和分析大量数据，为企业提供全面、准确的市场洞察和业务分析报告。这些报告可以帮助企业决策者更好地了解市场动态、顾客需求和业务状况，并据此制定更加科学、合理的决策方案。同时，系统还支持自定义报表和可视化分析等功能，进一步提升了决策效率和准确性。

由阿里巴巴顾客关系管理的创新实践可见，AI技术的应用极大地丰富了顾客关系管理的功能边界，使顾客服务从传统的被动响应转变为智能化、主动化的服务模式。AI在阿里巴巴顾客关系管理中的创新应用对企业发展产生了深远影响。一方面，这些应用极大地降低了企业的运营成本，提高了运营效率。智能客服的引入减少了人工客服的需求，而智能推荐系统则优化了库存管理和广告投放策略，使资源得到更加合理的配置。另一方面，这些应用还为企业创造了新的增长点。通过精准营销和个性化服务，企业能够更好地满足顾客需求，增强顾客黏性，进而提升品牌影响力和市场份额。

展望未来，AI在顾客关系管理领域的应用前景广阔。随着技术的不断进步和普及，可以预见，未来顾客关系管理系统将更加智能化、个性化和人性化。一方面，深度学习、强化学习等前沿技术的融入将进一步提升顾客关系管理系统的智能水平，使其能够更准确地理解顾客需求，提供更精准的服务。另一方面，随着物联网、大数据等技术的融合应用，顾客关系管理系统将不再局限于线上环境，而是与线下场景深度融合，形成线上线下一体化的服务模式。

参考资料：

陶铭芳. AI重塑客户关系管理——阿里巴巴的创新实践 [J]. 服务外包，2024（08）：20—23.

思考题

1. 阿里巴巴如何利用AI技术优化其顾客关系管理系统，实现顾客关系的智能化管理？
2. 阿里巴巴在顾客关系管理方面的创新应用如何提升阿里巴巴的顾客体验、服务质量和市场竞争力？
3. 阿里巴巴在顾客关系管理方面的创新对其他企业在顾客关系管理领域应用AI技术提供了哪些借鉴和启示？

第九章

服务创新管理

开篇案例

国风茶饮江西鲲茶的异军突起之路

在大牌下沉，国风新茶遍地的当下，创立于江西南昌的鲲茶趁着东风，在国风茶饮市场脱颖而出，火出了一条自己的路：抓住国潮趋势，通过对本土文化的挖掘与诠释，打造出差异化产品和沉浸式消费体验。如今，鲲茶在社交媒体上的南昌旅游攻略中高频出镜，成了江西旅游的"打卡点"，稳居大众点评区域打卡人气榜第一名。鲲茶虽仅10多家门店，却已积累100万以上的会员。在国风茶饮遍地的今天，鲲茶究竟有何独特之处？

在创立之初，鲲茶的本土特色并不明晰。彼时头部品牌尚未进驻南昌，鲲茶主打鲜果茶品类，享受到了新茶饮崛起带来的红利。但随着疫情影响、赛道内卷，鲲茶遭到了冲击。几经调整后，他们决定回归初心，放大江西特色，探索出一条属于自己的路。首先是在产品上，和江西茶做结合。比如，使用景德镇浮梁红茶、婺源绿茶、遂川狗牯脑绿茶等。虽不比浙江、福建、云南等茶叶大省的知名度，江西其实也有深厚的茶底蕴。鲲茶通过推出本土"宝藏茶"，带动了众多消费者尝鲜，也收获了地域认同。为了进一步突出江西特色，鲲茶将本土知名的阳光鲜奶作为顾客可选乳品之一，并贴出"咖啡可以选咖啡豆，我们可以选牛奶"的宣传语。在产品包装上，不仅用当地方言做文案，还较早尝试异形容器。比如，早在2021年就结合遂川竹子元素上架了"竹筒奶茶"，2022年又创新了"瓦罐奶茶"，大大增强了产品的打卡属性。并且，消费者可以把竹筒、瓦罐带走留作纪念，或进行二创，增加传播度。

产品作出差异化后，还要让更多人看到。为此，鲲茶采取了组合策略。一方面，把门店当作最有效的广告牌。鲲茶采取了"舍小保大"的策略，关掉小店型以及地级市门店，用较低的成本进驻南昌核心购物中心，2023年陆续升级中式门店形象，借流量高地提升品牌曝光。另一方面，利用节日效应，提升品牌影响力。春节期间，为了最大限度承接客流，鲲茶门店下架了95%的产品，菜单只保留浮梁雪山等3款代表性产品。这有助于减少消费决策时间，有效控制备料。2024年春节期间，鲲茶万寿宫店最高日营收突破了8万元。

随着文旅热度提升，"打卡集章"成为年轻人旅行中必不可少的仪式感，鲲茶也跟上了这波热度。消费者购买奶茶后，在社交平台完成打卡，可免费获得一张明信片，用于收集6枚叠章印记。甚至有网友表示，为了盖免费套章，专程去了趟南昌。此外，鲲茶门店还推出了冰箱贴、卷轴等文创周边。2024年1月，上架了长达3.4米的"通关文牒"，66款印章涉及51处风景。春节期间想买一本通关文牒，往往需要排队2小时以上。为了展现江西风韵，鲲茶万寿宫店每天19：00—20：30轮番上演竹笛、琵琶、唢呐、二胡、古筝等乐器演奏。由此，鲲茶也成为江西文旅的宣传素材，多次在官方号进行曝光。还有网友整理出观演攻略，分享最佳拍照机位。抖音上，博主分享现场表演的视频，最高收获188万点赞量。

这两年，随着头部茶饮品牌的规模扩张，区域品牌的生存空间受到挤压，洗牌加剧。鲲茶创始人翁健表示，品牌仍有很大的提升空间，"目前的体量小，允许我们去尝试、落地一些别人不敢做，甚至做不到的创意。"对于未来规划，他打算结合更多江西元素，稳定品质、提升复购率；同时加密南昌点位，扩大品牌影响力。饮品市场高度竞争、快速迭代，但区域品牌也不是没有机会，关键是找到一条适合自己的路。

参考资料：

微信公众号．江西鲲茶：国风茶饮异军突起［EB/OL］．（2024-06-24）［2025-01-12］https：//mp.weixin.qq.com/s/Qd7Zi1JfcDRU1K9GC0WZ3g.

第一节　服务创新概述

一、服务创新的内涵

（一）服务创新的含义

服务创新是一个相当宽泛的概念。所谓宽泛，是指服务创新活动的范畴不仅局限于服务本身，其他产业和部门中同样会大量出现。服务创新发生的范畴可以划分为三个层次，分别为服务业、制造业和非营利公共部门。认识这点对理解服务创新的本质以及提升服务创新在国民经济中的地位有重要作用。

可以从广义和狭义两个层面对服务创新的概念进行界定。从广义上讲，服务创新是指一切与服务相关或针对服务的创新行为与活动；从狭义上讲，服务创新是指发生在服务业中的创新行为与活动。

(二) 服务创新相比技术创新的独特性

服务在本质上是一个过程,具有无形性、生产与消费的同时性、易逝性和不可储存性等特性,因而服务创新也具有不同于技术创新的独特性。对于服务创新概念的理解,需要重视以下几个要素,分别是服务创新的无形性、服务创新的新颖度、服务创新形式的多样性、服务创新的顾客导向性,以及服务创新的适用性。

1. 服务创新的无形性

技术创新主要表现为一种有形活动,其结果是一种有形产品,看得见、摸得着。服务创新是一种概念性和过程性的活动,其结果是一种无形的概念、过程和标准,比如一款新的保险规程,一种新的传递方式等。这种概念性的创新在当前经济活动中扮演着越来越重要的角色,而表现形式与传统的技术创新有较大差异。因此,关于服务创新的第一个特征是:创新具有无形性。

2. 服务创新的新颖度

技术创新的新颖度范围较为狭窄,是一种显著的、可见的有形变化,并且仅局限于可复制的变化,不可复制的变化未被列入创新的范畴。那么发生在服务中的变化在何种程度上能被认为是创新呢?服务创新的新颖度范围有多大呢?它必须是可复制的吗?

创新在一般意义上用来表示发生的明显的变化,而服务业中的创新既包括明显的变化,又包含程度较小的、渐进性变化。因此,服务创新的一个显著特点是创新范围较为宽广,"创新谱"较宽,从渐进性的小变化到根本性的重大变化都可以包含在服务创新的范围里,甚至这种变化可能是偶然的、随机的,而不是持久的、可重复性的变化。

服务创新的一个显著特点是,它经常是针对顾客特定问题的一种新的解决方法或方案,并可能只出现一次而不重复出现,比如咨询服务。尽管只发生一次,但对特定的顾客而言,它仍旧是一种创新,而且是一种很重要的创新。这是服务创新区别于技术创新的一个显著特点。在制造业中,一种新的产品必须能够大量生产和大量销售,一种新的生产过程或组织形式能被持久引入,创新必须具有某种程度的可复制性。服务业中的很多创新不具有可复制性,但它仍是一种普遍存在的和相对重要的创新。因此,关于服务创新的第二个特征是:新颖度范围广,不一定具有可复制性。

3. 服务创新形式的多样性

制造业中的创新主要是由技术引发的相关创新,技术维度占据主导地位。对技术创新最简单的界定就是从最初提出有关新技术的想法或概念,到技术在商业中获得应用并取得商业效益的全过程,或者说是与技术有关的想法或概念的商业化过程,是否获得商业应用并获得商业利益是最终评判标准。在服务业中,创新有多种诱发因素,或者说创新维度多种多样,技术只是其中的一个维度。非技术形式的创新在服务业中更为重要,技术创新并不是服务创新的主导形式,而且经常与其他形式的创新一起出现。服务创新的类型不仅包括产品创新、过程创新、市场创新和组织创新,还包括专门化创新、传递创新、形式化创新以及社会创新等独特性。因此,关于服务创新的第三个特征是:服务创新的形式具有多样性。

4. 服务创新的顾客导向性

在制造业的技术创新中,技术是核心要素,创新的技术导向性非常明显,因此创新更多地表现为一种供应方现象。虽然目前技术创新更多地考虑了顾客需求,但技术推动型创新仍占据主导地位。此外,顾客虽然也参与技术创新,但只是在有限的程度上参与,所起作用并不明显。服务创新更多地以顾客需求为导向,顾客不仅推动了创新的出现,还亲自参与创新过程,并作为合作生产者对创新结果产生重要影响。因此,服务创新更多地表现为一种需求方现象,与市场下游相关。关于服务创新的第四个特征是:服务创新是以顾客导向为主的创新。

5. 服务创新的适用性

制造业的技术创新主要是针对整个产业的创新,如某项全新技术的引入带来了整个产业的发展和变化,它较少关注企业层次上的创新。服务业中的创新更多的是企业层次上的变化,这种变化可以通过扩散和传播在整个产业内得以应用。因此,关于服务创新的第五个特征是:服务创新具有一定的适用性。

二、服务创新四维度模型

有学者提出了服务创新的"四维度模型",该模型全面描述了服务创新的内容,如图9-1所示。

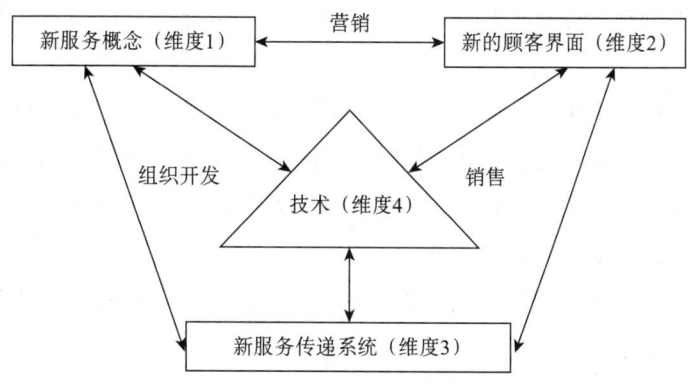

图 9-1 服务创新四维度模型

(一) 新服务概念

新服务概念是指解决问题的新的概念或想法,这个概念也许在某一市场中已被顾客熟悉,但对其他市场来说仍是一种创新。比如,被称为中国"新四大发明"的高铁客运服务对于中国人来说已经不是新鲜事物,但在其他国家由于高铁建设的滞后仍是比较少见的新服务。

（二）新的顾客界面

新的顾客界面包括为顾客提供服务的方式以及与顾客交流和合作的方式。这个维度在明显具有无形性和易被竞争者产品替代的服务中更为重要。比如自动取款机在服务业的运用，电子商务和家庭购物的出现，这些都改变了与顾客在服务交付中的接触方式。

（三）新服务传递系统

新服务传递系统主要是指服务企业开发并运用新的内部组织，促使员工传递新的服务产品。比如，电子商务不仅改变了交易方式，而且改变了交易前后的过程，这促使企业的内部组织、员工的能力和技能等方面都要发生变化。

（四）技术

对于服务业来说，这是一个可选的维度。但是，技术仍在服务创新中扮演了重要角色，如信息与通信技术的使用和信息技术在服务业中的应用等。

由服务创新"四维度模型"可以看出，在实际创新中，只有这四个维度是不够的，还需要不同的功能活动把它们连接起来。其中最主要的就是市场营销、组织开发和销售。具体来说，企业与顾客间的相互作用、对服务传递系统的改进需要销售方面的知识，例如，如何在市场中传递销售新的服务。新服务的生产和传递还需要组织方面的知识，包括如何将现有组织重组以适应新的服务等。

三、服务创新的挑战

服务企业开展创新的过程中，需要用语言来描述和沟通服务创新。此时，企业会面临诸多挑战。

第一个问题是过于简单。要描述一个完整而复杂的服务系统，比如财务文件管理，单靠语言是很难进行充分描述的。在当前的全球化经济中，随着时间的推移，服务系统越来越复杂，通常囊括了服务企业的网络、顾客和服务项目的演变。在这些复杂系统中，语言描述存在过于简单的问题会变得更加明显。

第二个问题是不全面。服务人员、管理者和顾客在描述服务时，往往会忽略服务中他们不熟悉的细节或要素。

第三个问题是主观性。人们在描述服务时，都会因为他们经历的不同以及接触服务的程度不同而存在一定偏差。在同一服务企业中，不同职能部门的工作人员根据他们所在的职能视角所描述出来的服务也会存在较大差别。

第四个问题是阐述具有偏见性。人们对于"负责""迅速"和"灵活"等词语会存在不同的理解。比如，服务管理者向服务人员建议以灵活和负责的方式向顾客提供服务，如果管理者没有向服务人员指明"灵活"服务的具体标准，这位服务人员对该词语的理解肯定会与管理者存在偏差。

当企业打算设计一种全新的复杂服务，或者对当前服务进行改造时，在服务创新和开发的过程中，上面所说的问题和挑战会更为明显。

四、服务创新所需的能力

企业开展服务创新需要具备多种能力。这些能力可以概括为五个类别，分别是创新资源投入能力、创新管理能力、员工创新与顾客能力、创新生产能力、创新营销能力。

（一）创新资源投入能力

创新资源的投入是启动创新和维持创新的基本条件。这一类能力下的第一种能力是资金投入能力。服务创新的资金投入能力包括对创新阶段所需资金的筹资能力，以及对资金的运用能力。筹资能力又可以细化为寻求稳定资金来源的能力，以及筹集资金的速度和持久能力。对资金的运用能力是指资金合理分配、及时支付和协调的能力。

第二种创新资源投入能力是技术投入能力。服务创新的技术投入能力主要是指对新技术的跟踪能力、选择能力以及最终的采纳、组合与改进的能力。

第三种创新资源投入能力是人员投入能力。服务创新最终由人完成，因此企业必须从外部招聘或在企业内部培养符合创新条件的员工，这就是服务创新的人员投入能力。

第四种创新资源投入能力是项目组织能力。项目组织包括购买创新所需设施、项目的谈判、采购创新所需的其他资源以及项目过程中的管理。项目组织能力是服务创新项目顺利进行的必要保证。

（二）创新管理能力

创新管理能力是指企业从战略上安排服务创新并组织实施的能力，包括企业创新战略和创新机制两个方面的内容。一方面是企业创新战略。企业创新战略能力包括环境识别、战略制定和实施以及相应的决策能力。企业的创新战略服务于企业总体目标，它对企业的创新活动具有长期指导意义。另一方面是创新机制。任何创新服务的开发都是在不同人员参与下完成的，因此创新机制会对创新产生重要影响。为此，首先，企业要在企业内部营造一种鼓励创新的氛围，并通过相应的激励机制充分发挥创新人员的创造性。其次，服务创新过程是众多部门共同参与的广泛过程，因此企业要在内部各职能部门之间建立良好的沟通文化和交流渠道，加强各部门在创新过程中协作。最后，服务企业还需要建立与外部合作伙伴之间的有效沟通与合作。

（三）员工创新与顾客能力

这类能力在服务创新中具有重要作用和特殊意义。此类能力中的第一种能力是员工的专业技术能力。员工的专业技术能力是指员工具有进行创新所必需的技术及专业知识，以及创新所需的技术开发能力，这是员工必备的基本能力之一。

第二种能力是员工的内部交流与合作能力。员工不仅需要具备较强的专业素质,还要具备与企业内部其他员工交流与合作的能力。

员工还需要具备的第三种能力是与顾客的交流能力。服务创新活动本身是对"无形物"的一种开发和实施过程,顾客积极参与创新过程,因此员工与顾客之间交流的质量就成为一个关键因素。

此外,顾客也需要在服务创新中具备一定的能力。顾客需要具备的第一种能力是专业技术能力。在服务创新过程中,顾客不仅是最终服务的接收者,还是创新的合作者,顾客参与创新过程需要具备多个层面的技术能力,包括提出问题的能力、对专业知识与技术的适应和应用能力,以及对服务提出建议和改进方向的能力。

顾客在服务创新中还需要具备的第二种能力是交流与合作能力。创新过程中员工与顾客交流是双向的,创新的顺利实施同样需要具有较强的交流与合作能力。顾客的交流与合作能力可能最初在顾客身上并不明显,因此需要通过不断学习和实践才能较好地获得。

(四) 创新生产能力

首先,服务企业需要具备创新服务的生产设计和安排能力。新服务的开发和提供需要企业对原有生产能力进行调整,对人员、设备、场地进行重新设计和安排,以此适应新服务产品的生产需要,确保具有足够的生产容量。

其次,服务企业也需要具备对场地、支持性设备和服务人员的协调能力。在新服务的生产过程中,要注意场地、支持性设备和服务人员的协调,尽量使它们相互匹配,不要出现资源闲置浪费或过度使用造成损害。

最后,服务企业还要具备弹性生产能力。新服务的生产必须具有一定的弹性或灵活性,以便根据不同需求进行生产,这一点在新服务的生产中相当重要。

(五) 创新营销能力

首先,服务企业需要具备市场分析和预测能力。与制造业市场一样,服务业市场处在持续不断的变化中,顾客对服务的需求也随时间发生变化,因此,新服务产品营销的第一步就是对服务市场进行全面分析,作出初步的趋势性判断。

其次,服务企业也需要具有良好的定价能力。对新服务产品的定价直接关系到创新的最终效果,因此,服务企业应该具有需求判断、价格预测和谈判能力。

再次,服务企业还要具备促销和销售能力。产品与服务的创新之间存在的最大区别是,顾客对新服务的了解非常少,此时对新服务的宣传和促销非常重要。

最后,服务企业需要有对服务地点和营销设施进行管理和运作的能力。顾客对服务的第一印象往往依靠服务设施得以形成,因此企业在新服务的销售过程中,应对服务设施进行有效的设计和管理。

第二节　服务创新的步骤

总体而言，服务创新可以分成前期计划和实施两个阶段。前期计划阶段有助于服务企业确定服务概念，实施阶段让企业执行和实施服务的内容。前期计划阶段经常被服务管理者称为"捉摸不清"的阶段，这是因为该阶段所包括的各个步骤相对而言比较抽象。服务创新的前期计划阶段依次经历五个步骤，分别是企业战略开发与检查、新服务战略开发、创意产生、服务概念的开发与评价以及业务分析。服务创新的实施阶段包括四个步骤，依次是服务原型开发与检验、市场测试、商业化以及推出后评价，如图9-2所示。

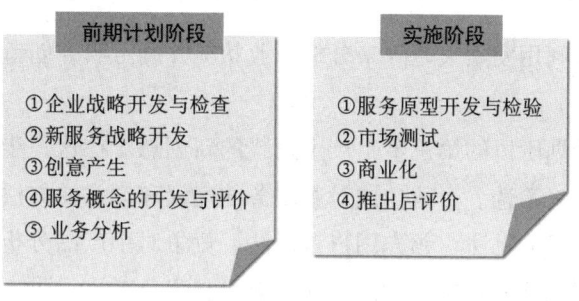

图9-2　服务创新的阶段与步骤

一、前期计划阶段及其步骤

（一）企业战略开发与检查

服务创新前期计划阶段的第一步是企业战略开发与检查。新的服务战略与设想必须服从企业的愿景和使命。比如，某家宠物商店的使命是对宠物进行"终身护理"。这个使命引领宠物商店开发了一系列新的服务。在商店里，除了销售传统的宠物食品、玩具和小挂件外，还提供包括训练、美容、过夜护理、日托等宠物服务内容。对宠物商店来说，企业的新服务战略与其使命之间高度契合。

（二）新服务战略开发

服务创新前期计划阶段的第二步是新服务战略开发。产品组合战略与针对新产品或新服务开发所确定的组织结构对新服务开发尤为重要，是服务创新得以成功的基石。新服务类型的确定受到企业的目标、愿景、生产能力和发展计划的影响。通过制定新服务创新战略，企业更容易产生具体的创新想法。比如，在某个时间段内，企业会集中力量在某一特定水平上让新服务增长，完成从重大变革到风格变化的转变。企业也可能会针对特定目标市场，根据特定的利润目标来确定服务创新战略。

开始制定新服务战略时，可以采用安索夫（Ansoff）提出的识别增长机会矩阵，如表 9-1 所示。该矩阵能帮助企业识别出可以选择的增长方向，促使企业产生创意和想法。该矩阵也能作为基本思路的导向，让企业可以从四个增长方向上选择一到两个方向识别创新机会。此外，该矩阵还可以建议企业在现有顾客或更大的顾客群体内开发增长战略，为企业提供了针对现有顾客或新顾客开发新服务的战略选项。

表 9-1　　　　　　　　　　　增长机会识别矩阵

服务	市场	
	现有顾客	新顾客
现有服务	增加份额	市场开发
新服务	服务开发	多元化

因此，企业可以利用安索夫矩阵来分析企业状况并确定服务创新的机会与方向。

（三）创意产生

服务创新前期计划阶段的第三步是产生正式的新创意。在这一步所形成的创意可以通过上一步描述的战略来筛选。企业生成对新服务的建议和创意的方法有很多，包括头脑风暴法、员工与顾客征求意见法、领先用户调研法、竞争对手产品分析法等。有些企业为了尽可能多地获得不同来源的新服务创意，还可能会与竞争对手、供应商、合作伙伴等进行合作或签订开发许可协议，建立合资企业。

对顾客使用企业的服务进行观察，也有助于为服务创新提供创意。这种创意生成方法也被称为"移情设计"。观察法在顾客不能意识到自己的需求，或者难以用语言描述自己的需求时，会更为有效。在服务业中，为顾客提供服务并直接与顾客互动的服务人员往往能提出补充服务和改进服务的好办法。一些企业发现，企业内部跨部门、跨专业的员工网络往往能提供很多创意。因此，企业可以通过鼓励内部交流与合作来激发服务创新所需创意的产生。

无论新的创意是来自企业内部还是企业外部，都应该有一套正式的机制，来保证企业可以不断获得创意和推动服务创新。这种机制可以是企业所设立的正式的新服务开发部门，可以是负责开发新创意的职能部门，还可以是员工和顾客建议箱、有顾客和员工参加的研究专题团队。

（四）服务概念的开发与评价

服务创新前期计划阶段的第四步是服务概念的开发与评价。如果第三步所提出的创意符合企业的基本业务和战略，企业下一步就可以实施服务开发了。因为服务所具有的一些特殊性，服务概念的开发与评价也需要一些特别的操作。当服务需要顾客的共同参与，以及服务的标准还未确定时，企业很难用画图或语言的方式来具体描述无形的服务。因此，在这个步骤，企业需要针对服务的概念和顾客需求的满足方式达成共识。当企业邀请多方人员共同凝练服务概念的时候，它们会发现各方对服务概念的看法往往存在差异。为了对服务概念的定义达成共识，企业可能需要与各方经过多轮的商议和讨论。

明确了概念定义之后，企业需要形成服务说明书来阐明新服务的具体特性，并估计顾客和员工对服务概念的反应。企业还需要在服务设计的相关文件当中明确服务解决的问题，探讨提供新服务的原因，逐条列出服务过程中的步骤及其对顾客的利益，提出服务的合理定价，并说明顾客与员工在实施中所发挥的作用。这一步还需要做的工作是建立一个概念性的蓝图。此外，企业可以通过询问员工和顾客来对新的服务概念进行评价，询问他们是否理解和赞同这一服务概念，是否觉得这一服务概念能够满足之前服务所不能满足的顾客需求。

（五）业务分析

服务创新前期计划阶段的第五步是业务分析。如果在第四步中服务概念得到顾客和员工的积极评价，那接下来企业需要确定该服务概念的可行性和潜在利润。企业可以开展的分析包括需求分析、收入计划、成本分析，以及操作可行性分析。由于服务概念开发与企业的运营系统紧密相连，因此企业在这一步还要初步考虑服务创新所引发的相关费用，这些费用包括雇佣和培训人员的费用、加强服务实施系统的费用、新技术或网络技术的实施费用、企业功能改变所涉及的费用以及其他计划内的运营费用等。企业在完成回报率和可行性的分析之后，可以对业务分析的结果进行筛选，以此确定新的服务是否能达到企业的要求。

二、实施阶段及其步骤

通过前期计划阶段确定了新服务概念之后，企业就可以着手实施阶段的工作了。

（一）服务原型开发与检验

服务创新实施阶段的第一步是服务原型的开发与检验。在进行有形产品的创新时，这一步应该要做的事情是构建产品模型并测试消费者的接受程度。但由于服务的无形性以及生产与消费的不可分离性，服务原型的开发与检验工作会面临很多困难。为了应对这些困难，服务开发的这一步骤应当把所有与新服务有利害关系的人都囊括进来，这些利益相关者包括顾客、一线员工以及来自营销、运营和人力资源部门的代表。此时，要进一步把概念细化为服务实施的服务蓝图。通过上述各方人员再三推敲之后，企业才能确定最终的服务蓝图。

在服务创新实践中，国际著名设计公司伊代奥大量运用全方位的原型和模型，通过同时测试顾客反应和服务运营，对服务概念进行试验。在和万豪旗下的城镇广场酒店合作的时候，伊代奥的智能空间研究人员首先用几个星期的时间试住酒店，和酒店的客人交流，观察并了解他们如何利用这些空间，以及他们最终的需求是什么。这样做的结果是对大厅区域做了彻底的重新设计，其中包括增加一张挂图来标识出当地购物、餐厅、公园和娱乐区域等顾客需要了解的信息。另一个变化是对卧室重新设计，让卧室能够很方便地转换成办公场所。为了测试这些设计理念，伊代奥用白色泡沫建造了与实物大小相等的客厅和家具，邀请万豪管理人员、酒店经理和顾客对原型提供反馈。

（二）市场测试

服务创新实施阶段的第二步是市场测试。产品创新实施到这一步时，会在事先限定的地区进行试销，检验该产品以及其他一些营销组合要素的市场接受程度。但对于新的服务，由于服务常常会与现有服务的实施系统纠缠在一起，企业很难对新服务的效果进行单独检查。另外，在某些情况下，如果服务企业只有一个服务场所，它们不太可能把新服务推出到一个与企业脱离的市场区域。但是，还是有不同的方式可以对新服务的营销组合进行测试。比如，企业可以向企业的员工及其家庭成员提供新服务，检验他们对新服务的营销组合的反应。

这一步还要求企业试运行一下所设计的新服务的过程，以此来确保服务运行中的细节能够发挥作用。不过，这个活动经常会被企业忽略，往往是到了推向市场时才开始测试服务系统是否可以像计划的那样正常运行。如果企业一直没有测试服务过程和服务系统，一旦在推向市场时发现问题，那设计中的错误就很难改正了。

（三）商业化

市场测试之后，服务企业需要让设计的新服务进行商业化。在这一步，新的服务开始实施并推向市场。企业在这一步需要实现两个目标。第一个目标是让众多负责日常服务质量的服务人员认可新的服务。如果服务人员之前一直参与了新服务的设计和开发过程，这种认可就比较容易建立起来。

第二个目标是在服务推出过程中对整个服务及其涉及的各种问题进行全面监测。如果顾客需要六个月的时间才能感受到全部服务，那么精心监测也一定要持续至少六个月。企业需要监测和记录新服务所涉及的全部细节，包括电话、面对面交流、开账单、投诉、服务传递所出现的问题、运营效率、运营成本等方方面面。

（四）推出后评价

服务创新实施阶段的最后一个步骤是新服务推出后的评价。对于这个步骤，企业可以根据从服务商业化阶段所搜集到的信息，在市场实际反应的基础上，对服务传递的过程、服务人员的配置或其他营销组合的要素进行评价和调整。任何新服务的开发和创新都不可能一蹴而就，因而这种对新服务的调整和改变是必然会发生的，无论服务创新的前期步骤中企业策划有多么完善。因此，企业一定要重视和规范新服务推向市场之后的评价过程，以便能够作出及时的调整，从而让企业可以在新服务真正落地后满足顾客需求、提高服务质量。

第三节 服务创新的意义

提升顾客体验是企业进行服务创新的重要目的,而服务创新是提升服务体验的关键措施和方式。在服务经济时代,许多企业通过服务创新提升顾客体验,提升顾客体验是企业进行服务创新的重要目标,这是因为提升顾客体验能够提高顾客对企业提供的产品或服务的感知价值,进而有助于企业的产品或服务的销售,并帮助企业树立良好的品牌形象。

一、企业服务创新的目的

企业通过服务创新能达到以下三个目的。

(一)开发新服务产品

在快速变化的市场环境中,企业要想获得成功就要有较强的服务创新能力,通过不断地进行服务创新,开发出符合顾客需求的新服务产品,这是企业维持竞争优势的重要手段。在新服务产品的开发过程中,企业要想做到服务创新,实现有效的服务产品开发,还需要做到以下三项工作。

1. 企业需要有效的市场协同

在新服务产品开发过程中,企业通过不断的服务创新可以有效地开发出与当前企业形象相匹配的产品,并能比竞争对手更好地满足顾客需求。同时,在服务产品投放前和投放中,企业还需要不断地思考如何创新服务提供方式,通过服务创新不断优化服务传递与管理流程。企业通过不断的服务创新,可以实现企业与市场的有效协同。

2. 企业需要合理配置企业资源

要实现不断开发出优质的服务产品的目标,企业还需要合理配置企业资源。这是因为服务创新的内容包括形式创新、服务改进、附加服务创新、流程拓展、产品线拓展、主要过程创新、核心服务创新等多种类别,同时,企业可能拥有多种服务,有核心服务,也有附加服务,有个性化服务、定制化服务和标准化服务等类型,这就需要企业合理配置企业资源,以适应市场环境和客户需求的不断变化。

3. 企业需要做好市场要素研究

无论是在服务创新过程中,还是在服务产品开发阶段,企业都需要充分细致地开展市场调研,这需要企业获取足够翔实的资料和信息以便进行市场要素研究。在这个过程中企业需要对获得的信息进行细致的分析,以便进行服务创新和服务产品的开发。

(二)树立服务品牌

目前,越来越多的服务企业通过服务创新树立企业的服务形象,提升服务品牌价值。

以酒店业为例，很多连锁酒店在全球开展业务，其中一些实施的是自有品牌或背书品牌战略。

近年来，越来越多的企业开始通过服务创新为顾客提供品牌化的顾客体验。几乎任何服务企业的产品和服务都可以实施品牌化战略。在一个管理有效的企业中，企业品牌不仅可以被顾客很容易地识别，而且对顾客有特殊意义。品牌化的服务是企业服务创新的重要产物。使用不同的产品或服务，可以帮助营销人员为顾客创建一幅心理地图，并向顾客阐明价值主张的本质。

（三）提升顾客体验

通过服务创新，企业可以有效地开发新服务产品，树立服务品牌，这有助于企业提升顾客体验，进而增加顾客感知价值。在企业经营过程中，顾客不仅需要品牌化的服务，还需要新服务，企业应努力让顾客能体验到更为新奇的优质服务。企业还可以通过优质的品牌服务开发新顾客，通过新服务满足已有顾客的需求，进而不断提升顾客体验。

二、服务创新与体验营销

虽然服务创新有助于企业提升顾客体验，但是企业要想做到从提升顾客体验到体验营销，还有很长的路要走。这是因为要做到体验营销，企业需要不断地进行服务创新，为顾客提供优质服务和新服务的同时，还要不断地将新的体验融入到服务之中，形成体验的价值链，以帮助企业实现价值。企业从服务创新提升顾客体验，到实现体验营销还要经过若干步骤，并注意相关事项。

（一）体验营销的操作步骤

1. 有效识别并认识目标顾客

识别目标顾客就是要针对目标顾客提供购前体验，明确顾客范围，降低成本，同时还要对目标顾客进行细分，对不同类型的顾客提供不同方式、不同水平的体验。在操作方法上要注意信息由内向外传递的拓展性。

认识目标顾客就是要深入了解目标顾客的特点和需求，知道他们担心什么。企业必须通过市场调查来获取有关信息，并对信息进行筛选和分析，真正了解顾客的需求与顾虑，以便有针对性地提供相应的体验手段，来满足他们的需求，打消他们的顾虑。

2. 确定体验参数，为顾客提供体验

要确定服务的卖点在哪里，可以让顾客从中体验并进行评价。例如，理发服务当中可以把"后面的头发理得是否整齐""发型与脸型是否相匹配"等作为体验参数，这样顾客在体验后，就容易从这几个方面对服务的好坏进行判断。同时，企业还要清楚顾客的利益点和顾虑点是什么，根据他们的利益点和顾虑点来决定在体验营销中重点展示服务的哪些部分。

3. 让目标对象亲身体验

在这一步,企业应该预先准备好让顾客体验的产品,或设计好让顾客体验的服务,并确定好便于达到目标对象的渠道,以便目标对象进行体验活动。

4. 进行评价与控制

企业在实施体验营销后,还要对结果进行评价。评价需要包括以下内容:效果如何;顾客是否满意,是否让顾客的风险得到了释放;风险释放后是否转移到了企业身上,转移了多少,企业能否承受。通过这些方面的审查和判断,企业可以了解执行情况,并可以修正运作方式和流程,以便进入下一轮运作。

(二) 体验营销的注意事项

体验营销的设计与实施需要注意以下事项。

1. 企业需要设计优质的体验

企业着力塑造的顾客体验应该是经过精心设计和规划的,也就是说,企业要提供的顾客体验对顾客必须有价值并且与众不同,或者说,体验必须具有稳定性和可预测性。此外,在设计顾客体验时,企业还必须关注每个细节,尽量避免疏漏。

2. 量身定制企业的产品和服务

当产品和服务定制化后,它们的价值就得到了提升,提供的产品和服务与顾客的需求也更为接近。大规模定制可以将商品和服务模块化,从而更有效地满足顾客的特殊需求,为他们提供优质廉价和个性化的产品。此外,电子邮件、网站、在线服务、电话、传真等通信手段,使企业可以迅速地了解客户的需求和偏好,为定制化创造条件。

3. 在服务中融入更多的体验成分

科学技术的发展使得产品同质化越来越严重,而服务也很容易被模仿,因此在服务中增加体验成分可以更好地突出个性化和差异化,更好地吸引消费者。

4. 突出以顾客为中心

以顾客为中心是企业实施体验营销的基本指导思想。体验营销首先要考虑体验消费的环境,然后考虑满足这种消费环境的产品和服务,这是一种全新的营销思路,充分体现了顾客至上的思想。

5. 注重顾客心理需求分析和产品心理属性的开发

当人们的物质生活水平达到一定程度以后,大家心理方面的需求就会成为购买行为和消费行为的主要影响因素。因此,企业营销应该重视对顾客心理需求的分析和研究,挖掘出有价值的营销机会,为此企业必须加强产品心理属性开发,重视产品的品味、形象、个性、感性等方面的塑造,开发出与目标顾客心理需求相一致的心理属性。

6. 构造基于体验的价值链

企业需要将良好的顾客体验贯彻到服务流程的各个环节,努力提升服务流程各个环节的体验水平,形成完整的价值链。企业应把控好整个服务流程中各种接触点上的顾客体验,最终让顾客在购买服务前、购买服务中、购买服务后都能获得优质体验,提升所获价值。

1.（多选题）服务企业在用语言描述服务创新时,可能面临的挑战包括（　　）。
   A. 描述得过于简单　　　　　　　　B. 描述不全面
   C. 描述具有主观性　　　　　　　　D. 描述具有偏见性
2.（多选题）以下步骤属于服务创新前期计划阶段的有（　　）。
   A. 新服务战略开发　　　　　　　　B. 市场测试
   C. 商业化　　　　　　　　　　　　D. 服务概念的开发与评价
3.（判断题）服务创新活动完全由企业及其员工发挥作用,顾客不需要参与。（　　）
4.（判断题）进行服务创新时,新服务的战略与设想可以不必服从企业的愿景和使命。（　　）
5.（判断题）企业进行服务创新有助于企业做好体验营销。（　　）

1. 餐饮企业可以采取哪些措施进行服务创新？
2. 企业进行服务创新时,你觉得哪些步骤会更难以实施？为什么？
3. 举例说明服务创新会给顾客带来哪些负面影响？

美团短剧版年度报告：AI 赋能用户共创内容

有人会在网易云的年终歌单里,回忆起自己在某个深夜循环了无数遍的催泪歌曲。有人会在 B 站的年度报告里,想起反复观看的宝藏视频。在很多人的常规认知里,既然是报告那就是用来看的。没想到,美团于 2024 年 12 月 16 日发布的 2024 年度报告,却因为"好玩"上了热搜。在美团搜索"年度报告",选择特定的短剧剧本并输入姓名,用户便能够生成一部基于年度账单的"土味"短剧。不少用户截图生成短剧剧情,并分享在社交媒体上,热度也随之升高,相关话题#美团年度报告好玩#登上微博热搜榜高位,网友们纷纷表示"太上头""很有代入感"……究竟是怎样一份年度报告,能让网友如此津津乐道?

1. "AI+短剧"创想互动,提供定制化体验

本就擅长玩短剧的美团,显然很懂这届用户们"爱看"什么。2024年本就是短剧大爆年。其中热度最高的莫过于商战爽文、甜宠恋爱和古装仙侠题材,一分钟平凡赘婿叱咤风云化身世家少主,三分钟看总裁运筹帷幄决胜商场和情场,五分钟见证修行者历尽天劫原地飞升,等等,再加上短而高能的各类反转剧情,总能强势吸睛。而美团率先在"在爆款里造爆剧",为用户们开放了一连串的热门题材和剧情。用户只需上美团搜索"年度报告"就能打开参演渠道,不仅能分男、女主演选择剧情,并且部部都有"爽点"。点开职场商战剧情,0帧起手秒变集团总裁,打脸竞争对手上演一场反收购;不想走现代风的用户,可以穿越仙侠世界当"师尊",和可爱、帅气的小徒弟们甜蜜互动;当然,"全世界财富缩水亿万倍,大佬竟是我自己""赘婿逆袭小龙王""大小姐驾到潇洒救赎"这些热门反转剧情也可供选择。随便一部都让网友们直呼"演爽了"。

不仅如此,在许多互动细节上,用户沉浸感和专属感还在继续拉升。例如,在每部剧情中,美团AI助手"小团"都会化身关键配角,配合大家飙戏。在职场剧中"小团"是总裁得力助手,逆袭剧情剧则化身忠心仆从,而在仙侠题材中,"小团"又变成了可爱小师妹。就连最后"小团"送上的详细年终报告,也都按照集团财报、仙侠卷轴等贴合剧情的文案、画面风格呈现,简直打造了一个短剧宇宙。在结尾,甚至还有个"和小团再聊聊"的小彩蛋接入了Wow产品的功能,让AI助手"小团"继续陪你演。据了解,Wow是由光年之外开发的"美团旗下首款AI聊天产品",通过AIGC技术,不仅能实现高度拟人对话、呈现精美的人物形象,还可以为大家推荐周边美食、娱乐消费,等等。Wow显然不仅是为此次年度报告而生,还将在未来更多美团日常使用场景下为用户服务。而此次借互动短剧将AI小团高度拟人化的玩法,既是一次AI助手功能的有效推广,也能在用户与小团的互动中,为美团AI普及"不仅高科技,还更有趣、有人情味"的差异化认知。

2. 基于用户数据"真实改编",增加相关度

每到年末,"年度盘点"便会席卷各大品牌营销。美团2024年度报告并未止步于传统的年度回顾,而是创新性地将每位用户置身于热门题材短剧的情境之中,让每个人都能成为短剧故事的主角。其中,短剧是整体表现形式,在剧情推进与台词设计中,美团巧妙地穿插了用户的平台消费数据。每个用户加入美团的时间、年度消费、全年省钱金额等个人数据,都通过AI技术无缝接入剧情,真正将剧情"定制化"和"个性化"玩到了极致,让每个玩家都能在其中感受专属于自己的"主演"体验。比如"我们总裁最喜欢的是×××,一年能点多×××次"以及"竟然还用美团一年省下了×××元"则是剧情推

动的关键。

比如在霸总商战剧本中,用户以企业老总的身份参与竞争商会会长,这里面的数据,正是用户过去一年在美团的消费数据。随着美女秘书将"财报"拱手送上,一副完整的用户年度账单就此呈现。打开之后,美团同样是利用AI作图,生成了对应短剧题材的主题背景,将用户使用美团总天数、过去一年总消费额,以及相关的消费偏好等数据陈列出来,统计范围也基本上是包括整个美团全家桶,从单车、酒旅,再到外卖、团购等,均在其中。在美团上花了多少钱、最爱吃什么店,都会从剧中角色嘴里亲口说出来,并且成为推动剧情的重要桥段,串联起了用户的个性化体验。这一设置将年度报告重视每一个用户的价值更为凸显,在用户端看到的是更为高相关性的内容,提升用户对内容的兴趣。结合以第一视角推动的剧情发展,这一基于用户数据"真实改编"的短剧将进一步增强用户的代入感。

3. 抓住仪式感与反差感,增强传播力

作为一个消费平台,美团的年度报告反映了用户的消费情况,体现了个体生活的"恩格尔系数"。年度报告本身具有一定的仪式感,当用户查看年度报告时,他们不仅是在回顾自己一年来的消费情况,更是在分享自己的生活方式和喜好。许多网友通过数据盘点对自己一年的喝奶茶情况进行反思,也有网友借此分享自己常去的小店。然而,真正吸引用户自发传播年度报告的内容,并非仅仅是这种仪式感,更多的是因为其模板化内容与个体数据之间产生的反差感所带来的幽默效果。具体来说,美团年度报告的互动形式采用了一定的模板设计,但每个用户的个体数据却是独一无二的。当这些个体数据被填入模板后,往往会产生一些意想不到的反差效果。"一年品鉴467杯奶茶,每一口,都喝得优雅高贵""一年在美团消费2421元,这才是集团总裁应该有的实力啊",正是利用了这种仪式感与反差感的结合,其成功地触发了用户的自发传播。年度报告不再仅是数据的图文报告,而是变成了一个自带趣味性和社交性的互动体验。

更进一步来看,每年用户们持续关注各类App年度报告,不仅是为了查阅一年的消费数据或行为轨迹,更有"在年终回溯全年过往,找回美好回忆"的情感诉求。回看美团这份特别的年度报告,和多数App报告相同,将走过的旅途,吃过的美食,为家人、朋友、宠物下单的外卖等快乐、温情的时刻和故事,一一反映在数据中。但和多数年度报告不同的是,打造情感体验同时,美团又通过短剧互动,为用户附加一重积极的情绪价值。近两年,"发疯"文学、户外躺平、毛茸茸成人阿贝贝以及赛博拜佛等各类看似无厘头的年轻流行文化背后,其实反映着统一的群体现状——在面对当下的压力和未来的不确定时,人们急需找到一种能够肆意表达真实情绪的方式或舞台。显然,美团打造互动短剧正是洞察到了这一群体内在诉求,并通过邀请用户做主角,在有梗、有爽点的互动中,为用户提供了一个释放舞台,并营造放松、快乐的情绪满足。这大概也是不少网友们演起来就上瘾的原因。

许多年度报告都是采用"图+文"的形式。不过现在已经进入短视频时代，而且AI能整出各种花活儿，大众对新鲜有趣的内容提出了更高要求。如果品牌能用创新玩法来满足用户新需求，无疑会更受青睐。这种积极探索用户沟通新玩法的品牌个性和创新实力，显然将再次发挥引领效果。当下，各大App年度报告正在陆续上线。深耕短剧的美团在此时通过创新融合"AI""短剧"这两大爆火元素，开启深受用户欢迎的品牌互动短剧首秀，无疑能持续推动各平台年度报告，从图文、短动画向互动式视频形式加速迭代。美团在短剧营销领域已深耕多时，此次年度报告通过精准捕捉当下短剧的热门题材，不仅满足了用户的兴趣点，更以"基于用户真实数据改编"的方式实现了用户端独一无二的短剧体验，极大地提升了年度报告的互动性和用户参与度。AI赋能的用户共创为品牌营销带来了无限可能。美团已经为各行各业品牌打开了一种新流行，后面的剧情应该会越来越精彩。

参考资料：

微信公众号. 美团推出"短剧版年度报告"：AI赋能用户共创内容，实现品牌出圈[EB/OL]. (2024-12-19)[2025-01-12] https://mp.weixin.qq.com/s/UWvIdAjLy65ufgGA5Adsjg.

思考题

1. 美团互动式短剧版年度报告如何对美团用户的体验产生影响？
2. 以美团短剧版年度报告为例，论述AI等新兴技术对美团的服务营销创新有何意义？
3. 美团短剧版年度报告利用了哪些主体和要素进行价值共创？这种共创对其他服务企业的营销创新有何启示？

参考文献

菲利普·科特勒,王永贵. 市场营销学 [M]. 王永贵,等,译. 北京:中国人民大学出版社,2017.

郭国庆,杨学成,何秀超. 服务便利理论在零售企业的应用——消费者购物过程中的便利需求分析 [J]. 南开管理评论,2006 (02):52-57.

克里斯廷·格罗鲁斯. 服务管理与营销(第4版)[M]. 韦福祥,等,译. 北京:电子工业出版社,2019.

刘益. 中国营销学研究的使命、发展方向及问题思考 [J]. 营销科学学报,2021,1 (01):59-77.

瓦拉瑞尔·泽丝曼尔,玛丽·乔·比特纳,德韦恩·格兰姆勒. 服务营销(第7版)[M]. 张金成,等,译. 北京:机械工业出版社,2018.

王国顺,胡国武. 网络零售企业服务蓝图的构建与流程优化 [J]. 北京工商大学学报(社会科学版),2014,29 (06):1-7.

王潇,杜建刚,白长虹. 从"产品主导逻辑"到"顾客参与的价值共创"——看西方服务范式四十年来的理论演进 [J]. 商业经济与管理,2014 (11):41-49.

王永贵. 服务营销(第2版)[M]. 北京:清华大学出版社,2023.

王永贵,马双. 客户关系管理(第2版)[M]. 北京:清华大学出版社,2021.

韦福祥. 服务营销(第二版)[M]. 北京:中国人民大学出版社,2012.

魏江,杨洋,杨佳铭. 数智时代营销战略理论重构的思考 [J]. 营销科学学报,2021,1 (01):114-126.

吴继飞,于洪彦,朱翊敏,等. 人工智能推荐对消费者采纳意愿的影响 [J]. 管理科学,2020,33 (05):29-43.

许晖. 服务营销 [M]. 北京:中国人民大学出版社,2015.

约亨·沃茨,克里斯托弗·洛夫洛克. 服务营销(第8版)[M]. 韦福祥,译. 北京:中国人民大学出版社,2018.

张仪,王永贵. 服务机器人拟人化对消费者使用意愿的影响机理研究——社会阶层的调节作用 [J]. 外国经济与管理,2022,44 (03):3-18.

钟科,王海忠,杨晨. 感官营销研究综述与展望 [J]. 外国经济与管理,2016,38

(05):69-85.

庄贵军,邓琪,卢亭宇. 跨渠道整合的研究述评:内涵、维度与理论框架[J]. 商业经济与管理,2019(12):30-41.

左文明,李诗欣,陈华琼,等. 基于服务蓝图法和TRIZ理论的网约车服务创新——滴滴出行的案例研究[J]. 管理案例研究与评论,2018,11(05):438-454.

Arnould E J, Price L L. River magic: extraordinary experience and the extended service encounter [J]. Journal of Consumer Research, 1993, 20 (6): 24-45.

Avlonitis G J, Indounas K A. Pricing practices of service organizations [J]. Journal of Services Marketing, 2006, 20 (5): 346-356.

Bitner M J. Servicescapes: the impact of physical surroundings on customers and employees [J]. Journal of Marketing, 1992, 56 (2): 57-71.

Ezeh C, Harris L C. Servicescape research: a review and a research agenda [J]. The Marketing Review, 2007, 7 (1): 59-78.

Gronroos C. Creating a relationship dialogue: communication, interaction and value [J]. The Marketing Review, 2000, 1 (1): 5.

Heskett J L, Jones T O, Loveman G W, et al.. Putting the service-profit chain to work [J]. Harvard Business Review, 1994, 72 (2): 164-170.

Homburg C, Hoyer W D, Fassnacht M. Service orientation of a retailer's business strategy: dimensions, antecedents and performance outcomes [J]. Journal of Marketing, 2002, 66 (4): 86-101.

Morgan R M, Hunt S D. The commitment-trust theory of relationship marketing [J]. Journal of Marketing, 1994, 58 (3): 20-38.

Kelly S W. Discretion and the service employee [J]. Journal of Retailing, 1993, 69 (1): 104-126.

Parasuranman A, Zeithaml V A, Berry L L. A conceptual model of service quality and its implications for future research [J]. Journal of Marketing, 1985, 49 (4): 41-50.

Shostack G L. Designing services that deliver [J]. Harvard Business Review, 1984, 62 (1): 133-139.

Stevens E, Dimitriadis S. Managing the new service development process: towards a systemic model [J]. European Journal of Marketing, 2005, 39 (1/2): 175-198.

Zeithaml V A, Berry L L, Parasuranman A. The nature and determinants of customer expectations of service [J]. Journal of the Academy of Marketing Science, 1993, 21 (1): 1-12.